THE BIG WIN
더빅윈

THE BIG WIN

더 빅 윈

: 이룰 것인가, 남길 것인가

신문범 지음

클라우드나인
CLOUD 9

추천사 1

정말 중요한 것은 무형자산이다

– 백기복, 국민대학교 명예교수 · 경영학 박사

한국인은 '남김'의 민족이다. 서애 류성룡 선생의 『징비록』, 이순신 장군의 『난중일기』, 백범 김구 선생의 『백범일지』 등은 우리 민족에게 남김이 어떤 가치를 갖는지를 잘 대변한다.

우리는 이번에 또 하나의 남김의 증거를 갖게 되었다. 엘지전자에 30여 년 동안 근무하면서 겪었던 일들을 차분하면서도 박진감 넘치게 정리해낸 신문범 사장의 『더 빅 윈: 이룰 것인가, 남길 것인가』라는 책이다. 이 책을 읽으면서 진솔함을 느낄 수 있었다. 어려운 이론도 없고 자신을 돋보이기 위한 겉치레도 없이 담담하게 자신의 경험과 생각을 일기처럼 적어나갔다. 어려운 이론이나 난삽한 용어를 선택하지 않은 것이 마치 저자가 내 옆에서 자신의 속마음을 소곤소곤 들려주는 것처럼 느껴지게 한다. 그래서 쉽게 읽힌다.

쉽게 읽히지만 여운은 매우 길다. 저자는 이 책을 통해 "정말 중요한 것은 무형자산이었다."라고 고백한다. 지속가능성을 확보하고 경쟁에서 이기는 것은 '신뢰를 바탕으로 한 충분한 동기부여'와 '자율적 조직문화'라는 지론은 21세기 한국 기업의 경영철학으로 조금도 손색이 없다고 본다. 이런 관점에서 보면, 소위 '숫자가 인격'이라는 한국 산업계의 격언은 21세기에는 더 이상 설 자리를 잃어가는 것 같다. 우리는 이제 '하드 파워Hard Power'보다는 '소프트 파워Soft Power'를 더 중시하는 선진국에 들어서 있기 때문이다.

저자는 또한 자율적 조직문화에 이르는 구체적인 방법들을 제시하고 있다. 대부분의 경험 서적들이 거시적 선언만 있고 구체적인 방법론은 제시하지 않고 끝나는데 자율적 조직문화 창안을 위한 7가지 핵심가치와 5가지 인사이트를 제시한다. 더 나아가 '어떻게 남길 것인가'를 제시하고 있다. 특히 '위기를 기회로 만드는 법'이 눈길을 끈다. 엘지전자에서 1992년 에어컨 사업부 해외수출 팀장을 맡았을 때 구조조정 1순위로 전락한 사업부를 글로벌 1위로 만든 결기와 아찔한 순간들이 마음을 때린다. 위기의 순간에 주춤거리지 않고 과감하게 해외시장개척을 밀어붙인 사업부장과 구성원들의 몰입과 헌신이 눈에 선하게 다가온다. 그것은 구성원들이 누구의 지시에 따라 기계처럼 움직여서 만들어낸 성공이 아니라 모두의 자발적 참여와 성공에 대한 강한 동기를 추동한 자율적 조직문화의 당위적 결과였다고 할 수 있을 것이다.

"신뢰는 방법이 아니라 태도의 문제다." "아웃풋은 인풋의 퀄리티에 달려 있다."라는 철학과 신념은 시장에서 전투를 지휘하면서 얻어진 숙성된 원리라고 느껴진다. 소중한 경험이 오랜 노고 끝에 빛을 보게 되어 참으로 반갑고 값지다. 경험을 소중히 여기는 모든 분에게 신실한 마음으로 이 책을 추천한다.

"경험은 절대 늙지 않는다."

이 책을 읽는 독자 모두 젊고 싱싱한 경험을 간직하게 되기를 바란다.

추천사 2

지성무식의 치열한 성장 드라마이다

- 고현숙, 국민대학교 경영대학 교수·코칭경영원 대표코치

외국영화에서 엘지전자 제품을 알아보고 자부심을 느낀 사람은 나만이 아닐 것이다. 강력한 선발 경쟁자들이 득시글한 글로벌 시장에서 어떻게 1등 가전제품을 탄생시켰을까? 그 드라마가 이 책에 펼쳐진다. 중동, 인도, 중국 등 주요 글로벌 시장을 거치면서 원 없이 일했던 경영자가 고민하고 실행한 내용이 그 어떤 경영학 교과서보다 생생한 교훈을 전해준다.

이게 가능했던 것은 이 책의 저자인 신문범 사장이 많은 일을 하면서도 평소에 일에 대한 노트를 남기고 질문과 답변을 글로 기록해왔기 때문이다. 최고의 습관이다. 글을 통해 성찰하고 배운 걸 정리했으며 그 결과 중요한 역사적 기록을 사람들에게 남겨주게 되었다. 나는 경영자들을 존경하는데, 특히 책을 쓰는 경영자를 더욱 존경한다. 자신의 경험을 집단의 지혜로 만들어주는 책 쓰기 관행

이 축적되는 것이야말로 진정 선진사회의 기초가 아닐까? 축적이 거듭되면 따라오기 어려운 차이가 생기기 때문이다.

이 책을 통해 경쟁 전략, 마케팅, 조직문화, 임파워먼트 리더십의 노하우까지 배울 수 있었다. 글로벌 시장에서 통쾌하게 '빅 원'을 이룬 스토리가 속도감 있게 읽힌다. 구체적이라 쉽고 공감을 일으킨다. 특히 나는 저자가 자신의 에고ego를 넘어서는 내용이 좋았다. 자기 의견과 달랐던 상부의 전략 방침을 따른 것이 결국 큰 성공을 가져왔으며 자신의 생각이 오판이었음을 고백하고 새 조직에 부임해서는 전임자가 만든 것을 함부로 평가하지 않았다. 또 자신이 이룬 것을 후임자가 뛰어넘는다면 그것처럼 큰 영광이 어디 있겠느냐고 말할 정도로 마음이 크다. 작은 에고를 버렸기에 빅 원을 이루었을 것이다. 존경스러운 마인드셋이다.

해외 시장에서 고객 중심 영업과 마케팅 전략을 철저히 실행한 대목을 읽을 때 '지성무식至誠無息', 지극한 정성에는 쉼이 없다는 글귀가 떠올랐다. 그런데 책 후반부에 저자가 바로 그 구절에 공명을 느꼈다는 내용이 나와서 전율을 느꼈다. 글에 그 가치가 뿜어져 나왔기 때문에 그런 우연이 가능했을 것이다.

신문범 사장은 행복한 경영자다. 지금도 배우고 연구하는 것을 멈추지 않는다. 저출산 현상을 수년간 연구해왔고 최근에는 강점 코칭을 학습했다. 배움을 멈추지 않는 것, 이것이 개인적으로 활력을 유지하고 사회에 기여하는 길이라고 믿는다. 이 지점에서 저자는 현역 경영자들의 모델이다. 치열한 실행과 성찰의 결과물인 이 책이 널리 읽혀서 한국의 경쟁력을 높이는 데 크게 기여하기를 바란다.

프롤로그

빅 윈으로 가는 길

내가 이 책을 집필하게 된 것은 직장생활 중 보직을 마칠 때마다 습관적으로 그간의 업무에 대한 요약정리를 했던 것이 몸에 밴 탓이었다. 첫 시작은 가정용 에어컨의 세계 제패에 관한 약 50여 페이지 요약정리였다. 당시 에어컨 수출 영업 책임자로 있었는데 엄청난 적자로 구조조정 직전까지 갔다가 7년 만에 세계 시장 제패를 이루었다. 기적 같은 일이었다. 나는 글로벌 1등으로 등극하기까지 추진했던 전략과 실행하면서 듣고 보고 경험한 내용을 어떤 형태로든 정리해 놓으면 앞으로 경영 활동에 도움이 될 것으로 생각했다.

그 후 2004년 해외 영업 총괄 시절 사내에 마케팅 칼리지Marketing College 오픈을 위해 정리한 마케팅 성공 사례와 인도 6년 여정 회고록과 엘지전자에서 마지막 보직이었던 중국 법인 3년 동안의 경영 활동과 관련한 경영 일지 등이 많은 도움이 됐다. 현역을 끝내고 나니 남김이 주는 희열과 사뭇 다르게 가슴 한곳에 아쉬움도 있다. 이제는 돌이킬 수 없는 것들도 있기 때문인 것 같다. 실행 하나하나에 무엇이 담겨 있는지, 무엇을 남기려 했는지, 무엇을 잘못했는지, 지난 시간 경영 활동이 정도를 향한 바른길의 여정이었는지 시사점을 요약하고 정리하기 위해 불가피했던 질문과 답변이 나를 돌아보는 계기도 됐다. 또한 중요 보직을 끝낼 때마다 계속된 남김의 정리 훈련이 지속가능경영의 핵심을 정리하는 데도 밑거름이 됐다. 잠자리에 들기 전 습관적으로 했던 과업 달성을 포함한 당일의 사건들에 관한 질의응답 시간도 힘을 보탰다.

내가 이 책을 쓴 목적은 크게 세 가지다. 첫 번째는 사회의 후배들에게 도움이 되고 싶었다. 내가 지난 삶에서 먼저 경험한 일들이 유사한 상황에서 도움이 되지 않을까 싶었다. 두 번째는 은퇴 이후의 삶을 준비하기 위해서다. 내가 가장 잘할 수 있는 분야에 도움이 된다면 무엇이라도 해야겠다고 생각했다. 그동안 내가 직장생활을 하면서 체험한 삶의 내용을 잘 정리해두면 마음속에 품었던 은퇴 후의 여정에 디딤돌이 될 것이라 믿었다. 마지막 세 번째는 사후에 자손들에게 남겨야 할 정신적 유산이 물질적 유산보다 더 소중하다고 생각했다. 육신은 떠나도 영혼은 후손들에게 오랫동안 기억됐으면 하는 마음을 주체하기 힘들었다.

학창 시절에 친구들과 노는 데 빠져 지내다가 그대로 꺼질 것 같았다. 다행히 이공계를 전공한 덕택에 중동 건설 붐이라는 천운을 만나 건설 회사에 입사하게 되었다. 하늘이 베풀어준 기회라 생각했고 입사 합격 통보를 받았을 때 다시는 미래 준비를 소홀히 해서 후회하는 짓은 해서는 안 된다고 마음속으로 굳게 다짐했다.

입사 이후 사장까지 승진해서 은퇴까지 40여 년이란 세월이 흘렀다. 오랫동안 생존할 수 있었던 것은 마음속 다짐의 실행 의지가 있었기 때문이다. 또 특히 무엇보다 내가 속했던 조직이 부단한 혁신을 통해 발전을 거듭했기 때문이다. 내 개인적으로는 보직을 맡을 때마다 한편으로는 지속가능경영을 하기 위한 해답을 찾았고 또 한편으로는 전임자가 남긴 무형자산의 유산을 잘 이어받아 후임자에게 계승하는 준비를 소홀히 하지 않았기 때문이라고 생각한다. 유산을 계승한다는 것은 단기적인 이룸의 초조함을 떨쳐내고 미래를 위해 현재에 헌신하는 남김의 여정이며 봉사의 여정이라고 생각했다.

내 삶의 40여 년 직장생활에서 가장 많은 영향을 끼친 시간은 두 번째로 선택받은 직장이자 삶의 터전이었던 엘지전자와 함께한 30여 년이었다. 경쟁에서 비켜나 편했던 시간이 그리 많지는 않았다. 하지만 세상에 완벽은 없다는 만고의 진리를 곱씹어보면서 이런저런 생각을 하다 보니 그동안 내가 가졌던 경쟁의 본질과 특성에 대한 인식을 완전히 바꾸는 계기도 됐다. 즉 경쟁은 쟁취가 아닌 상생이고 절대적이 아니고 상대적이며 완전히 포기하지 않는 한 그것은 단지 한순간의 경쟁 우위와 열위에 불과하다는 사실이다.

자신이 완벽하지 않다는 것을 가슴에 품은 채 경쟁사를 쟁취의 대상이 아니라 배움의 대상으로 여기며 바라보니 마음에 남아 있던 찌꺼기 같은 오만과 편견이 떨어지는 듯 홀가분했다. 모든 개

개인은 완벽하지 않다. 하지만 모두가 이 사회에 필요한 존재이다. 함께하면 무엇이든 이룰 수 있는 소중한 존재이다. 나 혼자 해결할 수 있는 일은 없다. 하지만 나에게 주어진 본분에 충실하지 않으면 되는 일도 없다. 나의 지난 시간은 주어진 목표를 이루기 위한 경쟁이라기보다 서로 배움을 나누고 협력하며 각자에게 주어진 본분과 책임을 다하는 시간이자 상생의 여정에 대한 믿음을 강화하는 과정이었다. 큰 승리는 혼자의 것이 돼서는 안 된다. 모든 구성원이 함께하는 조직 전체의 승리가 되어야 하는 것이다. 그것은 어떤 특정 개인이나 집단이 독식해서는 안 되며 모든 개인과 그들이 소속된 조직 전체가 함께 누려야 하는 것이다.

나는 한평생 직장인으로 살아왔다. 평사원으로 시작해 사장까지 올랐으니 직장인으로서 누릴 수 있는 최고의 영예를 누린 셈이다. 첫 번째 직장은 현대건설이었다. 당시 중동 건설 붐 덕분에 취업이 쉬웠다. 해외 파견 근무 경험은 내겐 엄청난 큰 행운이었다. 약 4년간의 해외 파견 근무 경험이 두 번째 직장인 엘지전자와의 인연을 맺게 했다. 그리고 이 두 번째 직장은 내 삶의 터전이자 '빅 윈Big Win'의 변곡점을 만든 곳이었다. 나에게 있던 모든 잠재력을 끌어내 최대한 꿈을 펼칠 수 있도록 해주었던 곳이다.

이렇게 말하면 내가 제법 엘리트 코스를 밟아온 사람 같지만 전혀 그렇지 않다. 학창 시절 학업에 열중하기보다는 운동장에서 먼지를 뒤집어쓰며 운동하는 것을 더 좋아했다. 자연스러운 결과겠지만 입시에도 번번이 실패해서 단번에 합격한 적이 없었다. 그 시절은 중학교, 고등학교 입시가 있었다. 중학교, 고등학교, 대학교 입시까지 모두 7번의 쓴잔을 마셨다. 겨우 새로 생긴 공과대학에 입학했지만 졸업 때까지 진로를 정하지 못해 우왕좌왕했다. 그랬던 내가 원 없이 일하다가 사장으로 퇴직하고 책까지 쓰게 됐으니 인생은 정말 한 번 살아볼 만한 것이라는 생각이 든다.

우리가 사는 이 사회는 각자 부모님으로부터 타고난 서로 다른 재능과 개성을 나누면서 협력해야 하는 곳이다. 한마디로 말하면 거대한 협력의 사슬로 이루어진 공생 집단이다. 어떤 생명이든 처음 태어났을 때 부모님과 친지 그리고 지인으로부터 축복받지 않는 탄생은 없을 것이다. 외모와 성격이 비슷한 사람은 있을 수 있지만 완전히 똑같은 사람은 없다. 각자가 서로 다른 환경에서 부모님으로부터 받은 개성과 오직 혼자만이 지닌 DNA, 즉 다름 그 자체가 경쟁력이다.

서로의 다름 때문에 충돌이 생긴다. 그러나 그 충돌 과정에서 서로가 완전하지 않음을 깨닫고 함께 살기 위한 상생을 모색하게 된다. 탄생은 사회에 또 하나의 다름을 더하기에 큰 축복과 같다. 다름이 경쟁력이기 때문이다. 탄생의 증가는 경쟁력을 더욱 강화하는 원천이 되는 것이다. 국가마다 직업의 수는 다르지만 대략 수만 개에 이른다고 한다. 사회는 탄생이 지니는 유일한 다름의 숭고한 가치의 존엄성을 귀하게 받들어서 각자 타고난 재능과 개성이 잘 들어맞는 분야에서 잠재된 역량을 최대한 잘 발휘할 수 있도록 해야 한다. 한 사람 한 사람이 사회가 필요로 하는 인재로 도약할 수 있도록 국가 차원의 굳건한 플랫폼 건설에 공동의 노력을 기울여야 할 것이다.

왜 축복해주고 축복받아야만 하는가?
왜 존중하고 존중받아야만 하는가?
왜 협력하고 상생해야만 하는가?

이유는 나하고 다르기 때문이다. 우리는 서로가 완전하지 않음을 인식하고 다름을 받아들일 줄 알아야 한다. 서로 다른 환경도 또 다른 다름이 갖는 경쟁력이다. 완벽한 사람도 완벽한 기업도 완벽한 국가도 존재하지 않는다. 단지 완벽이란 종착역을 향해 끝없는 여정을 지속하고 있을 뿐이다. 완벽이 없다는 것을 달리 표현하면 비효율이 상존한다는 것이다. 내가 어디에서 어떤 일을 하든지 공동의 번영에 방해가 되는 비효율을 제거하는 노력을 기울여야 할 것이다.

국가는 기업이 필요로 하는 인재들이 제대로 양성될 수 있도록 경쟁력 있는 교육 시스템 플랫폼 건설에 힘써야 한다. 기업은 이들이 각자 맡은 분야에서 남김의 삶을 구가하는 훌륭한 리더로 성장할 수 있도록 힘써야 한다. 부모는 자식의 타고난 끼와 재능을 잘 관찰해 평생 즐기면서 할 수 있는 업을 찾을 수 있도록 힘써야 한다. 우리는 저마다 다른 조건을 지니고 이 세상에 태어났다. 그 다름이 바로 우리의 경쟁력이고 발전의 원동력이다. 타고난 다름의 가치를 발휘하는 데 한 명의 낙오자도 있으면 안 된다. 우리 모두 다름의 여정을 끝까지 즐길 수 있도록 사회적 책임을 다해야 할 것이다. 100세 시대가 바로 눈앞에 다가와 있다. 각자 자신의 탄생을 귀히 여기면서 관심이 가는 분야를 찾아 나서고 그 일을 평생의 업으로 삼아야 한다. 후세를 위한 남김의 여정을 꾸준히 실천하다 보면 지속가능한 삶을 견인하는 요체가 무엇인지 나름대로 깨우침을 얻을 날이 올 것이다.

내가 이 책에서 전하고 싶은 '빅 윈', 즉 우리의 생명 활동과 기업 활동에 의미를 부여하는 커다란 승리는 바로 '남김'이라는 가치이다. 눈앞의 이익과 경쟁에만 몰두하면 당장 이익을 취하는 것처럼 느껴질지도 모른다. 그러나 오늘날 기업이 직면한 현실은 하나의 파도가 아니라 거대한 바다이다. 물론 수많은 파도 중에서 오늘 내게 다가온 파도 하나를 넘는 것도 중요한 일일 것이다. 그러나 그 파도 하나에 눈이 팔려 거대한 바다를 보지 못한다면 그것이야말로 소탐대실이 아니겠는가.

진정한 빅 윈은 눈에 보이는 가치 혹은 일시적인 이익이 아니다. 눈에 보이지 않지만 만고의 세월에도 변함없는 가치이며 기업이 지닐 수 있는 최고의 무형자산이다. 그리고 그것은 인간 존중의 마음을 근본으로 하고 있다. 건강한 기업이 남길 수 있고 세계 최고의 기업들이라면 마땅히 남겨야 하는 최고의 무형자산은 과연 무엇일까? 그리고 그것의 경쟁력을 지속시키는 원동력은 무엇일까? 이 책은 그 질문에 대해 그동안 듣고 배웠던 것들을 현장에 적용하면서 깨달은 내 나름의 해답이다.

그동안 경영 현장에서 얻은 인사이트(통찰)를 바탕으로 한 권의 책을 썼다. 그런데 막상 집필을 끝내고 독자들을 대할 생각을 하니 별것도 아닌 것을 두고 요란을 떨었다는 생각에 숙연해지고 마음 또한 무겁기까지 하다. 그동안 사내외의 다양한 자리에서 강의할 기회가 다소 있었다. 늘 스스로에게 했던 다짐은 단 한 사람만이라도 공감하면 성공이라는 생각이었다. 이 책에 대한 작은 바람도 강의 목표와 별반 다름이 없다. 지난 삶을 단지 사진이나 영상으로만 돌아보지 말고 글로 남겨두자고 자신과 했던 오래전의 약속을 지키기 위해 시작한 집필이 출간으로 이어지기까지 4~5년 시간이 필요했다. 마음속 생각을 밖으로 꺼내 말이 아닌 글로 소통한다는 것이 가장 어렵다는 것을 새삼 깨달았던 시간이다. 어느 정도 예상은 했지만 끝내기까지 수년간을 씨름하게 될 줄은 몰랐다. 나의 게으름이 한몫한 것 또한 사실이다.

끝내고 나니 평범한 사람의 일대기를 글로 쓰는 일 자체가 무모한 도전이었다는 생각도 든다. 그러나 그동안 습관처럼 해왔던 노트, 질문과 답변, 그리고 삶의 행적 기록들이 있어서 정리해두지 않으면 평생을 두고 후회를 할 것 같았다. 비록 졸작이지만 이렇게라도 매듭을 지을 수 있어서 천만다행이다. 나의 생각이 한 권의 책으로 세상에 탄생하기까지 격려하고 응원해주신 모든 분께 다시 한번 감사의 말씀을 드린다.

2021년 12월

신문범

들어가기 전에

무엇을 선택하고 남길 것인가

경영자로서 무엇을 남길 것인가

인생의 길목에서 두 갈래 길을 만날 때가 있다. 어느 날 갑자기 나타난 두 갈래 길 같지만 사실은 그동안 살아온 시간을 원료로 해 만들어진 것이다. '선택의 기로'에 서는 것 자체가 자신이 살아온 시간과 연관되기 때문이다. 자신의 삶에 스스로 책임져야 한다는 말이 묵직하게 다가오는 이유이기도 하다.

당시에는 몰랐다가 시간이 지난 후에 그때의 결정으로 인해 훗날 삶의 향방이 달라졌다는 것을 깨닫기도 한다. 한 번의 큰 선택이 명운을 가르기도 하고 알게 모르게 쌓인 작은 선택들이 왼쪽으로 가던 길을 살짝 휘어지게 만들어 오른쪽으로 가도록 방향을 틀어놓기도 한다. 나는 운명이니 사주니 하는 것을 신봉하는 사람은 아니다. 하지만 어느 정도 나이가 들어 내가 걸어온 삶의 여정을 살펴볼 때 '아! 그때가 승부처였구나!' 하는 생각이 들 때가 있다. 다시 돌아가도 똑같은 선택을 할 것으로 생각할 만큼 잘했다고 생각하는 선택이 있고 한 번 더 기회를 만들어보고 싶을 정도로 아쉽다고 생각하는 안타까운 선택도 있다. 매번 좋은 선택을 하지는 못했다. 하지만 더 나은 선택을 하려고 끊임없는 노력해온 것은 사실이다.

"인생은 수많은 선택의 집합이다."

프랑스 소설가 알베르 카뮈Albert Camus가 한 말이다. 마찬가지로 좋은 선택도 아쉬운 선택도 모두 우리 삶이 된다. 잘한 선택과 잘못한 선택이 합쳐지고, 행운이 깃든 선택과 불운에 시달린 선택이 어우러지고, 확실함 속에서 한 선택과 불확실함 속에서 한 선택이 통합되면서 현재의 내가 된 것이다. 우리가 각자 다른 삶의 무늬를 만들어가는 것도 같은 상황에서 다른 선택을 하고, 그 선택으로 또 다른 상황이 펼쳐지고, 그 상황에서 저 길이 아닌 이 길을 걸었기 때문일 것이다.

개인의 인생도 어떤 선택을 하느냐에 따라 큰 영향을 받는데 기업 현장이야 말할 것도 없다. 순간의 판단 실수가 거대한 손실로 이어지고 그것이 몇 번 반복되면 돌이킬 수 없는 몰락의 길을 걷게 된다. 나 또한 '전쟁과 같다.'라고 비유될 만큼 터프한 비즈니스 현장의 최전선에서 무엇을 선택했느냐에 따라 명암이 엇갈리는 경험을 수도 없이 목격했다. 등에 식은땀이 흐를 정도로 아찔한 순간도 있었다. 또 하늘이 준 기회였다고 생각할 수밖에 없을 만큼 커다란 행운이 따랐던 적도 있었다.

이렇듯 자신이 한 선택은 어떤 형태로든 결과로 남는다. 어떤 선택은 눈에 보이지 않게 투명한 결과를 남기지만 어떤 선택은 누가 봐도 알아볼 수 있을 만큼 커다란 결과를 남긴다. 그리고 그 발자취는 삶의 다리가 돼 의미 있는 미래로 이어진다. 지금 내가 하는 선택이 현재에서 끝나지 않고 미래로 이어지고 또 더욱이 위기에서 벗어나야 하는 절체절명의 순간이라면 어떤 기준으로 해야 할지 생각하던 중 이런 질문이 떠올랐다.

'그렇다면 경영자로서 나는 무엇을 남길 것인가?'

이 책을 쓰게 된 결정적 계기도 이 질문에 대한 답을 남기고 싶어서였는지 모르겠다. 40여 년이 넘는 직장생활을 통해 얻은 지혜를 조금이라도 후학들에게 남길 수 있다면 그것만으로도 충분히 의미가 있다는 생각이 들었다.

경영자가 기업을 통해 남겨야 하는 것은 무엇인가? 궁극적으로 사람을 남겨야 한다. 사람을 남긴다는 것은 특정한 후계자를 남긴다는 뜻이 아니다. 창업자나 경영자의 이름을 남긴다는 의미도 아니다. 그것은 눈에 보이는 것이 아니다. 오히려 눈에 보이지 않는 것으로 유형자산이 아니라 무형자산이다. 가장 공들여 키워야 하고 정성을 들여 유지해야 하고 후대에 반드시 남겨야 하는 것은 '인간을 존중하는 마음이 바탕이 된 조직문화'이다. 이것이 바로 사람을 남긴다는 것의 진정한 가치이다.

인간 존중의 조직문화를 남기려면 무엇이 이루어져야 하는가? 조직의 잠재력을 최대한으로 끌어올리는 7가지 핵심가치, 즉 소통, 신뢰, 평등, 균형, 일치, 규칙, 투명 등이다. 그렇다면 이 7가지 핵심

가치를 만들어내기 위해 개인은 어떤 역량을 키워야 하는가? 첫째, 자신의 길을 가야 한다. 둘째, 자신을 다스릴 줄 알아야 한다. 셋째, 사전 준비를 철저히 해야 한다. 넷째, 포기도 타협도 하지 않아야 한다. 다섯째, 장기적 안목으로 리더십을 발휘해야 한다. 이 5가지 인사이트는 다시 17개의 핵심역량으로 세분화된다. 이것이 내가 30여 년이 넘는 경영 현장에서 배운 것들을 실천을 통해 깨우친 것을 나름의 생각으로 정리한 것이다. 세계 곳곳을 누비며 겪은 생생한 체험을 통해 깨달은 '남김'에 대한 통찰을 죽어 있는 개념이 아니라 살아 있는 현장의 이야기로 풀어보고 싶었다. 다만, 오해를 부르지 않기 위해 덧붙일 말이 두 가지 있다.

첫째, 내가 책에서 쓰는 이야기는 어디까지나 내 개인의 생각일 뿐이고 절대적 진리를 담고 있는 명제가 아니라는 것이다. 무형자산을 남겨야 한다는 것 또한 나만의 창조적인 발상이 아니다. 많은 경영자가 무형자산의 가치를 중요하게 여기며 강조하고 있다. 그러나 그것에 대한 구체적인 이야기는 저마다 다를 수밖에 없다. 둘째, 7가지 핵심가치와 5가지 인사이트는 경험의 결과에서 나온 것이다. 생각을 먼저 한 후에 경영에 적용한 것이 아니라 현장에서 직접 발로 뛰며 하나둘 깨우친 것을 이후에 다듬은 것이다. 해외사업부, 중동, 아프리카, 인도, 중국의 사업체를 이끌며 하나둘씩 적용하고 시험해보면서 마지막까지 버려지지 않고 내 안에 남은 생각의 에센스이기도 하다.

개인적인 이야기라 꺼내놓기가 조금은 망설여지기도 했다. 세계 석학들의 놀라운 연구에 필적할 만큼 어마어마한 경영 철학을 다룬 것도 아니지만 나라는 한 개인이 지닌 '다름의 가치'에 기대어 보려고 한다. 개인의 경험에서 비롯된 것이지만 실제 경영 현장에 적용하며 성공을 거둔 것이기에 객관화된 시선은 담겨 있다고 생각한다.

이 선택으로 무엇을 남길 것인가

조직생활은 혼자 하는 것이 아니다. 그렇기에 심리적으로 정신적으로 물질적으로 누군가로부터 항상 무언가를 받으며 살아갈 수밖에 없다. 내가 원해서 받는 것도 있지만 주어지는 것을 받아야 할 때도 있고 부지불식간에 받고 만 것도 있다. 특히 좋은 선임들에게 받은 것은 돈으로 환산할 수 없을 만큼 소중한 것이다. 업무를 정확하게 파악하는 것은 물론 세상을 보는 눈을 키우는 배움이기 때문이다.

나 또한 좋은 스승과 같은 선임들을 많이 만났다. 위기의 상황에서 기회를 만들어냈고 그 기회를 살려 애초에 설정했던 것보다 더 거대한 결과를 창출해내는 과정을 함께 경험했다. 내가 난관이 예상되는 두 갈래 길을 만나 어려운 결정을 해야 할 때마다 기준점이 돼주었다. 그것은 당장의 이익을 넘어 더 큰 안목으로 멀리 봐야 한다는 것이었다.

'이 선택으로 무엇을 남길 것인가?'

내가 가기로 결정한 이 길이 후대에도 계속 이어질 길인지, 아니면 당장 좋아 보여도 낭떠러지로 이르게 할 길인지 알 수 없어 불면의 밤을 지새우며 피 말리던 순간을 버티던 때도 있었다. 가슴 졸이며 결과를 기다리다가 환호성을 지르던 순간도 있었고 고개를 숙이며 울분을 삭일 때도 있었다. 모든 결과가 다 만족스러웠던 것은 아니다. 하지만 어떤 결과든 겸허히 받아들일 수밖에 없었다. 그리고 내가 한 선택의 책임을 타인에게 전가하지 않으려고 애썼다. 좋은 선택을 하기 위한 고민이 내 삶을 끌고 왔다고 해도 과언이 아닌 듯하다.

그런데 과연 '좋은 선택'이란 무엇일까? 당장 좋은 선택처럼 보이지만 시간이 흐른 후 해악으로 드러나기도 하고 지금은 손해 보는 선택 같지만 몇 년 후 진가가 드러나기도 한다. 그런 의미에서 보면 선택은 지렛대의 작용점 같은 것인지도 모르겠다. 적절한 자리에 놓이면 무거운 짐도 거뜬히 들어올리지만 잘못된 자리에 놓이면 들어올려야 하는 짐을 움직이기는커녕 지렛대 자체를 부러뜨리고 만다.

사회 초년생일 땐 들어올릴 짐이 어느 정도 무거운지, 지렛대 작용점을 어디에 두어야 할지 몰라서 하는 실수가 잦다. 그러나 차츰차츰 경험이 쌓이고 배포가 늘면서 눈앞에 놓인 짐의 무게를 가늠할 줄 알게 되고 지렛대 작용점을 앞으로 뒤로 옮길 줄 알게 된다. 한 마디로 '일머리'가 생기는 것이다. 일머리가 생긴다는 것은 투입과 산출의 균형을 보는 눈이 생긴다는 것이다. 일 잘하는 사람이 되려면 필연적으로 길러야 하는 '안목'이다. 그런데 그러려면 당연히 시간이 필요하다. 경험을 통해 시간과 정성을 들여 안목을 키울 때 비로소 '지혜로운 선택'을 할 수 있는 능력이 생기는 것이다.

경영은 곧 선택하는 일이라고 말할 수 있다. 좋은 선택은 경우의 수가 많지만 잘못된 선택은 대개 한두 가지이다. 그중 하나가 당장 배가 고프다고 독이 든 음식을 먹는 것이다. 예를 들어 총비용을 절감하겠다고 마케팅 비용을 아끼는 경우가 있다. 꼭 써야 할 돈을 쓰지 않고 목표 매출을 이루겠다는 것은 지나치게 대범하거나 어리석거나일 뿐이다. 농부가 물도 안 주고 비료도 안 주면서 곡식이 맺기를 바라는 것과 같다. 작은 이익에 눈이 멀어 큰 이익을 놓칠 뿐 아니라 기업을 키울 수 있는 길을 버리고 쇠퇴의 길로 접어드는 우를 범하지 않으려면 크고 넓게 바라보는 안목을 길러야 할 것이다.

목차

빅 윈 5
선순환 생태계를 구축하라 • 203

THE BIG WIN

빅 윈 6

빅 원
1

일시 우위와 상시 위기의 시대이다

1. 기회는 위기의 얼굴로 찾아온다

대사멸의 시기에 살아남는 자가 승자가 된다

◆◆◆

인생을 바꾸는 선택의 순간에 서 있어 본 적이 있는가? 그런 경험을 한 사람은 사고의 축이 완전히 바뀌는 경험을 한다고 한다. 나 또한 그랬다. 지금은 몇 년 주기로 직장을 옮기거나 심지어 여러 번 직업을 바꾸는 것도 자연스러운 일처럼 보인다. 하지만 내가 사회생활을 시작했을 무렵에는 직장을 오래 다니고 정년을 채운 후 은퇴하는 것이 성공한 삶이라는 분위기가 있었다. 물론 이직이 드문 일은 아니었지만 자유롭게 선택한다기보다 정말 신중하게 결정해야 하는 일이었다.

나의 첫 직장은 건설회사였는데 배치된 곳이 해외 플랜트 사업본부였다. 중동 건설 붐이 한창이던 때라 해외 건설 현장 파견 근무는 당연시 여겼고 어차피 거쳐야 하는 과정이라면 매도 빨리 맞는 것이 낫겠다는 생각에 자청했다. 당시 대규모 중동 발전 담수 공장 건설 현장으로 배치가 됐다. 가정을 일군 지 얼마 지나지 않아서 시작한 해외 파견 근무가 독일 프랑크푸르트 연락 사무소 파견을 시작으로 중동 건설 현장 파견 임무 완수까지 4년여 계속됐다. 본사에 복귀한 지 얼마 안 돼 다시 본부의 급작스러운 해외 현장 파견 요청을 받았다. 일은 즐거웠고 적성에 잘 맞았지만 가족과 너무 긴 시간 동안 연이어 떨어져 있게 될 것을 생각하니 다소 감내하기 힘들었다. 오랜 고민 끝에 회사에 사표를 냈다.

사표를 내고 사표가 반려되는 일이 여러 차례 반복됐다. 졸업 당시 취업이 막막해서 혹시라도 누군가가 나를 선택한다면 신명을 다 바쳐 일하겠다고 스스로에게 약속했다. 그런데 그 약속을 스스로 깨는 상황이 올 줄은 정말 상상도 하지 못했다. 첫직장에서 9년간 나름대로 최선을 다한 결과 어느 정도 인정도 받았던 터라 그만두는 것은 쉽게 결정할 수 있는 일은 아니었다. 새 일을 모색하는 것 또한 단순히 직장을 옮기는 것 이상의 일이었다. 제2의 인생을 시작하는 것과 같았기 때문이다. 그만큼 심리적 압박이 크게 다가왔지만 그래도 내 생각은 바뀌지 않았다. 결정하기 전까지는 오랫동안 고민하는 편이지만 그 다음은 후회가 없도록 최선을 다했다.

'그때 만약 이직하지 않았다면 내 인생은 어떻게 됐을까?'

가끔 생각해보지만 가 보지 않은 길에 대한 상상은 말 그대로 상상일 뿐이다. 어쩌면 지금과는 사뭇 다른 길을 걷게 됐을지도 모를 일이다. 9년을 성실하게 다니던 직장에 사표를 내고 두 번째 직장으로 옮겼다. 그곳이 바로 나의 평생직장이 된 엘지전자이다. 엘지전자 입사야말로 내 인생에서 가장 크고 결정적인 선택이었던 셈이다.

입사 후 처음 배치된 부서는 부품 수출 영업을 담당하는 곳이었다. 건설 현장에서 하던 일과는 모든 면에서 판이하게 달랐다. 초반에는 적응하느라 애를 썼다. 그러나 단순히 업무가 달라졌기 때문에 힘든 것은 아니었다. 한시도 가만히 있지 않고 시시각각 변하는 것, 그런 상황을 처음 겪다 보니 정신적으로 힘들었다.

건설업은 중간에 크고 작은 일들이 많이 생기긴 하지만 그래도 정해진 프로세스대로 진행이 되는 편이었다. 그러나 해외 시장 개척 업무는 모든 것이 현재 진행으로 변화하는 상황에 늘 많은 생각과 고민을 해야 하는 날들이 계속됐다. 건설 업무가 대지 위에서 걷고 뛰는 일이었다면 수출 업무는 출렁이는 바다 위에서 균형을 잡는 일과 같았다.

1992년 에어컨 사업부 해외수출 팀장으로 이동 발령을 받았다. 1992년은 빛과 그림자가 선명하게 갈렸던 해다. 그전까지 2년 연속 엄청난 흑자로 총생산성 경연대회TPC, Total Productivity Contest 대상까지 수상했지만 국내 시장의 침체로 적자로 돌아선 해였기 때문이다. 게다가 엎친 데 덮친 격으로 이듬해에는 쿨 섬머Cool Summer 현상까지 이어지며 사업부는 창사 이래 최대의 위기 상황에 봉착하고 말았다. 생산성 대상을 수상했던 사업부가 존폐 위기에 몰린 것이다.

당시 국내 시장에만 의존하던 성향에서 벗어나 수출 시장으로 나아가는 시도를 했다. 하지만 국내 시장 의존도가 워낙 높았던 때라 손실을 메우기에는 실로 벅찼던 상황이다. 급기야는 사업부의 구조조정을 위한 행동 지원 프로젝트가 1차와 2차에 걸쳐 추진됐다. 긴박하게 돌아가는 상황이었다. 하지만 전화위복은 바로 이런 때를 가리키는 말이 아닌가 싶다. 결과적으로 에어컨 사업부의 환골탈태를 이루어냈기 때문이다. 구조조정 태스크를 실시한 지 7년 만에 글로벌 가정용 에어컨 시장에서 당당히 1위를 해낸 것이다.

"위기는 기회와 함께 온다."

이 말에 담겨 있는 진리를 살아 있는 경험으로 체험한 셈이다. 위기는 미래를 위한 디딤돌이다. 국내 시장 부진 위기에 무너지지 않고 해외 시장에 도전하기로 한 후 쇄신을 거듭했다. 초기의 부진을 털어내며 점점 입지를 굳히던 에어컨 사업부가 드디어 세계 가정용 에어컨 시장에서 세계 톱의 자리에 우뚝 서게 된 것이다. 엄청난 적자를 떠안고 있던 애물단지 사업부가 7년 만에 알짜 사업부가 돼 전쟁 같은 해외 시장에서 1위에 오르기까지의 과정을 지켜본 조직 구성원에게는 정말로 잊을 수 없는 짜릿했던 사건이다.

단기 손익에 집착하지 말고 선행 투자를 하라

◆◆◆

어떻게 글로벌 가정용 에어컨 시장에서 당당히 1위를 하는 일이 가능했을까? 대규모 구조조정을 겪었지만 남은 사람들이 똘똘 뭉쳤기 때문이다. 너나 할 것 없이 서로를 아끼며 격려하던 조직문화가 살아 있었던 것이다. 아마 밑바닥에 이런 뜨거운 마음이 없었더라면 사업부의 재기는 불가능했을 것이다. 직장생활을 하면서 잊지 못할 장면이 있다면 구조조정으로 같은 사업부에 있던 일부 생산직 직원들이 각기 다른 곳으로 흩어지면서 이별의 아쉬움에 눈시울을 붉혔던 것이다.

'다시는 이런 설움을 겪지 않겠다!'

사업부장을 포함한 조직책임자들의 결연한 의지를 엿볼 수 있었다. 이때의 경험은 실수했으니 개선하면 된다는 차원의 일이 아니었다. 사랑하는 가족이 하루아침에 이산가족이 돼 생사를 알 수 없는 곳으로 뿔뿔이 흩어지는 것처럼 마음이 부서지는 일이었다. 정말로 같은 상황을 두 번 다시 겪고 싶지 않았다. 그렇기에 절치부심하는 심정으로 사업부가 구조조정을 딛고 환골탈태하는 데 일조하겠노라고 마음속으로 다짐하고 또 다짐했다.

구조조정은 살을 잘라내는 일이었다. 하지만 초기의 비효율 타파를 위해서는 불가피했던 선택이다. 1차 행동 지원을 통해 가능성이 없는 사업부터 정리했다. 단순히 내수를 위해 여러 사업을 힘들게 끌고 가는 것보다 가능성 있는 한 가지 사업이라도 제대로 해보자는 취지였다. 몇 개월의 작업을 거치며 상대적으로 장래가 가장 밝아 보이고 경쟁력 측면에서도 사전 투자로 인해 비교적 나은 상황에 있었던 사업 하나가 남았다. 바로 에어컨 사업이었다.

에어컨 사업을 제외한 모든 사업을 철수한다는 방침으로 결론이 났다. 즉 철저한 선택과 집중이었다. 이 결정에 반대하는 사람은 없었다. 그러나 어떻게 사업을 추진할 것인가에 대한 방향성에 대해서는 의견이 분분했다. 당분간은 국내 시장에 국한해서 사업을 추진하고 안정된 후에 해외 시장으로 진출하자는 행동지원팀의 방안과 국내와 해외 시장을 동시에 추진하자는 사업부의 방안을 놓고 갑론을박이 벌어졌다. 최종적으로 국내외 시장을 동시에 추진하자는 쪽으로 결론이 났다.

당시 사업부장이 해외 시장 진출을 강하게 어필한 데는 분명한 이유가 있었다. 사업부가 매년 어려운 상황에서도 전임 사업부장이 미래를 위한 선행 투자를 지속해왔기 때문에 공장은 충분한 생산 능력을 보유하고 있었다. 전임자가 일군 유산이었다. 생존의 필수요소인 규모의 경제를 실현하기 위해 공장을 풀Full가동하는 일은 불가피했다. 해외 시장 개척을 더는 늦추어서는 안 되는 이유이기도 했다. 사업부장은 해외 시장 개척을 위한 태스크를 지원해주면 반드시 이 어려운 상황을 타개하겠다는 의지가 결연했다. 그에 따라 곧바로 해외 시장 개척 태스크가 만들어졌다.

이 순간은 엘지전자의 역사를 통틀어보더라도 가장 훌륭한 선택 중의 하나가 아니었을까 싶다. 만약 이때 당장의 지출과 손실이 크다는 이유로 해외 시장에 도전하기보다 국내 시장에 안주하는 쪽을 선택했다면 글로벌 가정용 에어컨 시장 '1등'이라는 영광스러운 타이틀은 아마도 품에 안지 못했을 수도 있었을 것이다.

해외 시장 개척을 위한 2차 행동 지원 태스크가 가동됐다. 수출 총책을 맡았던 나도 태스크의 일원으로 참여했다. 사업부 내에 팀이 꾸려졌고 해외의 유명 컨설팅 회사와 협력해서 전략을 수립하고 실행하기까지 1년의 세월을 밤낮없이 공장에서 씨름하며 보냈다. 컨설팅 회사가 임무를 완료하고 철수한 뒤에도 해외 시장 개척 태스크를 자체적으로 만들어서 했다. 결과가 나오기까진 시간이 걸렸지만 그동안 우리가 기울인 노력과 흘린 땀을 보상하고도 남을 만한 결과였다. 2000년 11월 일본의 주요 냉동 공조 전문지인 『JARN』이 '철옹성 같던 일본의 M사를 제치고 한국의 엘지전자가 점유율 1위에 등극'이라는 믿기지 않은 기사를 쓴 것이다. 사업을 반드시 성공시키겠다는 사업부장을 포함한 조직 구성원들의 확신과 굳은 의지가 없었다면 불가능했을 것이다.

이때의 일은 큰 승리와 큰 경영은 어떠해야 하고 또 일반적인 승패와는 어떻게 달라야 하는지를 각성하고 깨닫게 해주었던 소중한 경험이었다. 리더의 믿음에서 출발한 동기부여는 부서 간의 상호 존중과 신뢰로 이어져 팀의 단합과 결속을 끌어냈다. 그 덕분에 할 수 있다는 굳은 신념으로 모두가 동참하여 일구어낸 승리였다. 이때의 경험은 향후 현장에서 힘든 일을 겪을 때마다 심기일전하며 마음을 가다듬는 원동력이 됐다.

구조조정 대상이었던 에어컨 사업부가 글로벌 가정용 에어콘 시장에서 1등을 하기까지 사업 전략을 수립하고 실행했던 7년 동안 총력을 기울였던 임직원들, 조직 구성원들, 그리고 우리와 한몸처럼 움직였던 사업 파트너들의 삶을 생각해본다. 육체적으로는 힘들었지만 정신적으로는 풍요로움을 만끽하며 한 편의 드라마를 써 내려간 것이 아니었을까. 무엇보다 훌륭한 리더와 그를 믿고 한마음으로 따랐던 조직 구성원들과 사업 파트너들이 공동으로 일구어낸 성취였기에 더욱 가슴 벅찬 기억으로 남아 있다. 조직이 탄탄하게 바로 서면 불가능한 일도 가능하다는 것을 직접 경험했기 때문일 것이다.

쓰레기를 넣으면 쓰레기가 나올 수밖에 없다

◆◆◆

막대한 자금과 인력을 투입하는 사업이라고 해서 모두 성공하는 것은 아니다. 세계적으로 유명한 기업이라도 면면을 살펴보면 아픈 손가락 같은 사업이 있다. 시간을 견뎌내면 성공하는 사업도 있지만 대대적인 홍보와 물량 공세에도 불구하고 시장에서 사라지는 사업도 많다. 어떤 기업도 모든 방면에서 동시다발적으로 탁월한 성적을 내기란 불가능한 미션인 듯하다.

"1위나 2위를 하지 않는 사업은 모두 포기하라."

GE의 잭 웰치Jack Welch가 한 말이다. 최고가 될 경쟁력이 있는 사업부터 추진해야 한다는 의미일 것이다. 전략 수립에서 가장 염두에 두어야 할 부분 중 하나가 바로 선택과 집중이다. 특히 후발주자일 때 선택과 집중은 가장 절실한 이슈이다. 과거 세계사에 등재된 큰 전쟁을 살펴보면 작은 군대가 큰 대군을 무찌른 경우를 찾아보기 어렵다. 대군이 패퇴했을 때는 상대방을 얕잡아 보고 무리하게 전쟁을 치른 결과였다. 그러나 그것은 예외 상황이다. 후발주자는 절대로 전선을 확대해서는 안 된다. 열악한 자원으로 전선을 확대하는 것은 죽음을 자초하는 것과 진배없기 때문이다. 반드시 이겨야 할 시장을 먼저 정하고 경쟁자들에 필적할 만한 자원을 집중하여 하나씩 무너뜨려 나가는 전략을 펼쳐야만 한다.

해외 시장 진출을 결정했을 때도 이런 관점에서 시장을 분석하고 어디를 먼저 공략할 것인지 우선순위를 정했다. 토론과 회의를 거듭한 끝에 세 가지 기준을 정했다. 첫째, 시장의 진입 장벽이 낮을 것. 둘째, 향후의 잠재력이 클 것. 셋째, 투입 대비 산출 효율이 높을 것. 이 기준에 맞춰 10대 공략 목표 시장을 정했다. 그중에서 미국을 포함한 상위 톱2 시장을 1차 공략 대상으로 정했다. 마케팅 수립 전략을 위해 분야별 적임자로 구성된 시장 조사팀이 가동됐다. 나는 미국 시장의 팀장을 맡게 됐다. 마케팅과 관련해 지금까지 몰랐던 분야에서 실로 많은 경험을 할 수 있었던 기회다.

선발 주자들은 많은 면에서 유리한 고지를 선점하고 있다. 그러나 날카로운 매의 눈으로 살펴보면 어딘가 반드시 허점이 보이게 마련이다. 선발 주자들이 후발 주자들보다 외형 면에선 큰 것 같지만 시장을 놓고 보면 투입의 완성도 면에서 여러 허점을 갖고 있기 때문이다. 그렇기에 후발 주자들은 선택한 시장에서 투입의 완성도를 높여 선발 주자들의 진영을 하나씩 허물어뜨려야 한다. 이것이 바로 선택과 집중의 핵심이다.

시장을 선택한다. 선발 주자들을 분석한다. 투입의 완성도 면에서 허점을 찾는다. 틈새를 집중적으로 공략한다. 이 방법을 동일하게 적용하며 10대 공략 목표 시장에 뛰어들었다. 몇 년 지나지 않아 가시적인 결과가 드러나기 시작했다. 성과물이 선택 집중 전략의 실효성을 충족시키기에 충분했다. 사업을 진행한 6년 동안 10개국에서 이루어낸 성과는 놀라울 정도였다. 연평균 40퍼센트 신장을 하며 매출이 6배나 증가했다. 이때의 경험은 마케팅의 실체에 대해 눈을 뜨게 했다. 이후의 경영 활동에도 많은 참고가 된 것은 물론이다.

"경험은 절대 늙지 않는다."

이 말의 위력은 지금도 잊혀지지 않는다. 시대가 변하고 세대가 달라지면서 고객들의 감추어진 욕구도 변화를 거듭한다. 그러나 이것을 해결하는 방법론은 크게 달라지지 않았다. 해외 사업부가 해외 시장 석권이라는 목표를 세우고 달성했을 때도 마찬가지였다. 실행 방법과 관련한 주요 시사점을 찾아보면 크게 두 가지로 요약할 수 있다. 하나는 내부적인 면으로 전략 수립과 조사에 참여한 인원들이 실행까지 참여함으로써 팀 단합을 이루어낸 것이다. 또 다른 하나는 외부적인 면으로 파트너 회사들과 모든 것을 투명하게 공유하면서 상호 상생을 도모한 것이다. 성과는 해외 시장에서만 나타난 것이 아니었다. 해외 시장의 성공에 힘입어 국내 시장의 반응도 뜨거웠다. 해외 시장에 나섰던 초기 시점과 비교하면 물량은 약 30배 증가했고 매출은 무려 17배나 성장했다.

아웃풋output은 인풋intput의 퀄리티에 달려 있다. 인풋과 아웃풋은 경험상 전략과 실행의 두 가지 꼭짓점으로 대별된다. 시장에서의 지위 하락은 경쟁사들과 비교했을 때 인풋의 완성도가 뒤떨어졌기 때문이다. 이것은 전략을 세우고 실행할 때 반드시 고려해야 하는 핵심 요소이다. 인풋의 퀄리티가 늘 우위를 점유할 수 있도록 완성도를 높이는 노력을 게을리하면 안 될 일이다.

"할 수 있지? 우리는 할 수 있어!"를 외쳐라

◆ ◆ ◆

어떻게 내부 팀 단합을 이룰 수 있었을까? 조직원들을 끈끈하게 이어주는 신뢰가 바탕이 됐기 때문이다. 팀 활동을 하면서 상사에게 가장 빈번하게 들었던 말은 구체적인 지시가 아니었다.

"할 수 있지? 우리는 할 수 있어!"

바로 이 말이었다. 단합을 이루고 동기를 부여하는 말이었다. 간결한 말이었지만 사업을 반드시 성공시키고 말겠다는 뜻을 담은 확신과 의지의 표명이기도 했다. 당시 우리가 가장 많이 했던 말은 "우리는 원팀One Team이다! 위 아 원팀We are One Team! 우리는 할 수 있다! 위 캔 두 잇We Can Do it!"이었다. 상대를 죽이고 나만 살자는 게 아니라 우리와 함께하는 모든 관계자가 함께 잘돼야 한다는 '윈-윈Win-Win' 정신으로 하나가 돼 똘똘 뭉쳤던 것이다.

신뢰한다는 것은 권한과 책임을 같이 준다는 것이다. 믿으면 맡겨야 하고 믿지 못하면 버려야 한다. 일일이 간섭하고 지시하면 초기 속도가 빠른 듯 보이지만 착시현상에 불과하다. 장기적으로 조직의 창의성이 결여되고 속도는 떨어지게 마련이다. 이런 상태가 오래 지속되면 경쟁에서 이기지 못하고 시장에서 퇴출되는 치명적인 결과를 낳을 수도 있다.

"우리는 반드시 해낼 수 있다."

수도 없이 들었던 말이다. 또 들은 것보다 더 많이 했던 말이다. 하지만 이 말을 들을 때마다 새로운 각오가 생겼다. 그러던 어느 날 사업부장이 나를 불렀다.

"신 팀장, 앞으로 모든 결정을 알아서 해요."

"네? 그게 무슨 말씀이세요?"

"해외 영업부에서 생기는 모든 중요한 일을 당신이 알아서 결정하라고요."

사업부장은 이게 무슨 말인지 멀뚱히 바라만 보는 나에게 당연하다는 듯 말을 이었다.

"그 일에 대해 당신만큼 많이 아는 사람이 또 어디 있어?"

업무와 관련해서 나보다 더 잘 아는 사람이 없으니 모든 결정을 알아서 하라는 것이었다. 그 말을 듣는 순간 당혹감을 감출 수 없었다. 그러나 모든 의사결정에 지켜야 할 한 가지 철칙을 듣고는 이내 마음의 평정을 찾았다. 그리고 이 주문은 해외 영업 활성화에 기폭제가 되고도 남았다.

"모든 수주 물량은 시장 상황을 기준으로 결정하되 한계 이익(순매출액에서 변동비를 빼서 산출한 이익)을 실현하느냐 못하느냐만 잘 지키면 돼."

상황에 따라 판단하되 최종 한계 이익으로 결정한 선만 지키면 된다는 것이었다. 한마디로 철저하게 권한을 위임받은 것이다. 단단한 신뢰가 형성돼 있지 않고선 가능하지 않았던 일이다. 이렇듯 상사에게 절대적인 신임을 받은 경험은 나 또한 부하직원을 깊게 신뢰하게 했고 그 후에도 가장 중요한 원칙이 됐다.

신뢰는 방법의 문제가 아니라 태도의 문제이다. 나와 함께 일하는 사람을 믿느냐 못 믿느냐에 따라 팀의 분위기는 완전히 달라진다. 절대적 신뢰와 더불어 책임과 함께 권한까지 맡길 때 구성원들의 주인의식이 높아진 것은 물론 의사결정 속도가 확연히 빨라졌다. 신속한 의사결정으로 수주 물량이 기하급수적으로 늘어나기 시작했다. 이런 분위기는 우리 팀뿐만 아니라 해외 영업과 관련된 업무를 맡았던 조직 전체를 결속하게 했다. 당시 생산 책임자는 이런 말까지 할 정도였다.

"한 톨의 물량도 소중하니 가격 불문하고 요청하면 생산할 겁니다."

수출 영업을 하는 데 천군만마를 얻은 것보다 더 힘이 되는 일이었다. 신뢰의 힘은 사람을 신바람 나게 만든다. 해외 수주 활동에 따른 빈번한 출장으로 몸은 피곤했지만 매년 큰 폭으로 증가하는 물량이 보약이나 진배없었다.

책임에 권한을 부여하면 주인의식이 자연스럽게 길러지게 마련이다. 주인의식은 깨우침으로 승화되고 깨우침이 깊을수록 경영 성과는 모두가 바라는 올바른 방향으로 가속된다. 항상 적절한 타이밍에 올바른 결정을 내리는 일은 불가능하다고 해도 빠른 결정이 어느 정도는 대신할 수 있는 게 아닐까? 신뢰를 받는 사람은 신뢰할 줄 안다. 그리고 이런 조직문화 속에서는 한 사람 한 사람이 사업가가 돼 주체적인 행동을 하게 된다. 스스로 행동하는 사람들이 넘쳐나는 조직을 당해낼 재간은 아마도 없을 것이다.

2. 신뢰를 얻는 것이 가장 중요하다

'기브 앤 테이크'가 아니라 '기브 앤 포겟'이다

◆◆◆

에어컨은 계절 상품이다. 대부분 업체가 시즌이 끝나고 나면 재고 부담을 갖게 마련이다. 그러다 보니 다소 소극적으로 물량을 생산하고 유통하다 보니 오히려 재고가 쌓이는 경우보다 부족한 경우가 더 많았다.

당시 유럽의 큰 거래선들 대부분이 여러 곳에서 물량을 공급받았다. 해마다 업체 간의 물량 확보가 치열할 수밖에 없었다. 그러던 중 절호의 기회가 찾아왔다. 핫 섬머Hot Summer가 시작된 것이다. 아무리 더운 여름이 오기를 바라더라도 인간이 자연의 변화를 통제할 수 없는 법이다. 그런데 유난히 더운 여름이 찾아왔으니 이것이야말로 하늘이 준 기회였다. 당연히 물량 요청이 늘었다. 판매가 호조를 이루자 거래선들에서 납기 지연 물량에 추가 요청 물량까지 항공운송 요청이 들어왔다. 계절 상품의 사업 특성을 잘 알고 있던 당시 사업부장은 추가 비용이 발생하는 일이었음에도 흔쾌히 승인했다. 그 후에도 해마다 항공운송 요청이 들어왔다. 우리가 단 한 번도 거절하지 않고 모두 수용한 결과 거래선들이 시장에서 기회를 놓치는 일을 최대한 방지할 수 있었다. 그에 대한 보답으로 다음 해의 물량 공급지로 우리를 최우선으로 선택하고 최대한 많은 물량을 할애해주기까지 했다.

언젠가 유럽에 늦더위가 기승을 부렸던 적이 있었다. 급작스럽게 물량을 추가로 요청받았다. 그런데 선박으로 보내면 시간이 너무 오래 걸려 타이밍을 놓칠 듯했다. 선박으로 보내는 동안 더위가 끝나버리면 판매 시기를 놓칠 것이 뻔했다. 이때 우리가 내린 결정은 항공운송이었다. 선박보다 몇 배나 더 큰 비용이 드는 결정이었다. 비록 손실이 생기더라도 시기에 맞추는 일이 더 중요하다고 생각했다. 그렇게 판단한 것은 감정적으로 결정한 것이 아니었다. 그것이 더 큰 이익을 내는 선택이라고 합리적으로 생각했기 때문이다. 공수한 물량 자체만을 놓고 보면 손실이 따르지만 매년 우리에게 요청하는 물량 증대를 고려하면 훨씬 이득인 일이었다. 판단은 적중했다. 거래선들은 우리의 결정에 감동했다. 이 일은 우리에 대한 신뢰, 즉 로열티를 높이는 결정적 계기가 됐다.

"사람들은 기회가 떠나고 난 뒤에 그것이 기회였다는 것을 알게 된다."

많은 사람이 이런 말을 자주 한다. 경영 활동을 할 땐 사소한 작은 이익을 놓고 고객과 불필요한 언쟁이나 논쟁은 가능한 피하는 게 좋다. 사업은 '기브 앤 테이크Give and Take'가 아니다. 당장 눈앞의 손익에 급급해서 계산기를 두드리면 더 큰 것을 보지 못하게 된다. 특히 신뢰를 바탕으로 이어진 관계에서 조금의 손해도 보지 않으려고 하는 태도는 시간이 지날수록 불신만 커지게 한다. 그렇기에 '기브 앤 포겟Give and Forget'의 마음으로 대범하게 대해야 한다. 비록 당시엔 손실처럼 보이는 일도 '이 일로 무엇을 남길 것인가?'의 관점으로 크게 멀리 보면 고객 만족으로 승화되는 지점이 드러난다. 그 지점에 목표를 맞추는 것이 후일을 위한 선택이 된다. 이것이 바로 건강한 적자, 즉 투자이다.

작은 이익에 만족하지 말고 스케일업을 해라

◆◆◆

해외 시장 도전에 나섰던 초기 몇 년은 후발 주자로 선택과 집중이라는 전략을 철저하게 실행했다. 고객 중심적인 사고를 하면서 의사결정을 해나가자 성과는 급속도로 증가했다. 그러나 규모가 커진 만큼 하나둘 작은 문제들도 생겼다. 수출 물량이 100만 대에 육박하자 물량 급증에 따른 부작용들이 일부에서 나타나기 시작한 것이다. 제품 고장에 따른 수리 처리 속도가 물량 증가를 따라가지 못했다. 이럴 때 어떤 선택을 해야 하는가? 무엇을 우선순위로 결정을 내려야 하는가?

당시 내가 내렸던 결정은 '안정'이었다. 당분간 물량을 현재 수준에서 안정시키면서 내부 전열을 가다듬은 후 재도약을 시도하는 것이 좋겠다고 판단했다. 그러나 윗선에서 돌아온 답변은 다른 입장이었다.

"시간이 우리를 기다려주지 않는다."

자동차로 비교하자면 가속이 됐을 때 액셀러레이터를 힘차게 밟아야 한다는 것이다. 오히려 이때야말로 경쟁사가 감히 쳐다보지 못할 정도로 앞서 나가야 했다. 수리 서비스를 대폭 개선하는 업무 활동과 함께 물량 증대가 병행됐다.

만약 이때 내가 판단한 대로 한 템포 쉬면서 전열을 가다듬자는 결정을 했다면 그 후 세계 1등은 물거품이 됐을지 모른다. 구조조정 이후 해외 시장 공략을 목표로 설정하고 도전적으로 일해왔던 내가 몇 년 후 그토록 경계했던 안정을 선택하는 일이 벌어진 것이다. 그러나 다행히 윗선에서 바른 판단을 내려주어서 평생을 두고 후회했을지도 모를 오판을 피해 갈 수 있었다.

이때의 경험은 뚜렷한 각인으로 남았다. 사업을 포기하지 않는 이상 시장과 고객이 원하는 물량을 공급하는 일은 기업이 지켜야 할 도리이자 책무라는 것을 여실히 깨달았다. 경영 활동 중에 잠시 쉬어갈 이슈가 따로 존재할 때도 있다. 그러나 당시 매출이 꾸준히 증가했던 이유는 거래선들이 우리의 로열티를 제고해주었기에 가능했던 일이다. 이때야말로 기회라고 여기며 적극적인 공세를 펴도 부족할 판국에 문제가 생겼다고 소극적으로 물량을 조절하려고 했으니 효율 경영의 선순환 구조를 스스로 포기하겠다고 말한 것이나 마찬가지였다. 그동안 조직이 헌신적으로 만들어온 성과를 하마터면 헌신짝으로 만들어버릴 뻔했으니 생각할수록 등골이 서

늘해지는 일이다.

"볼륨Volume 없는 가치Value는 없다."

혁신 기조 아래 꾸준히 물량을 증가시키자 생산라인이 안정돼 서비스의 품질이 급격하게 개선됐다. 서비스 태스크 활동으로 매출은 물론 서비스 품질까지 동반 상승하는 선순환이 이루어진 것이다. 고객은 우리가 원할 때까지 기다리지 않는다. 시장에서 지위를 상실하는 일은 전쟁에서 영토를 빼앗기는 것과 같은 일이다.

"가장 터프한 시장에서 살아남아야 진정한 승자이다."

우리의 경쟁력이 어느 정도인지 가늠할 수 있는 확실한 방법은 가장 치열한 시장에서 살아남는지 사라지는지, 즉 생존 여부를 확인해 보는 것이 아닐까 한다. 생존에만 급급해 수익이 좋은 시장에만 안주해서도 안 된다. 경쟁력이 떨어지면 결국 시장에서 퇴출 절차를 밟게 되기 때문이다. 경쟁이 가장 치열한 시장에 뛰어들어 일관된 전략으로 수익을 창출하면 나머지 시장은 쉽게 장악할 수 있다.

다시 심기일전해서 시장 확대를 꾀한 결과 수출 대상 국가가 100여 개국으로 늘어났다. 거의 모든 지역에서 매출이 급속도로 신장했는데 해마다 물량 규모를 키우며 가격 경쟁력에서 우위를 선점한 것이 큰 영향력을 미쳤다. 시장을 확대하는 과정에서 물량의 규모를 키우는 것과 더불어 또 한 가지 살펴볼 것이 있다. 지역 간의 균형을 생각하는 일이다. 손익이 좋다는 이유로 어느 한쪽으로 쏠리는 현상이 발생할 때 예기치 않는 변수가 생기면 단기간에 수습이 곤란할 정도의 큰 손실 상황에 직면할 수도 있다. 결론적으로 가장 치열한 시장에서 경쟁력을 확보하는 것과 지역 간 매출 균형을 이루는 것이 리스크를 최소화하면서 사업을 건실하게 하는 두 가지 기둥이다.

한번은 이런 일도 있었다. 미국의 거래선들 중 하나가 종래의 상담 방식에서 벗어나 공급 업체들을 한 곳으로 초빙했다. 내년 사업을 한 방에 끝내는 입찰 형태의 방식을 취한 것이다. 우리 팀도 참석했다. 경쟁사들이 어떤 가격을 던질지 모르는 상황에서 수익을 고려하면서 동시에 물량도 확보해야 했다. 원하는 대로 두 마리 토끼를 다 잡을 수 있을지 가늠할 수 없었다. 솔직히 말하면 현실적으로 불가능해 보였다.

몇 번에 걸친 레이스가 끝나고 최종 물량을 통보받았다. 결과를 확인하자마자 망연자실할 수밖에 없었다. 전년 대비 물량 증가를 전혀 이루지 못했던 것이다. 땅에 떨어진 자존심은 둘째치고 이대로 팀을 이끌고 철수할 수는 없었다. 다행히 한 번만 더 기회를 달라는 간곡한 요청이 받아들여졌다. 팀원들과 논의 끝에 가격을 추가로 희생하는 대신 우리가 원하는 물량을 충족시키는 패키지를 제안했다. 그야말로 마지막이란 생각으로 덤볐다. 결과를 기다리는 동안 팀원들과 함께 사무실을 나섰는데 밖에는 클로버가 무성하게 피어 있었다. 발길이 가는 대로 이리저리 걷다가 문득 어느 한 곳에 눈길이 멈췄다. 눈앞에 네 잎 클로버가 보였다. 행운이 우리 쪽으로 오기를 간절한 마음으로 기도했다.

잠시 후에 사업 부장실로 안내를 받았다. 살면서 그때만큼 초조함에 가슴을 졸였던 때가 없었던 듯했다. 어떤 말이 나올지 상대의 입만 뚫어지게 쳐다보았다.

"극히 일부 모델을 제외하고 내년 물량의 대부분을 당신들에게 안배하겠소."

이 정도의 답변이 나올 줄은 가히 상상도 못 했다. 기적 같은 말이었다. 그러나 기쁨도 잠시였다. 이내 아쉬움이 몰려왔다. 이렇게 될 줄 알았다면 가격을 좀 더 올렸어야 하는데 물량 욕심 때문에 지나치게 파격적으로 가격 인하를 한 게 아닌가 싶어서였다. 원하던 결과였지만 내가 내린 의사결정에 대한 후회와 자책감에 사로잡혔다. 그런데 이렇게 무모했던 의사결정이 전화위복이 될 줄이야! 우리가 제공한 가격이 경쟁력이 있었던지 입찰 당시 물량 대비 약 3배의 물량 증대 요청을 받은 것이다. 전년과 비교하면 무려 10배에 가까운 물량이었다.

물량 확보에 따른 생산성 증대와 그해 닥친 IMF 외환위기 사태로 급속한 원화 절하까지 더해져서 손익이 천정부지로 치솟았다. 상상조차 하지 못했던 일들이 숨가쁘게 전개됐다. 만약 입찰 당시 좌절감에 사로잡혀 한 번 더 기회를 달라고 요청하지 않았다면 결코 얻지 못했을 경험이다. 이런 일이 가능할 수 있던 것 역시 본부가 일관되게 강조했던 '볼륨 없는 가치는 없다.'라는 주문과 믿고 맡기는 원팀의 결속이 빚어낸 조직문화였다.

그 후 이 말은 어느 현장에서든 실천하는 행동 지침이자 은퇴 이후 지금까지도 내 가슴 한가운데 명료하게 자리잡은 경영 사상이 됐다. 구체적으로 말하자면 지속적인 마케팅 투자 증대로 물량을 계속 늘려가면서 적정한 이익을 취하는 것이다. 이익을 많이 내는 구조로 시장 가격이 형성되면 많은 후발 주자들에게 기회를 줄 뿐 아니라 더 많은 경쟁자를 양산하게 된다. 그들이 계산기를 아무리 두드려봐도 사업성이 없다고 판단하게끔 만들어야 했다. 이것 또한 톱Top의 일관된 주문이었다. 외부 단속 강화를 통해 시장에서 입지를 더욱 견고하게 다져야 후회를 하지 않을 터였다.

우리가 해외 시장에 진출했을 당시 시장의 선발 주자들은 엄청난 이익을 취하고 있었다. 그러나 몇 년 내 전세가 역전돼 탁월한 시장점유율을 갖게 된 것은 바로 우리였다. 1위 자리에 오른 후에도 공세를 취하며 긴장의 끈을 놓지 않았다. 순간의 방심이 돌이킬 수 없는 결과를 가져온다는 것을 잘 알고 있었다. 작은 틈새가 거대한 균열을 만들어내는 법이다.

'만약 그들이 이익을 덜 취하고 후발 주자들을 확실하게 봉쇄하는 전략을 취했더라면 어떻게 되었을까? 과연 우리가 살아남았을까?'

매 순간 이 질문을 던졌다. 덕분에 현재 1등을 하고 있더라도 안주하지 않고 전열을 가다듬는 자세를 견지할 수 있었다. 한때 세계 시장을 지배하던 기업 중에 혁신을 거듭하며 살아남은 곳도 있지만 역사의 뒤안길로 사라진 곳도 많다. 먼 옛날 지구를 지배했던 공룡도 환경의 변화에 적응하지 못하고 멸종했다. 어제와 오늘이 다르고 오늘과 내일이 달라지는 시장에서 왕좌의 주인이 누가 될지는 알 수 없는 일이다. 기술의 차별화를 이룬다고 살아남는 것도 아니다. 기술의 차별화는 생존의 필요조건이 된 지 오래다. 기술의 차별화는 물론 시장의 변화에 민감하게 대응하며 고객의 감춰진 욕구를 찾아내는 체계적인 활동이 더욱 요구되는 시대인 것이다.

더 빠르게 변화하는 시대가 됐다. 기술의 차별화라는 필요조건에 감추어진 욕구라는 충분조건이 더해져야 한다. 그렇다면 동일한 조건일 때 누가 더 유리할까? 당연히 가격 경쟁력에서 이기는 자가 승자가 될 것이다. 규모의 경제를 실현해야 하는 이유가 바로 여기에 있다.

시장점유율을 높이고 미래 고객을 확보하라

◆◆◆

글로벌 1등 자리에 오르기까지 다양한 측면에서 시장을 공략했다. 그중 하나가 가격이 낮은 제품군이었다. 흔히 값싼 제품은 수익이 나지 않는다는 이유로 쉽게 포기하는 경우가 많다. 부가가치가 없다고 생각하기 때문에 목표 매출을 달성하면 정리의 1순위로 오른다. 그런데 당시 우리의 사업부는 절대 포기하지 않았다. 여기에는 여러 가지 이유가 있었다.

첫째, 유통 진입의 용이성이다. 대체로 어떤 제품군이든 값싼 제품의 수요가 크기 때문에 꼭 필요한 것으로 생각했다. 시장에서도 다양한 가격대의 여러 제품을 공급할 수 있는 공급자를 훨씬 선호했다. 둘째, 후발 주자들을 막기 위해서이다. 값싼 제품군의 진입 기회를 최대한 봉쇄하지 못하면 이후에 화근으로 돌아올 수 있기 때문이다. 시장에서 빠지는 시기를 잘 포착하는 것도 중요하다. 셋째, 조직문화의 혁신이다. 값싼 제품군으로도 이익을 만들어낼 줄 알도록 만들어가는 것이 중요하다. 마지막으로 미래의 고객 확보이다. 값싼 제품군을 지속적인 공급을 통해 시장 반응을 살펴보면서 미래에 중·고가 제품을 구매할 수 있는 고객층을 미리 확보하는 것이다.

단기적이거나 불가피할 때 일시적으로 물량이 감소하는 일은 있었지만 물량 증대의 원칙은 한결같이 지켜나갔다. 경쟁사보다 우위에 있을 때는 이익률보다 비용을 더 많이 투입해서 시장점유율을 높였다. 손익의 절대 금액 증가에 초점을 두면서 경쟁사의 추가 진입을 원천 봉쇄한 것이다. 후발 주자로 뒤따라 잡아야 하는 상황일 때는 선택과 집중이라는 전략을 철저하게 지켰다. 특히 초기에 투자할 때는 적자 폭이 커지더라도 개의치 않고 마케팅 비용을 늘려 시장점유율을 올리는 것이 효율적인 경영이다.

국가별로 처한 상황은 다를 수밖에 없다. 하지만 최고가 되는 과정은 크게 다르지 않다. 선발 주자이건 후발 주자이건 시장점유율의 확장은 결코 타협의 대상이 돼서는 안 된다. 시간이 흘러도 영토가 확장되지 않는다는 것은 경쟁사의 영향력이 커진다는 것이다. 그만큼 우리의 경쟁력이 떨어지고 있다는 의미이다. 한 국가가 외세의 힘에 눌려서 영토를 잃었다고 가정해보자. 온갖 수모와 핍박을 받는 대상으로 전락하는 것은 물론 문화를 뺏기는 고통까지 그 비참함은 말로 표현하기가 어렵다. 시장에서 지위 하락도 이와 다를 바가 없다. 시장점유율이 감소하는 것을 보면서도 단지 손익이 개선됐다는 이유만으로 안심하고 있다면 주권을 빼앗기고도 나라가 망하지 않았다고 자위하는 것과 같다.

고객 감동을 철저히 실행하면 신뢰를 얻는다

◆◆◆

"구조조정까지 당했던 사업부가 어떻게 글로벌 1등이 됐는가?"

한 가지 이유로만 답하기는 어렵다. 인간 존중을 기반으로 하는 창의적인 조직문화를 바탕으로 신뢰를 쌓아가는 태도, 소통하려는 노력, 실질적인 전략과 전술 등 정말 여러 가지 이유가 있기 때문이다. 그중에서도 정말 중요한 한 가지는 고객을 감동시키는 일이었다.

"백문이 불여일견이다!"

고객 감동 마케팅을 철저하게 실행했다. 가장 먼저 생각할 고객은 우리의 제품을 주문하는 거래선들이었다. 해외 시장에서 우리는 후발 주자였다. 브랜드 자체가 잘 알려지지 않은 상황에서 우리의 실상을 그들에게 있는 그대로 잘 보여주는 것이 신뢰를 쌓는 지름길이라고 생각했다.

해마다 수출 대상 국가가 늘어나면서 거래선들의 수도 급속하게 증가했다. 1,000개를 넘어 급기야는 1,700개에 달하던 해도 있었다. 하루 평균 대여섯 개의 거래선이 사업부를 방문한 셈이다. 회사 소개부터 공장 견학과 문화 탐방에 이르기까지 경영진을 포함한 모든 임직원이 진심을 담아 지극 정성으로 환대했다. 상황은 때에 따라 조금씩 달라지기도 했지만 지극 정성을 담은 태도와 마음만은 언제 어느 때라도 한결같았다. 거래선들이 남긴 방문 후기를 보면 신기하다고 생각할 만큼 공통된 의견이 있었다. 지금까지 여러 나라의 초대를 받아 수많은 공장을 견학했지만 이렇게 깨끗한 공장을 보지 못했다는 것이다. 거래선들이 감사 편지를 보내왔고 내년에 다시 만나자는 약속도 있었다. 이런 결과가 아무 노력 없이 만들어진 것은 아니다. 경영진에서 품질과 관련해서 언제나 강조한 것이 있었다.

"품질의 시작은 청소에서 시작한다."

이런 생각을 행동으로 옮겼기에 거래선들의 감동을 끌어낼 수 있었다. 실제로 우리를 방문한 거래선들 또한 진심으로 우리를 대해주었다. 해마다 시즌이 시작되기 전에 우리 물량을 최우선으로 받아준 것이다. 우리의 진심이 그들을 감동시켰다면 한국에 대한 이미지에도 적지 않은 영향을 미쳤을 것이다. 가족 친지 그리고 주변의 친구들과 이해관계자들에게 어떻게 전달했을지도 궁금했다. 거래선들의 가슴에서 우러난 한마디는 우리 스스로 잘한다고 100번이고 1,000번이고 말하는 것과는 비교할 바가 아니었다. 그들의 우호적인 말 한마디는 회사의 미래를 대변하고도 남지 않았을까? 눈에 보이는 것은 돈으로 해결할 수 있다. 하지만 사람의 마음처럼 정말 귀한 것은 눈에 보이지 않는다. 단지 경영 현장과 관련되지 않더라도 누구든 사람의 마음을 얻을 수 있다면 삶의 여정에서 얻는 것 중에 이보다 더 가치 있는 것이 있을까 싶다.

물량이 급속도로 늘어나면서 품질 사고도 빈번하게 발생했다. 클레임이 발생할 때마다 거래선과 보상의 적정선을 놓고 협상을 하다 보니 해결하기까지 시간이 오래 걸렸다. 제조 번호 확인, 품질 사고 발생에 대한 상세한 내용 확인, 품질의 귀책 사유 확인, 사고 현장 확인 및 사고 보상비용 확인에 대한 적정선 등 확인할 것들도 많았다. 그러나 그보다 더 중요한 문제는 시간이 흐를수록 그 제품을 쓰는 고객의 고통이 커졌다는 것이다. 이런 상황을 거래선들도 알고 있었다. 그러다 보니 자신들이 먼저 비용을 투입해서 문제를 해결하는 때도 있었다.

나라마다 기후 조건이 다르고 설치 환경 또한 제각각이었다. 다양한 형태의 품질 이슈들을 신속하게 처리하는 것이 가장 중요했다. 품질 문제를 최대한 신속하게 해결하기 위한 행동 지침이 하달됐다. 문제를 접수하는 즉시 가장 빠른 이동 수단으로 현지를 방문해서 정중한 사과와 함께 바로 해결하라는 내용이었다.

한 번 상상해보자. 찌는 듯 무더운 여름에 에어컨에서 뜨거운 바람이 나오기 시작했다. 껐다 켜도 들들들 소음만 들릴 뿐 시원한 바람이 나오지 않는다. 서비스 센터는 두 시간째 통화 중이다. 손에서 휴대폰을 놓지 않고 5분 간격으로 전화해서 겨우 어렵게 연결이 됐다. 그런데 문의 전화가 폭주해서 서비스 기사님의 방문은 3일 후에나 가능하다고 한다. 선풍기를 틀어놓은 채 창문을 열어놓아도 뜨거운 열기가 훅훅 들어온다. 밤에도 열대야 때문에 제대로 잠을 이룰 수가 없다. 이런 일을 겪는다고 생각만 해도 괴로울 것이다. 품질 이슈로 서비스가 제때 이루어지지 않으면 고객이 겪는 고통은 말로 이루 표현하기 어렵다. 제대로 대응하지 못한다면 그동안 쌓아온 신뢰에 치명적인 손상을 입을 수밖에 없다.

터키에서 있었던 일이다. 40도를 오르내리는 한여름이었다. 엔지니어와 현지 거래선과 함께 고객의 집을 방문하는 도중에 자동차 에어컨이 고장 났다. 뜨거운 열기와 햇빛을 온몸에 고스란히 받으며 2시간을 더 가야 했다. 바로 그 순간 고객의 입장을 이해할 수 있었다. 한여름 무더위 속에서 고장 난 에어컨과 함께 있어야 한다는 건 무엇을 의미하는가? 길게 생각하고 할 필요도 없었다. 그것은 그냥 '괴로움'이었다. 그동안 우리가 이 사안에 어떻게 대처해왔는지 반성하는 순간이기도 했다.

고객 집에 도착한 후 거래선이 우리를 소개했다.

"문제를 해결하려고 한국에서 오신 분들이에요."

"네? 뭐라고요? 한국에서 직접 왔다고요?"

고객은 정말로 놀란 듯 눈을 크게 뜨며 오히려 너무나 미안하다는 표정을 지었다. 우리에게 계속 미안해하는 고객을 보며 조금은 엉뚱한 생각이 들었다. '가끔 한 번씩 발생하는 불량에 대해 늦장 대응을 하는 업체보다 잦은 품질 불량에도 불구하고 빠르고 감동적인 서비스를 하는 업체를 더 선호하지 않을까?' 물론 눈에 보이는 것, 품질 불량을 줄여가는 노력이 등한시되어서는 안 된다.

3. 절대 미래를 희생시키지 마라

비용은 지출이 아니라 성공을 위한 투자다

◆◆◆

어떤 일이 마무리되기 전에는 그 일을 총체적으로 파악하기 힘들다. 그 일의 다양한 면모를 성찰했을 때야 비로소 알게 되는 것이 있기 때문이다. 마치 우리가 산속에 있을 때는 산의 전체를 보지 못하고 멀리 떨어져 있을 때만 '보게 되는 것'과 같다. 이렇듯 어떤 일을 제대로 보는 지혜를 갖기란 어려운 일이다. 19세기 영국의 사상가 존 러스킨John Ruskin은 이런 글을 남겼다.

"인간의 영혼이 이 세상에서 수행하는 가장 위대한 일은 어떤 것을 '보고' 또 이렇게 '본' 것을 쉽게 풀어서 말하는 것이다. 말을 할 수 있는 사람이 수백 명이라면 생각할 수 있는 사람은 한 명이며, 생각할 수 있는 사람이 수천 명이라면 볼 수 있는 사람은 한 명이다."

나 또한 지난 시간을 돌이켜보면 그때는 볼 수 없었던 일들과 보지 못했던 일들이 많았다. 고대 이집트의 신화에 나오는 총체적인 인식과 이해를 상징하는 '호루스의 눈'을 갖고 있다면 얼마나 좋을까 잠시 상상을 해보기도 했다. 하지만 평범한 인간인 내가 할 수 있는 것은 그저 경험 속에서 배울 점을 찾는 일인 것 같다.

우리가 잘 봐야 하는 일임에도 불구하고 보지 않으려고 하거나 보지 못하는 것 중의 하나가 투자와 관련된 지출이다. 특히 가시적으로 금방 성과가 드러나지 않거나 눈에 보이지 않지만 꼭 해야 하는 중요한 지출의 경우 부서 간 생각이 달라 갈등이 생기기 쉽다.

본부의 일관된 경영 사상과 사업부 팀들 간의 한결같은 상호 결속이 매년 해외 시장에서의 가파른 신장을 견인했다. 매출 증가 견인차에 해외 조직의 사전 보강도 한몫했다. 본사에 해외법인을 지원하는 영업 조직의 보강은 사업부의 소관이었기에 크게 염려할 것이 없었다. 문제는 해외법인 소속의 사업부 전담 조직을 시급히 확대하는 일이었다.

에어컨 제품이 주로 여름철에만 판매되는 계절적 특성으로 인해 타제품과 함께 취급하는 거래선들이 거의 없었다. 이것은 업계의 관행이기도 했다. 이런 상황에서 추가 인원을 투입하는 것은 법인 입장에서 보면 고정비 증가라는 부담을 떠안는 일이었다.

'어떻게 하면 서로 도움이 되는 상황을 만들 수 있을까?'

상생할 수 있는 상황을 도출하는 일은 사실 그렇게 어려운 일은 아니라고 생각한다. 어떤 이슈이든 서로 자신의 주장을 조금씩 양보하면 가능한 일이기 때문이다. 협의를 통해 도출한 안은 다음과 같았다.

"에어컨 전문가를 고용하되 사업부는 법인의 추가 인원에 대한 인건비를 충족하는 매출을 달성할 때까지 지원한다. 이후는 법인 귀속으로 하되 조건은 업계에서 가장 명망 있는 전문가를 영입해야 한다."

기업의 수많은 투자 중에서 가장 부가가치가 크고 가성비 높은 투자가 인재 확보, 즉 사람에 대한 투자이다. 특히 후발 주자로서 선두를 추격하는 상황에선 업계 최고의 인재 영입은 최우선으로 선행돼야 했다. 도출한 결과를 원칙으로 세우고 실행에 옮겼다. 실행의 첫 단추는 훌륭한 인재의 확보였다. 유럽 시장에서 성공적인 체험을 기반으로 해마다 인재를 영업하기 위한 예산을 별도로 수립하고 다른 국가들에 빠르게 확산시켰다.

수십 년간 직장생활을 하며 내가 가장 괴로웠던 때는 결과를 이루지 못했을 때가 아니라 하던 일을 마치지 못했을 때다. 하던 일을 못 하게 되는 이유는 대개 서로의 이해관계가 상충하기 때문이다. 이로 인해 불필요한 충돌을 하며 시간을 허비하고 에너지도 소진된다. 상생의 길로 가기 위해서는 미래의 공동 목표를 달성하기 위해 어느 한쪽이 단기적으로 희생하는 마음이 필요하다. 목마른 사람이 우물을 파는 것처럼 공동 목표를 제안한 부서가 먼저 양보하면 될 일이다. 어찌 보면 단순한 일이지만 대부분의 조직이 단기적으로 손익에 영향을 미치는 미미한 비용 지출에 쉽게 응하지 않아 갈등이 불거지는 것이 현실이다.

마케팅 4P의 순서와 균형을 준수하라

◆◆◆

투자의 중요성은 다들 알고 있을 것이다. 다만 어디에 어떻게 투자하고 언제 하는 것이 좋을지에 관해서는 각자 생각이 다르다. 이 다름이 상생으로 가지 못하고 다툼으로 갈 때 내부 분열이 생기고 심각하면 투자의 불균형이 생겨 시장에서 퇴출되는 상황까지 전개될 수 있다.

대부분 회사가 유형자산에 투자하는 일에는 관대한 편이다. 어찌 보면 당연한 일이다. 유형자산 투자가 없으면 사업 자체가 성립되지 않기 때문이다. 어떤 규모로 언제 할 것이냐가 관건이지 투자를 하느냐 마느냐가 쟁점은 아닌 것이다. 토지를 매입하고 생산에 필요한 설비를 설치하고 제품을 개발하고 이 모든 것을 수행할 분야별 인재를 확보한다. 그러한 유형자산에 대한 투자는 사업의 첫걸음이다.

문제는 유형자산의 투자 효율을 받쳐줄 무형자산에 투자하는 데는 인색하다는 점이다. 이것은 투자를 단순하게 생각하기 때문이다. 유형자산에 투자하면 눈에 보이는 것이 남지만 무형자산에 투자하면 눈에 보이는 것이 없기에 중요성을 인지하더라도 적극적으로 나서지 않는 것이다. 기대하는 목표를 달성하기 위해 유형자산 투자가 필요조건이라면 무형자산 투자는 충분조건이다. 이 두 가지가 서로 균형을 이루면서 양립될 때 조직이 기대하는 목표 달성은 물론 생존을 이어가는 건실한 버팀목을 마련할 수 있다.

보이지 않는다고 무형자산에 투자를 소홀히 하면 그동안 투자한 시간과 노력이 매몰 비용으로 전락하게 된다. 이와 관련해서 흔히 겪는 현상 중의 하나가 광고비 지출이다. 해외 시장을 개척하는 동안 배우고 익혔던 값진 경험 중의 하나가 마케팅 4P의 마지막 퍼즐인 판촉의 중요성이다.

광고비의 개념을 어떻게 볼 것인가? 마케팅 전략을 수립하는 것은 4P 전략의 차별화 방안을 수립하는 것이다. 마케팅을 전공하지 않았더라도 4P, 즉 제품Product, 가격Price, 유통Place, 판촉Promotion에 대해서는 알고 있을 것이다. 4P 전략이 기대한 만큼 투자의 결실을 보기 위해선 어느 것 하나도 소홀히 다루어서는 안 된다. 또한 나열한 순서가 우선순위라는 사실 또한 잊어서는 안 된다. 4P를 순서대로 떠올리지 않고 생각하는 대로 나열한다면 마케팅에 대한 개념이 제대로 인식돼 있지 않다는 것을 방증한다.

순서를 떠나서 각각의 'P'는 모두 중요하다. 하나라도 소홀히 하면 균형이 무너져서 효율성이 떨어지고 바로 매몰 비용으로 연결된다. 4P의 첫 출발은 제품 경쟁력(고객 관점에서의)이다. 이것이 가장 중요하다는 것은 누구나 알고 있다. 모든 경쟁자가 연구개발R&D에 막대한 투자를 쏟아붓는다. 이유는 명약관화하다. 제품 경쟁력이 없는 상황에서 나머지 3P에 투입되는 모든 경영 활동이 매몰 비용으로 전락하기 때문이다. 결론적으로 시장에서의 지위를 지속적으로 유지하기 위해서는 두 가지가 필요하다. 첫째, 제품 경쟁력이 앞에서 끌어야 한다. 둘째, 제품 개발에 투입한 노력을 매몰 비용으로 만들지 않으려면 가격, 유통, 판촉이 제품의 경쟁력에 버금갈 정도로 균형을 이루도록 하는 노력을 병행해야 한다. 이것이 적절하게 이루어져야 효율성이 커져 기대한 목표치에 근접할 수 있다.

경쟁력을 갖춘 제품이 고객들의 눈높이에 맞춰서 가격이 설정되고 나면 고객들이 빈번하게 찾는 유통Place에 전시가 이루어지게 된다. 여기까지의 과정이 푸시Push마케팅에 해당한다. 푸시를 했으면 풀Pull을 해야 균형이 이루어진다. 이 풀Pull마케팅에 해당하는 것이 광고와 홍보인 판촉Promotion 활동이다. 투입의 규모를 놓고 보았을 때 제품 개발과 가격 경쟁력 확보 그리고 고객들이 빈번하게 찾는 장소의 진입 비용과 비교하면 극히 미미한 수준이다. 그럼에도 불구하고 대체로 판촉 비용 투입에는 인색할 뿐만 아니라 앞선 3P만큼 중요하게 생각하지 않는 경우가 많다. 판촉은 브랜드 지명도를 높이기 위한 마케팅 4P의 마지막 단계로써 앞선 푸시에 해당하는 3P의 노력이 매몰 비용으로 전락하지 않도록 하는 풀의 기능에 해당한다. 즉 푸시와 균형을 끌어내는 풀로써 마케팅 4P의 마지막 퍼즐인 셈이다.

여기서 여러 차례 강조했지만 다시 한 가지만 짚고 넘어가자. 투입을 결정함에 주 경쟁사를 정기적으로 파악하고 투입의 비교 우위를 견지해야 한다. 모든 것은 상대적이다. 무형자산인 브랜드는 기업을 대표하는 얼굴로 고객의 마음속에 오랫동안 지워지지 않고 남는다. 브랜드의 가치를 만들어내는 데 지대한 역할을 하는 마케팅 4P의 마지막 순서인 판촉 관련한 투입은 많은 고민과 철저한 분석이 따라야 하고 아무리 강조해도 지나치지 않은 것이다.

경영이라는 여정은 눈에 보이는 큰 투자에서 시작하지만 시간이 흐를수록 예기치 않게 생기는 작은 이슈들에 대한 신속한 의사결정이 요구된다. 눈에 잘 띄지 않지만 매 순간 튀어나오는 작은 문제들을 어떻게 해결하느냐가 관건이다. 큰 투자에 대한 투입의 효율을 극대화시키려면 작은 이슈들에 대해 소탐대실하지 않는 것이 중요하다. 고객 관점에서 생각하며 말끔하게 끝을 매듭짓는 마무리는 새로운 시작을 앞당길 뿐만 아니라 일의 속도를 높이고 효율성을 높인다. 이것에 필요한 비용은 꼭 써야 하는 돈, 미래를 더욱 선명하게 보게 하는 돈이라는 것을 명심하자.

현재를 직시하고 과거를 철저히 반성하라

◆◆◆

에어컨 해외 영업 팀장으로 재임하는 동안 사업부는 혁혁한 성과를 이루어냈다. 한 사람의 힘으로는 불가능한 일이었다. 하지만 모두가 한 마음 한 팀이 됐기에 가능했다. 그리고 그 경험은 내 삶에도 큰 변화가 생겼다. 당시 전사 차원에서 급격한 조직 변화를 맞고 있었는데 본부 단위의 새로운 조직이 생기면서 큰 직책을 맡게 됐다. 에어컨을 포함한 생활가전제품 전체의 해외 영업 총책을 맡게 된 것이다.

직속 상사에게 이 소식을 들었을 때는 실감이 나지 않았다. 전화를 끊고 나서야 그동안 달려온 시간에 대한 감회가 밀려왔다. 그러나 흥분감은 이내 사라지고 막중한 과업을 수행할 수 있을지에 대한 고민과 두려움이 밀려왔다. 큰 조직을 어떻게 꾸려나가야 할지 쉽게 잠을 청할 수가 없는 날들이 이어졌다. 일종의 성장통과 같은 시간을 보내면서 자신을 돌아보았다. 내가 스스로 생각하는 강점은 크게 특별한 것은 아니었다. 하지만 그 강점이 나를 여기까지 데려온 것 또한 사실이었다. 그것은 일상의 루틴을 일관성 있게 지켜나가는 꾸준함이었다.

새로운 보직을 맡은 후 과업 수행을 위한 첫 번째 발걸음은 현재 상황을 객관적으로 바라보는 일부터 시작했다. 경쟁에서 우위를 확보하기 위해서는 현재 상황을 직시하고 처절한 반성을 하는 시간이 절대적으로 필요하기 때문이다. 과거에 대한 처절한 반성은 은퇴하기까지 상사에게 전략을 입안할 때마다 주문을 받았던 사안이기도 했다.

반성이란 잘한 일과 잘못한 일을 가리는 일이다. 모든 것을 부정하는 것이 아니다. 팀별로 지난 수년간 시장별 제품별에 따라 우리가 놓여 있는 포지셔닝에 관해 엄중하게 판단하는 작업에 들어갔다. 다음 단계는 분석한 내용을 바탕으로 전 조직의 책임자들이 참석한 자리에서 시사점을 도출하고 미래의 추진 과제를 선정하는 일이었다. 그리고 마지막으로 각각의 추진 과제를 실천할 팀을 꾸렸다.

각 팀의 미션은 문제점을 정확히 진단하고 중장기 관점에서 마케팅의 4P 전략을 제안하는 것이었다. 최장 6개월이 걸리는 활동기간 동안 미션 완수를 위해 팀장을 포함한 팀원들이 받는 정신적인 스트레스를 나도 함께 경험했다. 때론 뿌듯한 때도 있었지만 때론 감당하기 힘들 때도 있었다. 태스크 활동의 끝을 어디로 잡아야 할지 완성도 수준에 대한 부담감이 크게 작용했기 때문이다. 팀원들에게 가장 필요한 것은 필요한 지원을 적시에 받는 것이었다. 그것과 더불어 마음을 돌보는 일도 중요하다고 생각했다. 그래서 현장 방문 때마다 그들이 현재 겪는 어려운 점을 경청하고 따뜻하게 격려하는 말을 했다. 한번은 팀원들과 그간의 활동을 보고하는 시간을 끝내고 저녁 식사 자리를 가졌다. 각자 소회를 말하는데 막내 팀원이 벅찬 감정을 이기지 못해 눈가에 눈물이 그렁그렁 맺혔다. 목이 메어 말을 제대로 이어가지 못했다. 그 자리에 있는 모두가 비슷한 감정이었을 것이다.

일은 시작하면 끝이 나게 마련이다. 그러나 경영은 시장을 확보하고 경쟁에서 우위를 선점하며 그 자리를 지키기 위해 필사의 경주를 펼치는 레이스이다. 쉼 없는 레이스를 펼치는 동안 전열을 가다듬기 위해 잠시 휴식을 취할 수는 있어도 끝이라고 말할 수 있는 때가 있겠는가. 냉혹한 경쟁은 피할 수 없는 일상이었다. 그러나 서로의 속내를 털어내며 결속하는 시간을 갖는 동안 더욱 단단한 팀이 돼가고 있었다. 우리가 원팀으로 있는 한 무슨 일이든 할 수 있다는 자신감은 이후 또 다른 활동에서 과업의 완성도를 높이는 추진력이 됐다.

에어컨이라는 하나의 제품만 생각하며 해외 영업 팀장 역할을 했을 땐 그런대로 무난하게 책임을 다할 수 있었다. 그러나 이제는 생활가전 전 제품을 총괄하는 책임자로서 리더십 역량을 검증하는 무대에 올라섰기에 어느 때보다 용기와 지혜가 필요한 순간이었다. 내가 스스로에게 주문한 것은 세 가지였다. 첫째, 어떤 상황에서도 중·장기 이익을 해치는 단기성 업적과 타협해서는 안 된다. 둘째, 에어컨 시장에서 습득한 마케팅의 이론을 알기 쉽게 정리해 교육을 통해 내재화시키자. 셋째, 구성원들에게 책임과 권한을 같이 주되 그들의 권한 밖에 있는 일, 즉 나에게 주어진 미션을 제대로 수행하자. 이 세 가지를 통합해서 선정한 목표는 자율성을 기반으로 한 창의적인 조직문화를 구축하는 것과 본부 차원에서의 통합 마케팅을 통해 브랜드 이미지를 새로운 높이로 도약시키는 것이었다.

조직이 잘되기 위해서는 조직원 한 명 한 명이 사업가라는 마음을 가지고 자율적으로 일할 분위기를 만드는 것이 중요하다. 이런 분위기 안에서 개인의 역량을 발휘하기 위해 다음과 같은 행동이 도움이 될 것이다. 첫째, 조직의 큰 목표를 이해하며 중장기 관점에서 추진하는 태스크에 멤버로 참여하는 것이다. 둘째, 이런 경험을 토대로 자신의 아이디어를 행동으로 옮기는 것이다. 회사의 재원을 십분 활용해 자신의 아이디어를 실현해보는 것은 직장생활에서 가장 값진 경험이다. 이것이 사업가로 가는 과정이다.

새로운 시도를 끊임없이 하지 않으면 깨우침을 향한 여정은 끝을 고하게 된다. 조직의 책임자는 과감하게 권한을 이양하고 구성원들이 자신들의 생각을 행동에 옮길 수 있도록 끊임없이 독려해야 할 책무가 있다. 구성원들 각자가 주인의식을 가지고 의사결정을 하면 할수록 업무 처리 속도는 빨라진다. 또한 구성원 각자가 보유하고 있는 역량과 재능을 확인하는 기회를 보게 될 것이다.

스스로 하는가, 시켜야 하는가 성찰하라

◆◆◆

"평사원으로 출발해 어떻게 사장의 자리까지 오를 수 있었나요?" 내가 강의를 할 때마다 자주 받는 질문이다. 이에 대한 나의 답변은 한결같다.

"크게 두 가지인 것 같습니다. 첫째는 좋은 상사분들을 만났던 덕분입니다. 이것은 정말 엄청난 행운이었죠. 두 번째는 내가 비록 직장인이지만 사업가라고 생각하며 끊임없이 새로운 아이디어를 생각하며 실천에 옮긴 덕분입니다."

어디에서 어떤 일을 하든지 본질은 같다고 생각한다. 그 일을 잘하는 것이다. 일을 잘하기 위해 무엇이 필요한가? 자신에게 질문을 하면 알 수 있다. 그 질문은 이것이다.

"스스로 하는가, 시켜야 하는가?"

다시 말하면 스스로 찾아서 하는지 시켜야만 겨우 하는지 점검해보는 것이다. 모든 일에 지시를 받기 시작하면 내가 하고 싶은 일을 할 여유가 없게 된다. 일에 얽매여 창조성이 소멸되고 점점 수동적으로 된다. 자신이 맡은 일에 대해 가장 잘 알고 있는 사람은 누구일까? 조직의 책임자가 아니라 실제 그 일을 수행하는 사람이다. 그렇기에 스스로 사업가 관점을 가지고 책임지는 태도가 중요하다. 그 누구도 자신보다 그 일에 대해 더 잘 알고 있는 사람은 없기 때문이다.

리더의 역할은 비전 수립과 달성에 필요한 전략을 입안하고 팀을 하나로 결속시키는 것이다. 정기적으로 점검하고 보완하면서 목표를 향해 건강하게 갈 수 있도록 이끌어주는 것이다. 조직책임자를 포함한 전 구성원들은 자원은 얼마든지 동원할 수 있다고 생각하고 호기심을 발휘해 남들이 생각할 수 없는 상상의 나래를 펼쳐야 한다. 때로는 다소 무리하다고 여겨질 만큼 과감할 필요도 있다. 그 길이 단기적인 업적 개선이 아니라 미래를 내다보는 옳고 바른 길이라면 두려워할 이유가 없는 것이다.

이것을 가능하게 하려면 조직의 혁신적인 문화가 뒷받침돼야 한다. 내 생각을 행동에 옮기는 것 자체가 내 사업을 스스로 일구는 것이기에 유연하면서도 혁신적인 조직문화는 그 무엇보다 강력한 힘이 된다.

새로운 직책을 맡아서 책임감이 더 커졌다. 조직 구성원들과 함께 원팀을 이루고 유관 부서들의 협조와 전폭적인 지원이 따랐다. 특히 톱의 일관된 미래지향적인 의사결정에 힘입은 바가 컸다. 결과 또한 기대한 만큼 만족스럽게 나왔다. 그러던 가운데 사상 초유의 사태를 맞게 됐다. 1997년 한국에 IMF 외환위기가 닥친 것이다. 환율이 미친 듯 춤을 추더니 원화 가치가 하루가 다르게 폭락하기 시작했다. 급기야 달러당 2,000원을 넘는 데까지 이르렀다.

한국에서의 수출 비중이 압도적이던 때다. 환율의 급격한 평가절하는 전 제품군의 수출 경쟁력으로 이어져 손익 향상이 명약관화했다. 당시 상부의 지시는 명쾌하고 단호했다. 한마디로 표현하면 매출 확대 총력전이었다.

“해외 영업은 거래선들에 충분한 지원을 해서 규모를 극대화하고 생산 부서는 매출 증대와 관련해서 때를 놓치는 일이 없도록 만전을 기하라.”

모든 부서가 혼연일체가 됐음은 두말할 나위가 없다. 저녁에 퇴근하면 아침이 기다려지는 날들의 연속이었다. 비단 이런 마음은 나 혼자만이 아니었을 것이다. 기대 이상으로 수익이 늘면서 마케팅 예산을 증액하라는 지시도 내려왔다. IMF 외환위기를 겪으면서 생각의 차이가 이후 자사의 해외 시장에서의 위상을 높이는 데 엄청나게 긍정적인 영향을 미친 것은 부인할 수 없다.

IMF 외환위기가 터진 그다음 해 임원 승진을 통보받았다. 승진 소식을 듣고 가장 기뻐했던 분은 아버지였다. 나는 학업과 관련해선 단 한 번도 아버지의 기대치에 가까이 가 본 적이 없었다. 그러다 보니 아버지는 내가 대학 졸업 후 취직이나 제대로 할까 걱정했다. 그런데 그런 아들이 대기업의 임원이 됐으니 자식 자랑을 얼마나 했을지 상상이 되고도 남았다. 자식 된 도리를 조금은 했다는 생각에 가슴이 뭉클했다.

승진의 감흥은 오래가지 않았다. 해마다 연말 인사에서 회사를 떠나는 선배들을 보아왔기 때문이다. 우스갯소리로 임원은 ‘임시직원’이라고도 하지 않던가. 임원으로 승진하는 일은 기쁨인 동시에 불안감을 동반했다. 그러나 조직에서 승진은 하고 싶다고 해서 할 수 있는 것도 아니었고 하기 싫다고 해서 안 할 수 있는 것도 아니었다. 임원 생활을 지속하기 위해선 맡은 분야에서 지속적으로 성과를 창출하는 것과 함께 다음 승진이 제때 이어져야 했다. 어떤 의미에선 혹독한 여정임이 분명했다.

임원 승진과 함께 삶의 또 다른 무대에 오르며 앞으로 반드시 지켜야 할 사항을 정리하고 스스로 다짐하는 시간도 가졌다. 이 다짐은 향후 여정에 큰 도움이 됐다. 당시 내가 정리한 생각은 다음과 같다.

- 그룹의 경영 이념과 정도 경영에 어긋나는 일은 하지 않는다
- 당기 손익 개선을 위해 미래를 희생시키는 의사결정은 하지 않는다.
- 업무의 최우선 순위는 타 부서의 요청 사항이다.
- 신년 초에 올해 하지 않으면 평생을 두고 후회할 일을 구상하고 실행한다.
- 전임자의 유산을 존중하고 후임자에게 절대 누가 되는 일을 해서는 안 된다.
- 자율 기반의 창의적인 조직문화와 기업의 얼굴인 브랜드 가치를 위해 노력한다.

일하면서 배운 것 중의 하나는 편법이 아닌 정도를 선택해 정진하면 좋은 결과를 얻는다는 것이었다. 내가 지닌 신념과 가치가 바른 방향을 향해 있다면 일희일비하지 않고 나아갈 수 있다고 믿었다. 그러나 임원 승진의 기쁨은 오래가지 않았다. 이듬해 연말 인사에서 맡고 있던 직책을 회사 선배에게 넘겨주고 일부 제품을 맡게 된 것이다. 직장생활에서 처음으로 겪는 직책의 하향 조정이었다. 처음이라 낯설고 아쉬움도 있었다. 하지만 이 또한 극복해야

하는 하나의 과정이라 생각하고 담담히 받아들였다. 세상 모든 일이 내 뜻대로 되는 것은 아니다. 회사의 부름을 받는 것은 내 의지와는 무관하지만 부름을 받은 곳에선 얼마든지 내 생각대로 뜻을 펼칠 수 있다고 여기며 마음을 다잡았다.

직책의 이동이 오히려 득이 된 점도 있다. 에어컨을 포함한 핵심 부품 해외 영업 책임자로 다시 컴백하면서 가정용 에어컨이 세계 시장에 등극하는 전 과정을 지켜보게 된 것이다. 그리고 이 일은 결정적으로 내가 지난 과거의 여정을 기록으로 남기게 된 시발점이 됐다.

"왜 글로 남기는 것이 중요한가?"

누가 이렇게 묻는다면 이런 대답을 해주고 싶다.

"우리가 취했던 행동들이 어떤 시사점을 안겨주었는지 결과와 함께 기록하면 그 과정에서 스스로 질문하고 대답하는 시간을 갖게 된다. 불가피하게 갖게 되는 질의응답 시간은 한 인간의 내면에 깊은 성찰을 남긴다. 이 성찰의 시간이야말로 발전의 시간이다."

빅 원

2

통제가 아닌 자율 경영이다

1. 자율 기반의 조직문화를 구축하라

자율이 곧 지속가능경영이다

◆◆◆

지속가능경영의 3대 요소를 말할 때 주로 경제, 사회, 환경 등을 일컫는다. 경영의 전통적 가치이자 기업 경영에 절대적인 영향을 미치는 수익 증대 외에 경영의 투명성과 윤리성을 강조하고 사회적 책임과 환경 보호를 균형 있게 추구하는 경영 활동이다. 또한 이런 균형 잡힌 경영 활동을 통해 외연을 넓히는 일이 일관성 있게 지속돼야 한다. 그렇다면 지속가능경영을 구현하는 핵심은 무엇인가? 실행의 주체인 조직이다. 조직은 결국 조직문화로 대변되고 조직문화의 발전은 구성원들의 발전에 기인한다.

"조직문화를 어떻게 일구어나갈 것인가?"

"조직구성원들을 어떻게 결속할 것인가?"

이 두 가지 질문은 조직책임자의 가장 중요한 임무이며 항상 가슴에 새겨야 하는 것이다. 발전은 깨우침에서 나오고 깨우침은 자율에서 비롯된다. 구성원들 각자가 자신에게 주어진 역할, 즉 '본연의 업무'에 충실할 때 자율은 조직문화로 뿌리를 내리기 시작한다. 조직의 최고책임자를 포함해 모든 구성원에게 본연의 업무란 오직 자신만이 할 수 있는 일이다. 직속 라인의 하부 조직 구성원들이 할 수 없는 과업이다.

자율은 각자 그 일을 찾아나서고 이해관계자들의 협력을 통해 스스로 해결하는 과정이기도 하다. 이것이 바로 사장, 팀장, 팀원의 역할이 달라야 하고 다를 수밖에 없는 이유이다. 엘지전자의 에어컨이 세계 1등으로 자리잡게 된 데는 여러 가지 이유가 있지만 그 핵심은 자율 기반의 원팀 정신을 강조하는 조직문화였다. 동기부여를 통해 각자 자신들의 생각을 마음껏 펼칠 수 있도록 배려하고 지원을 아끼지 않았기 때문이다.

세계 1등이라는 흥분이 채 가시기도 전 입사한 지 14년째 되던 해에 중동 아프리카 지역 총책으로 발령을 받았다. 그 이후 잠깐의 본사 복귀 시간이 있었지만 15년간 해외주재로 이어지게 될 줄은 전혀 예상치 못했다. 그동안 상사를 모시고 전략을 입안하고 해외를 지원하던 위치에서 이제는 모든 것을 몸소 실천해야 하는 위치로 바뀐 것이다.

사회생활을 시작한 첫 번째 회사의 파견 지역이 중동이었는데 이번에도 같은 지역이라 감회가 새로웠다. 중동 지역에 부임했던 첫날 밤의 기억이 아직도 생생하다. 긴 이동 시간과 시차 등으로 잠이 쏟아져야 할 시간이었는데도 80여 개국이나 되는 중동 아프리카 지역을 총괄하는 대표 업무를 제대로 완수하고 돌아갈 수 있을지, 앞으로 어떤 일들이 기다리고 있을지, 온갖 생각에 사로잡혀 캄캄한 어둠 속에서 밤을 새웠다.

과업의 난이도를 떠나서 처음 접하게 되는 일은 불안과 초조함을 늘 동반한다. 불필요한 잡념들이 머릿속을 채우곤 했는데 그럴 때마다 에어컨 해외 영업의 경험이 큰 위안이 됐다. 다름 아닌 동기부여와 함께 상호 믿음으로 결속된 팀워크와 마케팅 4P의 순서와 균형 투입이 함께 어우러진 일관된 인풋이 만들어낸 아웃풋을 체험한 것이다. 환경이 바뀌었다 해도 올바른 길을 향한 지속가능경영의 큰 사상은 달라지지 않는다. 에어컨 영업을 하는 동안 상사로부터 배우고 실행을 통해 체험한 깨우침이 바른길로 안내하는 큰 등불이 될 것이라는 확신과 믿음이 있었다.

두 가지 무형자산인 자율 기반의 조직문화와 브랜드 지명도는 지속가능경영 구현의 필요조건으로 부단한 노력을 통해 새로운 높이로의 상승을 도모해야 한다. 고객이 평가하는 브랜드 지명도 그 자체는 지속가능경영의 세 가지 요소를 모두 내포하고 있다고 해도 과언이 아니다. 그리고 조직문화는 실행의 품질과 직결된다. 중동아프리카 지역은 전임자의 유산을 잘 승계해야 하는 후임자이자 이후에 이어받을 후임자의 전임자로서 묵직한 책임을 져야 하는 곳이었다. 그동안의 체험을 거울삼아 제대로 된 계승이 이루어질 수 있도록 모든 노력을 기울여야 하는 첫 번째 시험 무대이기도 했다.

조직의 책임자는 새롭게 주어진 보직에서 기대하는 성과를 창출하지 못할 때 다음 기회를 맞이할 수 없는 상황에 직면할 수밖에 없다. 냉혹하지만 피할 수 없는 현실이다. 그렇기에 기존의 현실에 안주하지 않고 더 크고 넓고 깊게 보는 관점을 길러야 한다. 성장한다는 것은 관점이 변한다는 것이다. 예전에는 하나의 관점만으로 사안을 봤다면 경험이 쌓일수록 다양한 관점을 갖게 된다. 그리고 관점의 변화는 새로운 배움을 가능하게 한다.

해외 시장에서 큰 경험을 한 후 나 또한 관점이 변하는 일을 여러 번 겪었다. 마치 7년 동안 땅속에 있던 매미가 껍질을 벗고 나무 위로 올라오는 탈피의 과정과도 같았다. 굼벵이로 지내는 매미에게 세계는 '땅속'일 것이다. 여기와 전혀 다른 세계가 저 위에 있다는 것을 알지 못한다. 한 번도 경험해본 적이 없기 때문이다. 그러다 넓은 하늘과 초록빛 녹음이 우거진 세상으로 나오면서 매미의 세계는 확장된다. 시야가 달라지는 것이다. 물론 매미가 인간과 같이 고도로 발달한 '인식의 능력'을 갖고 있지는 못하기에 비유적인 표현일 것이다. 하지만 조직의 성장도 조직 구성원의 성장도 이른바 '탈피'를 겪어야 생존한다는 점에선 크게 다를 바 없다.

만약 매미가 껍질을 벗지 못하고 굼벵이로만 있는다면 어떻게 될까? 그런 매미에게 기다리고 있는 것은 죽음뿐이다. 기업이 성장하지 못한다는 건 시장에서의 퇴출 곧 죽음을 의미하는 것이다. 이것은 자연법칙처럼 엄중하고 한 치의 오차도 없는 사실이다. 새로운 보직에서 성공하는 일은 매미가 탈피하듯 지금껏 보지 못한 새로운 세상을 경험하는 것과 같다. 삶의 여정은 끝없는 탈피의 연속인지도 모른다.

한동안 아무도 없는 아파트의 문을 열고 들어와 캄캄한 거실의 불을 밝히고는 다음 날 아침이 시작될 때까지 어둠과 씨름하는 날들이 계속됐다. 잠을 자기 위해서라도 하루의 일과를 빡빡하게 잡으려고 노력했다.

전임자의 유산은 성공의 발판이다

◆◆◆

중동 아프리카 지역 대표의 주재 국가는 아랍에미리트였다. 이명박 대통령 시절 원전 수출로 국내에 널리 알려진 국가다. 아부다비, 두바이, 샤르자, 라스 알 카이마, 아즈만, 움 알 카이와인, 푸자이라 등 7개의 토후국으로 구성돼 있다. 이 7개 토후국 중 하나인 두바이에 지역 대표 사무실이 있었다. 두바이는 주변국들의 부러움을 한눈에 받을 만큼 빨리 발전을 이루어냈는데 어떻게 그런 일이 가능했는지 현장에 가 보고서야 여실히 느낄 수 있었다. 지도자의 미래를 읽는 안목, 솔선수범하는 리더십, 그리고 국가 공무원들의 헌신적인 봉사와 청렴성이 바로 그 비결이었다.

하루는 회사 일로 관공서를 찾아갔다. 당시 내가 만났던 공무원이 부서를 잘못 찾아왔다고 관련 부서에 직접 전화를 하면서 관련 책임자가 누구이며 또한 내가 그곳으로 갈 것이라고 자세히 설명하고 배웅까지 하는 극진한 대접(?)을 받았다. 두바이는 지정학적인 강점도 갖고 있었지만 당시 쿠웨이트가 이라크의 침공을 받아 물류 등 상업의 중심지로 기능이 쇠락한 기회를 그냥 지나치지 않았다. 아부다비의 지원을 받아서 외국인들이 생활하는 데 전혀 불편함이 없도록 필요한 인프라를 구축해서 쿠웨이트를 대체하는 상업 도시로 완전히 탈바꿈하는 일에 성공한 것이다. 동남아시아에 싱가포르가 있다면 중동에는 두바이가 있었다. 내 눈에 비친 두바이는 다채로운 빛깔로 시시각각 변하는 매력적인 곳이었다. 주재기간 책무 수행에 도움이 되는 영감을 얻기에 넘칠 만큼 충분했다. 개인의 삶도 기업도 국가도 미래 번영을 위해 추구해야 할 사상과 지향점은 크게 다를 바 없을 것이다.

두바이의 번영을 보면서 리더의 역할에 대해 성찰하는 시간을 가졌다. 리더는 기회가 왔을 때 그것이 기회라는 것을 안다. 자신들의 강점과 차별성을 일찍부터 정확하게 파악하고 때가 오기를 기다렸기 때문이다. 그리고 그때가 왔을 때 한 치의 망설임도 없이 자신의 것으로 만들어낸다. 이런 현명함과 기민함을 가졌던 두바이는 현재까지도 그 명성을 이어가고 있다.

부임 발령을 받은 후 가장 먼저 해야 했던 규정상의 업무는 전임자와의 업무 인수인계였다. 인수인계를 하기 전부터 한 가지 염두에 둔 것이 있었다. 전임자가 추진했던 과업에 대해 함부로 평가하지 말자는 생각이었다. 적어도 1년 동안 최대한 많은 시간을 현장에서 보내면서 고객의 목소리를 들은 후 판단해도 늦지 않을 터였다.

후임자가 자신의 입지를 굳히기 위해 무턱대고 전임자의 과업을 비난하는 일은 반드시 경계해야 한다. 아직 결과로 나타나지 않은 지난 과업들에 대해 부정하거나 속단하면 전임자가 남긴 유산을 제대로 이어받지 못한다. 이어받을 것과 버려야 할 것을 구분하지 못하는 일은 그만큼 시장점유율을 확보하는 시간을 지연시키는 일이다. 공정하고 투명한 인수인계가 중요한 이유는 경영 자체가 연속성을 가지고 해내야 하는 일이기 때문이다. 후임자가 새로 올 때마다 앞에서 하던 일이 중단된다면 그것처럼 비효율적인 일도 없다.

전임자가 물려준 좋은 유산을 이어받아 더욱 값지게 만든 후 후임자에게 물려주고 싶었다. 누가 후임자로 오든 내가 이룬 성취를 뛰어넘는다면 그보다 더 큰 영광은 없을 것이다. 청출어람을 꿈꾸면서 내가 후임자에게 유산으로 물려주고 싶었던 것은 '지속가능경영'이었다. 이것이 가능하려면 단기목표도 필요했지만 중장기적인 안목으로 비전을 닦아야 했다. 단기목표는 조직에서 목표로 하는 성과를 이루는 것이었다. 그리고 중장기목표는 성과를 발판으로 삼아 중동 아프리카 지역에서 더 큰 도전을 해나갈 수 있도록 튼튼한 기반을 마련하는 것이었다. 그러기 위해 두 가지를 갖출 필요가 있었다. 하나는 자율적이고 창의적인 조직문화를 확립하는 것이었다. 또 하나는 고객을 감동시키는 브랜드의 가치를 높이는 것이었다. 이 두 가지 무형자산이야말로 지속가능경영을 위한 쌍두마차와 같았다.

이것을 성공적으로 이행하기 위해서라도 전임자가 시도했던 모든 과업을 귀하게 여기고 고객 관점에서 정합성의 유무를 잘 들여다보는 노력이 필요했다. 이런 태도는 후임자로서 전임자에게 갖춰야 할 최소한의 예우이며 반드시 지켜야 할 도덕적 덕목이라고 생각했다. 국가마다 처한 환경이 유사할 순 있어도 똑같을 수는 없다. 지난 시간 동안 다른 지역에서 내가 겪었던 경험은 단지 참조에 지나지 않는다. 전임자가 이룩한 유산에 나는 무엇을 추가해서 후임자에게 남겨야 할지 고민했다. 그리고 이 고민은 비전 작업으로 수렴됐다.

나는 비전 작업을 위해 내·외부 고객들을 포함한 모든 이해관계자들의 이견을 조율하는 일부터 시작했다. 이것은 조직책임자로서 최우선으로 수행해야 하는 책무이기도 했다. 매일 밤 겸손한 마음으로 생각의 결을 다듬었다.

'내가 해온 과거의 경험에 사로잡히지 말자. 그 일들은 한 번도 경험하지 못한 새로운 세상을 보고 이해하는 데 참조 사항일 뿐 절대적 진리가 아니다.'

후임자로서 전임자의 유산을 내 것인 것처럼 소중히 다루어야 한다는 생각은 지금도 변함이 없다. 전임자의 유산을 공정하게 대하지 않고 폐기 처분하는 것은 스스로의 편협함을 드러내는 일이다. 편협함을 주의해야 한다. 그건 우리의 시야를 좁게 만들기 때문이다. 눈앞의 벽에 사로잡히면 벽 너머에 있는 넓은 지평선을 볼 수 없게 된다. 사람은 나를 포함해 그 누구도 완벽하지 않다. 전임자의 유산에 대해 건설적인 비판은 가능하겠지만 무조건 묵살하는 것은 상상을 초월하는 비효율을 양산하게 된다. 이것은 정말로 어리석은 행동이며 반드시 금기시돼야 한다.

긴 호흡으로 멀리 보고 나아가야 한다

◆◆◆

경영은 긴 호흡으로 멀리 보고 가야 하는 길이다. 그러나 시장은 우리를 느긋하게 기다려주지 않는다. 매 순간 급박한 일들이 벌어지고 촌각을 다투는 결정을 요구한다. 그렇다고 급한 마음에 우선순위 없이 닥치는 대로 해나갈 수도 없는 노릇이다. 심폐소생술에만 매달리지 않고 긴 호흡을 유지하려면 무엇을 중요하게 지킬 것인지 우선순위를 정해야 한다. 그래야 가치 있고 중요한 일이 급하고 바쁜 일에 밀려나지 않는다.

"바쁜 마음은 병들어 있다. 느린 마음은 건강하다. 고요한 마음은 성스럽다."

인도의 성자 메헤르 바바Meher Baba가 남긴 말이다. 경영의 요체를 깊이 들여다보면 명상의 핵심과 닿아 있다. 고요한 마음을 유지해야 휘몰아치는 업무에 흔들리지 않고 중심을 유지할 수 있기 때문일 것이다. 급할수록 멀리 돌아가라는 말도 있듯 성급함은 효율성을 저해한다. 배가 고프다고 눈앞의 것을 닥치는 대로 먹었다가 몸에 병이 들면 그 병을 고치는 데 더 많은 시간과 돈과 에너지가 든다. 배부름이라는 목표를 이루는 길은 건강하게 배를 채우는 일이 전제돼야 한다. 무엇을 집어넣든 배고픔만 면하면 되는 일이 아닐 것이다. 그런 점에서 효율성을 높이기 위한 지름길을 경계해야 한다. 눈앞의 달콤한 이익이 독이 될지 약이 될지 고요한 마음으로 분간하지 못하면 조직 전체를 식중독에 빠트리게 되기 때문이다.

그런데 사람마다 제각기 보는 관점이 달라서 중요하게 보는 것도 다를 수밖에 없다. 중요한 것이 무엇일까? 조직 전체가 공유하려면 무엇이 필요할까? 한시도 가만히 있지 않고 출렁이는 바다처럼 잠시도 멈추지 않고 움직이는 시장에서 공동의 목표를 확인하고 같은 방향으로 나아가게 하며 다름의 가치를 지닌 조직 구성원들을 하나의 깃발 아래 모이게 하는 것, 그것이 바로 비전일 것이다. 비전은 항해를 떠난 배가 중간에 폭풍우를 만나도 길을 잃지 않게 하는 나침반과 같은 역할을 한다.

현실성 있는 비전 수립을 해나가기 위한 작업을 시작했다. 현지 상황이 충분히 반영돼야 했기 때문에 너무 서둘러서도 안 되지만 지나치게 미루는 것은 더더욱 안 될 일이었다. 최소 1년을 마음에 두고 진행했다. 비전 작업을 위해 두 가지 루트를 만들었다. 하나는 내부 고객과의 소통을 위한 것이었다. 또 하나는 외부 고객과의 소통을 위한 것이었다. 내부 고객 소통을 위해서는 모든 지사장과 법인장이 참석하는 분기별 지역 전략회의를 개최해서 의견을 청취하고 나누었다. 그리고 외부 고객과의 소통은 법인을 방문할 때 해당 법인의 비즈니스 파트너들과 딜러들과 가진 면담을 최대한 활용했다.

부임 당시에 생각했던 1년이 흐른 그해 12월에 드디어 비전을 선포했다. 주재 기간 무엇을 남길 것인가를 지속적으로 생각하며 과업 달성 목표들을 한눈에 볼 수 있도록 비전 차트에 간결하고 명확하게 정리했다. 이것은 지난 1년 동안 꾸준히 해온 소통의 결과이기도 했다. 비전에서 선포한 두 가지 큰 미션을 함축하면 '창의적인 조직문화 건설과 지역 내 브랜드 위상 제고'였다.

비전 작업을 하는 동시에 타 부서의 긴급한 요청을 가장 빠르게 해결하려는 노력에도 박차를 가했다. 경영의 효율 관점에서 조직책임자가 가장 주요하게 다루어야 할 과제 중 하나는 업무의 우선순위를 정하는 것이다. 내가 중동 아프리카 지역의 총책을 맡았을 때 설정한 우선순위의 첫 번째는 타 부서의 긴급한 요청을 최대한 이른 시간 내 해결하는 것이었다. 급한 불을 끄지 않으면 회사에 큰 손실을 일으킬 수도 있기 때문이다. 두 번째 순서는 조직 구성원들의 참여와 알 권리였다. 이것은 비전 작업이 가능한 빠르게 이루어져야 하는 이유와도 연관돼 있다. 세 번째 순서는 계절적 요인이나 업무의 성격상 정해진 시기가 요구되는 일들로 연간 업무 캘린더를 운영하는 것이었다. 마지막 순서는 나 혼자의 일이든 조직의 일이든 1년 중 언제 해도 업무에 큰 지장을 주지 않는 일들이었다.

비전을 선포하고 일의 우선순위가 결정되면 급한 일을 만나도 서두르지 않되 오히려 속도가 빨라진다. 시행착오가 줄어들어 매몰 비용 또한 낮아진다. 효율성에 날개가 돋는 것이다. 이것은 무형자산을 경영하면 유형자산은 자연스럽게 흘러넘치는 것과 같다. 내가 중동 아프리카라는 낯선 시장에서도 한 발 한 발 나아갈 수 있었던 것도 무엇을 남길 것인지 비전을 명확히 새기고 있었던 덕분이다. 지역별 공통 업무와 국가별로 특화된 업무를 발굴하고 정기적인 모니터링을 통해 무형자산의 건강함을 점검할 수 있었다. 먼 미래를 바라보는 관점으로 지속가능경영을 이루게 하는 핵심인 무형자산의 가치를 경영하는 경영자로서 처음 접하는 기회이자 도전이었던 셈이다.

인간존중이 조직문화의 밑바탕이 돼야 한다

◆◆◆

유연하고 주체적인 조직은 지속적으로 성과를 내는 기업의 베이스캠프라고 할 수 있다. 조직이 살아 있지 않은 기업은 죽은 기업이다. 신뢰가 흐르고 서로 소통하며 자율적이고 창의적인 조직문화가 살아 있는 기업은 후발 주자들의 거센 도전이 쓰나미처럼 몰아쳐도 끝까지 살아남는다.

그러나 기업의 조직문화를 만들어가는 것은 결국 그 안에서 살아 움직이며 활동하는 사람이다. 사람에 대한 뜨거운 사랑과 믿음 없이 조직을 형성하는 것은 불가능한 일이다. 즉 인간 존중이라는 기본 사상이 밑바탕이 되지 않는다면 어떤 조직문화도 불가능한 것이다. 조직문화에서 인간 존중은 어떻게 발현되는가. 크게 세 가지에 주안점을 두었다. 첫째는 속도Speed이다. 과감한 권한이양으로 신속한 의사결정을 할 수 있게 한다. 둘째는 실행Execution이다. 실행의 주체는 각자 자신임을 명심해야 한다. 셋째는 개방Openness이다. 즉 열린 경영을 통해 벽이 없는 조직을 창건하는 것이다.

조직문화를 혁신하는 일은 지속가능경영을 위해서라도 반드시 거쳐야 하는 과정이다. 그렇다면 조직문화 혁신을 통해 얻고자 하는 목표는 무엇인가? 구성원들의 주인의식을 높이는 것이다. 어떻게 구성원들 스스로 생각하고 행동으로 옮기는 경험을 통해 사업의 주체로서 성장하도록 조력자의 역할을 할 것인가. 리더가 고민해야 하는 부분이다. 나 또한 해외 에어컨 사업부에서 내 안의 잠재력이 어떤 상황에서 발휘되는지 깨달은 바가 있다. 당시 우리 조직은 바다에서 힘차게 헤엄치는 물고기보다 팔팔하게 살아 있었다. 누가 시키지 않아도 자신이 할 일을 찾아서 했고 서로를 돕지 못해 안달이었다. 이것이 가능했던 밑바닥에는 톱의 조건 없는 신뢰가 있었다. 신뢰는 우리 안의 거인을 깨우는 방아쇠였다.

"신뢰가 갖추어진 조직문화를 만들기 위해 무엇이 필요한가?"

"한 명 한 명이 사업의 주체가 되고 통제 위주의 상명하달이 아니라 자율 경영이 뿌리내리려면 무엇이 필요한가?"

조직생활에서 가질 수 있는 가장 값진 경험 중의 하나는 자신의 아이디어를 실현하는 것이다. 그런 의미에서 중동 아프리카에서 재임했던 기간은 리더십을 시험받는 시간인 동시에 지속가능경영에 관한 질문을 던지고 스스로 답을 찾아가며 경영 현장에서 실천하고 개선하기를 반복한 날들이었다.

자율적인 조직문화는 구성원들의 자율성에 따라 달려 있다. 매분기 개최하는 지역 협의회를 통해 그동안 각자가 수행한 성공 사례를 공유하는 시간을 가지기로 했다. 자신이 수행해온 일 중에서 가장 효과가 뛰어났던 일을 참가자들 앞에서 발표하고 피드백을 듣는 시간을 마련한 것이다. 자유로운 분위기 속에서 신선한 아이디어를 공유하고 자극받는 시간은 자신에 대한 믿음을 강하게 고취시켰다. 지역 회의가 거듭될수록 아이디어가 넘쳐나고 토론의 열기가 뜨거워졌다.

당시 개최했던 협의회는 다양한 이벤트와 프로그램으로 채워졌다. 예컨대 브랜드 인지도를 이른 시간 안에 확산할 목적으로 엘지 송을 제작하여 국민가수가 부르도록 했고 격식 없는 자율 조직문화를 만들기 위해 정기적으로 가장 우수한 팀장을 선발해 약 한 달 동안 조직책임 사무실에서 근무하면서 회사의 모든 결제 권한을 위임하는 등 획기적인 시도를 주저하지 않았다. 이처럼 여러 분야에서 이미 검증된 다양한 아이디어가 쏟아지니 자연스럽게 서로 대화하며 많은 것을 배우고 접하는 계기가 되었다. 각자가 사업가라는 생각으로 자신이 맡은 일에 대해 능동적으로 고민하는 것은 물론 책임감 또한 크게 높아졌다.

결국 자율 경영이란 책임 경영이라고 할 수 있다. 책임 경영은 스스로 아이디어를 내고 투자자본수익률 관점에서 사업성을 분석하고 실행에 옮기는 것 그 이상도 이하도 아닐 것이다. 반면 모든 예산을 틀어막은 채 연말에 사업성과 책임을 추궁하는 것만큼 우둔한 짓도 없다. 스스로 결정하는 비중이 늘어가야 자신의 일에 애착과 흥미가 생기고 업무 효율 상승으로 이어질 수 있는 것이다.

통제는 벗어나려고 애쓰면 애쓸수록 몸을 파고드는 올무와 같다. 통제하면 할수록 통제하는 조직의 책임자도 통제받는 조직의 구성원도 힘들어진다. 위에서 내려온 명령을 일방적으로 수행하는 방식에서 벗어나 풍성하게 질문하고 자유롭게 대답하는 대화, 격식에 갇히지 않고 진정성을 주고받는 대화가 많아질수록 생각이 깊어지고 커지게 마련이다. 이런 시간을 통해 새로운 사실과 창의적인 생각을 공유하면서 스스로 깨우치게 되면 조직의 결속력은 기존과 비교할 수 없을 만큼 높이 도약할 것이다.

2. 고객 감동의 브랜드 가치를 확립하라

고객의 삶 속으로 깊이 들어가라

◆ ◆ ◆

당시 중동 아프리카는 나라마다 상황이 조금씩 다르긴 했지만 대체로 경제적인 측면에서 주민들의 삶이 그렇게 녹록하지 못했다. 그러나 경제 발전이 뒤떨어졌다는 이유만으로 삶의 질이 무조건 낮다고 봐야 하는가? 그것은 아닐 것이다. 삶의 구성 요소에서 경제 문제가 중요한 것은 사실이지만 그것이 전부라고 할 수는 없기 때문이다. 부유하든 가난하든 지위가 높든 낮든 삶의 기쁨을 누릴 줄 알았고 가족 간의 우애가 깊었으며 서로를 진정으로 사랑할 줄 알았다. 기쁠 땐 환하게 미소가 피어났고 슬플 땐 눈물이 뚝뚝 떨어졌다. 화가 나면 고함을 지르고 미안하면 고개를 숙였다. 우리는 쓰는 언어는 달랐지만 삶의 희로애락을 느낀다는 점에서 똑같은 인간이었다.

이들의 삶으로 깊이 들어갈수록 공감대가 더욱 넓어졌다. 단순히 물건을 사고파는 관계가 아니라 동참을 끌어내고 즐거움과 고통을 함께 나눌 수 있는 것이 무엇일까를 고민하게 됐다. 이것과 관련해서 조직 구성원들과도 많은 대화를 나누었다. 그러다 문득 전임자가 남긴 훌륭한 유산을 떠올렸다.

전임자가 남긴 것 중에 피부에 바로 와 닿을 만큼 강렬했던 유산은 피파FIFA가 인정한 '엘지 컵LG Cup' 축구대회였다. 축구는 공 하나만 있으면 누구라도 참여할 수 있고 쉽게 하나가 돼 뜨겁게 응원하며 함께 즐길 수 있다. 중동 아프리카의 축구 열기는 한 마디로 대단했다. 타 국가들과 달리 일부 국가들은 유일하게 축구만 하는 나라도 있었다. 해마다 4개국 대회를 열었다. 1년에 한 번으로는 부족하다는 생각이 들어서 두 번 하는 것으로 결정했다. 우리 브랜드를 알리는 데 이보다 더 적절하고 좋은 장소는 없다는 생각이 들어서였다. 현재 월드컵, 슈퍼볼, 올림픽만 봐도 알겠지만 브랜드를 알리는 데 이만큼 좋은 이벤트도 없다.

두 번의 대회 중 한 번은 당시 시장이 가장 크고 향후 성장 잠재성이 높았던 중동의 한 나라가 매년 하고 나머지 한 번은 아프리카 국가들이 돌아가면서 호스트를 맡는 것으로 의견을 모았다. 대회의 지명도를 높이기 위해 항상 1개국은 다른 지역의 국가를 초청했다. 대회 명칭을 무엇으로 할 것인지 의견이 분분했는데 다양하게 논의한 결과 '엘지 피스컵LG Peace Cup'으로 결정됐다. 당시 전쟁으로 인해 불안한 중동 상황을 고려한 것이다. 평화를 상징하는 이름으로 인해 우리의 브랜드 위상을 높이는 데 큰 도움이 됐다. 여기에 추가로 아프리카 프로 클럽팀 대항전을 개최했고 4년마다 개최하는 세계 크리켓의 지역 후원자가 됐다.

스포츠 이외에 착안한 또 다른 이벤트는 뮤직 페스티벌이었다. 이것을 기획한 배경은 가전의 꽃이자 기술 이미지를 선도하는 텔레비전의 브랜드 인지도를 높이기 위해서였다. 뮤직 페스티벌은 앞서가는 우리의 기술 이미지를 확고하게 굳히기 위한 전략이었다. 아랍권의 국보급 가수들을 초청해서 디너를 겸한 뮤직 쇼로 기획을 했는데 적당한 장소를 찾기 힘들었다. 표를 구한 고객들보다 구하지 못한 고객들이 압도적으로 많을 수밖에 없었다. 방송사와 협력해서 녹화중계를 했는데 브랜드 노출에 큰 역할을 했다.

"이벤트의 핵심은 무엇인가?"

당연히 브랜드 노출을 극대화하는 일이다. 지금은 한국 가전의 위상이 세계 최고 수준이지만 당시는 일본 브랜드의 위상이 우위에 있었다. 이런 상황에서 아랍권의 국보급 가수들이 출연한 뮤직 페스티벌은 판도를 바꿀 수 있을 절호의 기회였다. 이후 개최지를 옮겨가면서 동일한 이벤트를 진행했다. 고객들의 반응은 기대치를 충족시키기에 충분했다. 나 또한 이 시기에 아랍 음악에 흠뻑 빠져들었다. 어떤 곡들은 가락이나 음률의 애잔함이 우리나라의 창과 너무나 흡사했다. 사람마다 사는 방식과 장소는 달라도 느끼고 표현하는 정서는 비슷하다는 것을 깨달은 계기였다.

결과는 예상을 뛰어넘을 만큼 만족스러웠지만 이벤트를 준비하고 마무리하기까지 오랜 시간과 많은 자원이 투입됐다. 그렇기에 이벤트를 기획하고 준비할 때는 방향성을 잃지 않아야 한다. 제품이 가져다주는 감동은 그리 오래가지 않는다. 고객의 입장에서 보면 구매 당시 가장 가성비가 높은 브랜드와 제품을 선택할 뿐이다. 사용하는 동안 품질에 문제가 생기고 서비스가 제때 이루어지지 않으면 좋았던 이미지가 역으로 실추되기도 한다. 그렇기에 시장을 선점하기 위해선 제품 광고는 물론 기업의 사회적 책임CSR 활동을 통해 기업 시민으로서 본분을 다하는 것이 중요하다. 사람으로부터 전해지는 '감성이 녹아 있는 진한 감동'에 비하면 생명체가 아닌 제품이 주는 감동은 비교의 대상이 되지 못한다.

"많은 시간과 재원이 수반되는 대형 이벤트를 준비하는 것이 효율적인가?"

무엇을 효율성으로 볼 것이냐에 따라 대답은 달라질 것이다. 투입 비용에만 사로잡혀 당장 눈앞의 매출만 보고 평가할 것인지, 스포츠와 음악을 통해 수많은 고객에게 즐거움을 제공하는 것은 물론이고 국가 간의 유대를 강화하는 역할을 하는 동시에 먼 미래의 거대한 이익을 바라볼 것인지는 안목에 따라 다른 평가를 할 테니 말이다.

개인을 이롭게 하는 것은 작은 이로움이고 대중을 이롭게 하는 것은 큰 이로움이다. 진정한 성과는 물건을 파는 것만으로 생기지 않는다. 더 많은 사람을 이롭게 하는 일은 더 큰 결과를 만들어낼 수밖에 없다. 효율성과 관련해 한 가지 더 말하자면 무엇이든 지속적으로 오래 해나가는 끈기가 필요하다는 것이다. 이벤트를 추진할 때도 마찬가지다. 당시의 이벤트를 단발성이 아니라 정례화를 통해 일관성 있게 추진한 결과 브랜드 인지도가 높아졌다.

브랜드 인지도 제고와 관련해서는 국가별로 서로 다른 브랜드 파워를 고려하여 비대중매체 커뮤니케인션NMMC, Non Mass Media Communication 마케팅(스포츠, 사회활동 등)과 팬 미디어PAN Media, 마지막으로 PR 활동 등 3대 축으로 구분해서 선별적으로 추진했다. 크게 보면 하나는 기업의 사회적 책임 차원에서 고객과 함께하는 이벤트였고 또 다른 하나는 제품의 우수성을 홍보하는 광고 활동이었다. 궁극적으로는 고객을 감동시키는 국민 브랜드를 구축하기 위한 전방위적인 전략이었다.

지역이 안고 있는 문제에 대처하라

◆◆◆

스포츠나 음악과 같은 시간과 재원이 많이 드는 대형 이벤트 이외에 기업이 관심을 가지고 살펴야 할 것이 있다. 바로 지역이 안고 있는 이슈에 대한 것이다.

"지역이 안고 있는 문제가 무엇이 있을까?"

지속적으로 질문하고 의견을 나누며 국가별로 다양한 아이디어를 끌어냈다. 첫 번째는 의료 봉사활동이었다. 선천적으로 구순구개열로 고통받는 갓난아기들을 한국 구순구개열 협회의 도움을 받아 현지에서 무료로 시술을 제공했다. 우리가 모든 비용을 부담하고 협회는 무료 시술을 제공하며 해당 국가는 수술 병원을 알선하는 협약을 맺었다. 공모 심사를 통해 가장 고통이 심하고 어려운 가정부터 우선으로 했다. 심한 경우 한 번의 수술로 끝나지 않고 1차

수술 부위가 아물면 2차 수술해야 하는 일도 있었다. 수술을 성공적으로 마치고 해당 부모와 아이들이 모두 함께하는 저녁 식사를 제공했다. 이 책을 통해 협회 관계자분들에게 다시 한번 감사의 말을 전하고 싶다.

"멀고도 낯선 아프리카까지 와서 헌신적으로 협력을 아끼지 않았던 한국의 구순구개열 협회와 이 안을 제안해준 동료에도 깊은 감사의 마음을 전합니다."

두 번째는 주부들을 대상으로 한 요리 교실을 운영한 것이었다. 중동 아프리카의 일부 국가 중에는 여성들이 사회활동을 하는 데 여러 제약을 받는 곳이 있었다. 여성을 위한 배움으로 무엇이 좋을까 협의하던 중 주부들을 대상으로 한 요리 교실을 운영하자는 것에 의견이 모였다. 요리 교실 옆에 별도의 공간을 할애해서 회사를 소개하는 내용과 함께 쇼룸을 운영함으로써 자연스럽게 첨단기술을 실제로 체험할 수 있도록 했다. 요리 교실을 수료한 후에는 수료증을 발급하고 수강생들이 이후에도 서로 친분을 쌓을 수 있도록 주소록을 정리해서 배포했다.

세 번째는 교육 프로그램을 한 것이었다. 당시 우리나라에서 인기 있던 장학퀴즈와 유사한 프로그램을 국영 방송국과 연계해서 했다. 미래의 잠재 고객인 학생들에게 한국에 대한 좋은 이미지를 심어주고 엘지 브랜드를 알리는 데 큰 도움이 됐다. 학교별 대항전의 열기는 그야말로 엄청나게 뜨거웠다. 인상적이었던 것은 부모님들의 열렬한 응원이었다. 가족의 열띤 응원이 분위기를 고조시키는 데 한몫했는데 보는 것만으로도 가슴 뭉클한 장면이었다.

"고객을 만족시킨다."

이런 일련의 경험을 통해 경영의 목표가 점점 더 뚜렷해졌다. '고객 만족 경영'이라는 목표가 확고하고 올바른 방향을 향해 실행하는 동시에 마음에서 우러나오는 진정성이 담겨 있다면 고객은 절대 등을 돌리지 않는다는 확신이 생겼다. 중동 아프리카에서 경험한 일 중 가장 흥분되고 보람된 시간을 선택하라면 조직 구성원들과 함께 고객들이 좋아하는 일들을 찾아내고 그 일을 완수했을 때다. 일의 만족도 때문이 아니라 그들이 행복하고 즐거워하는 모습을 상상하면서 준비했던 시간 자체가 보람찼다. 교육 프로그램은 불우한 아동과 장애인들을 위한 지원 활동으로 이어졌다. 유명 가수들을 초청해 몇몇 나라의 주요 도시를 순회공연하고 수익금을 사회단체에 기부한 것도 일련의 행보였다.

네 번째는 엘지 고객의 날LG Customer Day 행사를 한 것이었다. 자사 제품을 구매한 고객들에게 감사의 마음을 표시하기 위해서였다. 나라별로 쇼핑몰 중심부 또는 오페라 하우스를 대여해서 공연을 펼쳤다. 가장 기억에 남는 행사는 이란에서의 행사였다. 거대한 오페라 하우스가 한 자리의 빈틈도 없이 고객들로 빼곡히 찼다. 가족 단위로 남녀가 함께 자리하는 것을 정부가 사전에 허가한 것이다. 당시로는 이례적인 일이었다. 현지 최고의 밴드들이 연주를 시작하자 고객들이 열광하던 모습이 지금도 생생하다.

고객의 날 행사는 성황리에 끝났다. 현지 사업 파트너들도 반응이 이처럼 뜨거울 줄은 미처 생각하지 못했던 듯했다. 행사가 끝나고 실무진들과 함께 모인 자리에서 흥분한 어조로 말했다.

"이렇게 좋아하니 한 번으로 끝내긴 아쉽군요. 해마다 여는 게 어떻습니까?"

우리도 흔쾌히 수락했기에 고객의 날 행사는 해마다 개최하는 것으로 의견을 모았다.

일련의 모든 행사는 한편으로는 기업 시민으로 당연히 베풀어야 할 의무이자 또 한편으로는 고객들이 기업에 요구할 권리이기도 하다는 생각이 들었다. 이런 행사와 관련해서 생각은 있지만 쉽게 행동으로 옮기지 못하는 사정도 있을 것이다. 누군가는 비용을 말한다. 하지만 비용 투입만의 문제가 아니다. 완성도 높은 행사를 위해 계획을 세우고 준비하는 데 많은 인력과 시간이 들기 때문이다. 그러나 우리가 정성으로 흘린 땀이 많을수록 고객들의 마음속에 스며든 여운도 오랫동안 간직될 것이다.

균형 잡힌 광고 전략을 짜고 실행하라

◆ ◆ ◆

중동 아프리카에 부임했을 당시 엘지전자의 브랜드 지명도는 일본 제품 등 톱 수준의 제품과 비교하면 큰 차이가 있었다. 다행스러운 것은 그동안 꾸준히 개선돼왔다는 점이다. 이때야말로 브랜드 인지도 개선을 위해 과감한 행동이 필요했다.

"브랜드 인지도의 빠른 개선을 위해 무엇을 해야 할 것인가?"

그동안 펼쳤던 비대중매체 커뮤니케이션NMMC 활동과 병행해서 마케팅 4P와 관련해 구체적인 추진 전략과 실행이 따라야 했다. 마케팅 4P가 고객 관점에서 제대로 실행이 되기 위해선 반드시 전제돼야 할 사항이 있었다. 본사와 지역 간의 긴밀한 협업이었다. 4P에 대한 오너십을 논하자면 제품과 가격 경쟁력은 해당 사업부가 감당하고 유통과 프로모션의 오너십은 지역이 감당해야 할 부분이었다. 4P의 최우선인 현지 특화 제품 개발은 본사와 중·장기 태스크가 필요한 상황이었다.

우선으로 가용 자원 중 차별화 측면에서 자사가 강점을 보유하고 있던 제품의 심장인 모터와 콤프레서 등을 고객에 효율적으로 알리는 활동을 전개하기로 했다. 고객들이 많이 붐비는 백화점 등 시내 중심지에 엘지전자 전용 쇼룸을 열고 강점을 최대한 부각했다. 아랍에미리트는 두바이에 기자 회견장을 포함한 대규모 쇼룸을 디지털 센터라는 이름으로 주 대로변에 열었다. 우리의 기술을 고객들이 쉽게 접하고 파트너들의 판매를 지원하기 위해서였다. 한쪽에 우리의 기술을 고객들이 쉽게 이해할 수 있도록 전시를 했다. 단일 쇼룸으로는 중동 아프리카 지역에서 최대 규모였다. 이후 전략은 주요 유통에서 경쟁사보다 노출의 우위를 점하거나 최소한 동등한 수준을 유지하는 것이었다. 그리고 마지막은 마케팅 4P의 네 번째인 풀마케팅에 해당하는 판촉과 관련한 전략 수립과 실행이었다.

중동 아프리카 지역의 총 담당 국가가 70여 개국에 달했는데 대체로 국영방송의 시청률이 낮았다. 텔레비전 광고는 처음부터 가장 효율적이라고 생각했던 판 미디어Pan Media를 적극적으로 활용하기로 했다. 투입되는 광고비에 비해 넓은 지역에 적용되고 시청률이 높다는 점이 매력적이었기 때문이다. 판 미디어 중에서도 어떤 것을 선택할지 기준이 필요했는데 시청률, 가격, 위성 텔레비전 보급률이라는 세 가지 기준으로 선정했다. 해마다 매출이 늘어갈수록 판 미디어의 숫자도 늘리면서 브랜드 노출을 극대화하는 전략을 취했다.

판 미디어를 선택한 또 하나의 이유는 지역 본부가 있던 아랍에미리트가 당시 중동의 물류 및 상업 중심지로 떠오르는 핫 스폿Hot Spot이었기 때문이다. 주요 일간지에 정기적으로 기업광고와 제품광고를 실었는데 텔레비전과 신문광고를 적절히 안배했던 데는 근본적인 이유가 있었다. 바로 균형의 중요성 때문이었다. 텔레비전 광고는 강렬하지만 시간이 짧다. 15~30초만으로 고객을 충분히 설득하는 데는 한계가 있다. 고객에게는 호기심이 생긴 회사와 제품에 대해 더 많은 것을 알고 싶은 욕구가 있다. 따라서 텔레비전과 프린트 광고를 병행하는 것이 중요했다. 이런 균형의 관점은 크게 두 가지를 목표로 했다.

첫째, 프레스 투어Press Tour를 통한 국가 인지도를 높이는 일이었다. 마케팅 4P의 네 번째 풀 전략을 수행하기 위해 방향 수립이 필요했다. 언론들의 공정하고 객관적이며 진솔한 판단을 어떻게 유도할 것인가 하는 이슈였다. 미국, 유럽, 일본 등과 비교하면 당시 우리나라의 국가 경쟁력은 다소 열위에 있었다. 한국이라는 나라가 있는지조차 잘 모르고 있었을 뿐만 아니라 안다고 해도 과소평가하는 부분도 있었다. 이런 부분을 타파하기 위해 영향력이 큰 주요 언론사들을 한국으로 초청해서 우리의 실상을 제대로 알리는 프레스 투어를 했는데 기대만큼의 효과가 있었다. 자체적으로 지역에서의 홍보 활동을 강화하는 것은 당연히 필요하지만 중립적인 위치에 있는 언론들이 한국을 알리는 일은 또 다른 차원에서 강력한 홍보 효과가 있었다. 기자들 대부분이 한국 방문이 처음이었다. 막연히 생각하던 한국과 실제 눈으로 본 한국은 완전히 달랐고 커다란 충격을 주었다. 그 현격한 차이 덕분인지 현지에서 긍정적이고 우호적인 기사들이 쏟아졌다. 효과를 실감한 후 해마다 한국 프로모션 투어에 참여하는 국가와 기자들의 수를 늘려나갔다. 한국과 엘지전자에 대한 우호적인 이미지가 축적되다 보니 광고 대행사들 또한 과거보다 훨씬 수월하게 일을 할 수 있었다.

둘째, 판매 후 서비스 차별화 마케팅이었다. 판매 후 서비스는 눈에 보이는 실체가 아니다. 제품처럼 눈으로 보거나 손으로 만질 수 없기에 마케팅의 대상이 되기 어렵다. 그러나 바로 이런 점 때문에 판매를 촉진시키는 차별화 수단으로 승화시킬 수 있었다. 앞에서도 언급했듯 사람과의 접점에서 발생하는 감성이 배어 있는 감동은 제품이 주는 만족스러운 감동과는 질적으로 다르기 때문이다. 아니, 비교 자체가 불가능하다고 생각한다.

당시 고객들의 판매 후 고장 수리 서비스 품질에 대한 불만은 큰 편이었다. 우리가 쓰던 제품이 고장 났을 때를 생각해보자. 문제점이 해결될 때까지 불안해하거나 긴장하게 된다. 특히 제품의 기술적인 문제에 대해서는 잘 모를 때 서비스 요원이 성실하게 설명해도 불안할 수밖에 없다. 예를 들어 주방용 전기제품의 구매 결정권자인 주부를 주요 대상으로 생각하면서 기존과는 차원이 다른 서비스를 제공해야 하겠다고 생각했다.

이 또한 전임자의 유산이 있었기에 가능했던 일이다. 판매 법인보다 앞서 설립한 서비스 법인 덕분이었다. 두바이 면세구역인 제벨알리Jevel Ali 항구에 서비스 부품을 공급하는 기지 역할을 하는 서비스 법인이 설립돼 있었다. 이미 10여 년이 넘게 중동 아프리카 지역에서 핵심적인 역할을 하고 있었다. 당시 중동 아프리카 시장 환경은 글로벌 업체들이 각국에서 지명도가 높은 유력 현지 인사들을 해당 브랜드 제품의 공급 업체로 지정해 판매 및 서비스를 하는, 이른바 '에이전트 시장'이었다. 자사 역시 국가별 에이전트를 두고 있었다. 지역 본부의 주된 역할은 현지형 상품을 기획하고 물류 창고를 유지하며 광고와 서비스 전략을 수립해 에이전트의 판매를 직·간접적으로 지원하는 것이었다. 서비스 법인이 지난 10년간 쌓은 서비스 부품 공급의 훌륭한 인프라는 판매 후 서비스를 판매 촉진 마케팅의 차별화 수단으로 승화시키는 데 결정적인 실마리를 제공했다.

판매 후 서비스 차별화가 진짜 승부다

◆◆◆

판매 후 서비스 차별화의 핵심은 속도와 정확도다. 속도와 정확도를 높이는 것은 '투명'이다. 불투명하면 보이지 않지만 안 보이는 것을 보이게 하면 빠르고 정확해진다. 가리개로 눈을 가리고 걷다가 벗고 걷게 되는 일인 것이다.

속도와 정확도를 높이기 위해서는 파트너사에 서비스에 필요한 기술 자료와 제품별 부품 정보의 적시 제공과 부품을 주문하는 시스템의 혁신이 필요했다. 당시는 인터넷 도입의 초기 단계로 본사와 지사 간의 인터넷에 의한 실시간 소통이 도입된 지 얼마 안 됐던 시점이다. 하지만 중동 아프리카 최초로 인터넷 기반의 서비스 기술 자료의 공급과 서비스 부품 주문 및 공급 시스템 도입을 추진했다. 도입 초기에는 중동 아프리카의 열악한 인터넷 기반에서 가능할까 우려를 하였으나 속도만 다소 느릴 뿐 대부분의 파트너사가 사용하는 데 문제가 없었다. 빠르고 정확한 부품 공급을 위해 제품 분해도에서 고장 부품을 클릭하여 주문하고 서비스 법인의 보유 수량을 조회할 수 있게 함으로써 파트너사의 서비스 대응에 만반의 준비를 했다.

판매 후 서비스의 질적 향상을 위한 노력은 꾸준히 관심을 가진 이슈였다. 트레이닝 센터를 운영하며 해마다 정기적으로 신제품 기술을 교육하고 수시로 순회 방문을 하며 기술 교육을 함으로써 에이전트 서비스 요원들의 기술력 향상을 꾀했다. IT 구축과 동시에 추진한 것이 자사 창고는 물론 에이전트의 물류 창고 혁신이었다. 부품 공급 시스템 구축을 통해 불필요한 부품들과 필요 이상의 부품을 하나둘 정리해가며 창고의 환경을 눈으로도 관리가 가능한 수준으로 끌어올렸다.

백문이 불여일견이라 했던가? 파트너사 사장들이 우리나라를 방문할 때는 반드시 한국의 서비스 고객 응대 시스템이 어떻게 작동되는지를 직접 체험하도록 했다. 이 일은 엄청난 반향을 불러일으켰다. 한국을 비롯한 선진국 시장들은 이미 공급자 시장에서 구매자 시장으로 전환됐던 상황이다. 특히 한국의 가전 업체들은 전국에 퍼져 있는 직영 서비스망을 이용해 당일 내 서비스 정책을 실시하고 있었다. 그러나 당시 중동 아프리카 상황은 우리와 정반대였다. 말하자면 우리가 고객 접점에서 감동 대응력을 향상하기 위한 활동을 전개하고 있었다면 중동 아프리카 시장의 서비스 수준은 고객이 왕이 아니라 판매자가 군림하듯이 판매하고 있었다.

모든 고객과의 접점은 복수 브랜드를 취급하는 대리점에서 발생하고 있었고 에이전트의 서비스 센터는 한적한 교외 변두리에 있는 창고에 박봉의 수리 기사에 맡겨져 있었다. 이런 상태로는 우리가 원하는 수준의 고객 감동 서비스를 하기에는 무리였다. 하지만 한국을 방문해 당사 서비스 법인을 둘러본 후 처음 접하는 체계적인 고객 응대 시스템과 시설에 감탄하는 표정이 역력했다. 최상의 서비스를 제공하기 위해 투자를 아끼지 않겠다는 의견을 표명한 것이다. 중동 아프리카 지역의 엘지전자 1등 서비스는 이렇게 시작됐다.

내가 출장 때마다 빼놓지 않았던 것은 파트너사의 서비스 센터 방문이었다. 당시 서비스 센터는 치부로 여기며 가급적 보여주기를 꺼렸던 곳이다. 내가 요청하면 오너와 영업 총괄이 난색을 보이다가 마지못해 먼지가 풀풀 나는 곳으로 안내하곤 했다. 대부분의 영업 책임자는 1년에 한두 번만 방문했다. 심지어 회사 대표마저도 서비스 센터라는 곳이 있다는 것만 아는 정도일 뿐 평생 한 번 정도 방문을 할까 말까 하다는 인상을 받을 만큼 열악한 수준이었다. 이런 상황을 알고 있었기에 거래선 방문을 할 때 서비스 센터 방문은 반드시 찾아가야 하는 주요 일정 중의 하나였다.

서비스 센터 방문과 관련해 주로 논의했던 사항은 부품의 수급 현황과 최근의 빈번한 품질 이슈였다. 그들이 힘들게 느끼는 점을 공들여 들으며 지원 대책을 심도 있게 논의했다. 우리가 보여주는 언행일치를 통해 그들 또한 서비스의 중요성을 깨닫기를 내심 바랐는데 놀랍게도 돌아오는 차 안에서 먼저 서비스에 대한 향후 대책을 꺼내기 시작했다. 아마도 한국의 선진적인 서비스를 경험한 후였기에 가능한 일이었을 터이다.

"미스터 신, 그동안 우리가 너무 몰랐고 무관심했습니다. 어떻게 해야 혁신할 수 있는지 전문가의 컨설팅을 받고 싶습니다."

먼저 이렇게 이야기를 해주니 나로선 감동이었다. 다음에 방문할 때는 시내 중심지에 새로운 디지털 서비스 센터를 세우고 오프닝 행사를 하자는 등 다양한 아이디어를 나누었다. 사실 서비스 센터는 음지에서 묵묵히 일하는 분들 덕분에 유지될 수 있다. 그 어려움을 알기에 그들과 눈인사를 하고 손을 잡고 격려의 말을 아끼지 않았다.

"지금 여러분들이 하는 일이 다음의 구매를 연결하는 동아줄이고 우리에겐 가장 중요한 일 중의 하나입니다."

어쩌면 내가 성장한 곳이 시골이라 도심지의 쇼룸을 방문하는 것보다 흙먼지 날리는 시내 변두리의 서비스 센터 방문이 더 편안하기도 했던 것 같다. 그러나 이런 개인의 마음을 떠나서 눈에 보이지 않고 잘 드러나지 않는 곳을 방문하는 일 또한 조직책임자의 몫이다. 창고 관리와 배송 그리고 서비스 센터 등 음지에서 일하는 부서와 구성원들의 사기가 충천해 있다면 조직이 잘 돌아간다는 방증이기 때문이다.

3. 마음속 감동을 각인시키는 게 혁신이다

원점에서 완전 분해하고 다시 설계하라

◆◆◆

당시 두바이 서비스 법인에서는 파트너사와 같이 서비스 혁신을 위해 찢고 부수고 다시 시작한다는 티디알TDR,Tear Down & Redesign, 즉 문제 해결 혁신의 도구로 당면한 문제를 원점에서 완전히 분해하여 다시 설계하는 활동의 태스크를 추진했다. 티디알 태스크는 기존의 조직에서 완전히 분리된 팀을 구성해서 실행까지 전담토록 하는 게 관건이다.

이 티디알 태스크의 결과물은 해마다 개최하는 중동 아프리카 서비스 경진 대회에서 공유했다. 서비스 담당자는 파트너사를 방문해서 유통 및 판매 제품을 분석하고 이를 기반으로 한 중장기 투자 계획을 경영층과 합의했다. 그들과 1~2개월을 같이 숙식하며 서비스 센터의 위치, 조직 관리, 서비스 콜, 지표 관리, 부품 비축을 포함한 창고 운영 등에 이르기까지 전반을 질적으로 개선하기 위한 노하우를 전수하는 동시에 티디알 태스크 활동을 전개했다. 연말에는 각국의 파트너사들이 참석하는 그해의 서비스 우수 사례를 공유하고 격려하는 서비스 경진 대회를 개최했는데 열기가 대단했다. 본사에서 서비스 최고책임자도 지원과 격려차 참석을 했다.

2년이 지난 시점에 아랍에미리트, 이란, 오만, 사우디, 파키스탄, 모로코, 알제리, 암만, 이스라엘, 이집트, 수단 등 주요 11개국 국가에서 시내 중심 요지에 디지털 서비스 센터를 열게 됐다. 수도 한복판에 엘지 브랜드 간판이 부착된 최신 설비를 갖춘 서비스 센터를 열고 최신 이동 서비스 전문 차량까지 투입하면서 서비스 바람이 불자 파트너사의 대표와 경영층의 관심이 쏟아지면서 서비스 담당자들의 사기도 오르기 시작했다. 지금까지 추진한 일련의 행동들은 고객을 맞이하는 준비 과정이었다. 남은 것은 지금까지 우리의 노력을 어떤 방법으로 고객에게 알릴 것인가 하는 이슈였다.

"어떻게 하면 고객들의 마음속에 감동의 엘지로 각인될 것인가?"

우리의 서비스가 다른 기업과는 어떻게 다른지 고민하면서 전방위적으로 공략할 수 있는 마케팅 방안을 협의한 끝에 3단계 추진 전략을 입안했다. 우리가 고객에게 다짐하는 약속의 메시지였다.

1단계는 서비스를 중시하는 엘지 브랜드를 알리는 일이었다. 이것을 위해 가장 먼저 착수한 것이 '고객 헌장'을 만들어 알리는 일이었다. 고객 헌장 전문은 다음과 같다.

[고객 헌장 전문]

1. 우리는 고객의 의견을 경청하겠습니다
We whole heartedly listen to customer's valuable suggestions.

2. 우리는 고객의 관점에서 결정하고 행동하겠습니다
We decide and act keeping customer's view in mind.

3. 우리는 항상 진실만을 말하고 약속을 지키겠습니다
We always tell the truth and keep our promise.

4. 우리는 고객이 원하는 빠른 서비스를 하겠습니다
We provide quick service as customers wants.

5. 우리는 고객에게 즐거움을 선사하겠습니다
We assure that our goal is customer's delight.

6. 우리는 '디지털 LG 테크놀러지' 이름으로 수준 높은 서비스를 제공하겠습니다
We provide the excellent service by the same name of 'Digital LG Technology'.

고객 헌장은 모든 서비스 센터의 고객 대기실 안에 고객들의 눈높이에 맞는 가장 편안한 자리에 부착했다. 서비스에 대한 고객과의 약속을 고취시키기 위해 출근하면 가장 먼저 고객 헌장을 다 함께 읽는 것을 정례화했다. 실행력을 키우는 가장 강력한 방법은 고객에게 굳은 결의와 다짐을 곧바로 공개적으로 널리 알리는 것으

로 생각했기 때문이다.

또한 고객 헌장을 반드시 실행하겠다는 의지의 표현으로 서비스 노래를 제작해서 고객들이 쉽게 따라 부를 수 있도록 했다. 아침 출근 시간대에 가장 인기 있는 라디오 프로그램에 후원하고 서비스 센터 직원들의 서비스에 대한 자긍심을 높이며 고객 만족 경영 의식을 되새기기 위해 모든 서비스 센터 아침 업무 시작 전과 중식 시간에 서비스 노래를 틀도록 했다. 우리에게 서비스보다 더 중요한 것은 없다는 것이 전달의 핵심이었다. 그런데 기대 이상의 반응으로 돌아왔다. 서비스 노래 전문은 다음과 같다.

[서비스 노래 전문]

1절

(You) Are looking for some helpful advice
(당신은) 유익한 조언을 구하고 있습니다.

(You) Got a problem with your LG advice
(당신이) LG의 조언이 마음에 안 들면,

(We) Will guide you all the way
(우리는) 온 힘을 다해 당신에게 설명을 할 것입니다.

And we're only one call away
우리에게 전화 한 통이면 됩니다.

2절

(You) Need some services that is right
(당신은) 바로 지금 어떤 서비스를 필요로 합니다.

(LG) Are a customer's delight
(엘지는) 고객 여러분들을 기쁘게 해드릴 것입니다.

(And We) will listen to what you say
(그리고 우리는) 당신의 말에 귀기울일 것입니다.

And give you what you need to get you on your way
그리고 당신이 필요로 하는 것을 제공할 것입니다.

코러스

LG, where you are number 1
엘지, 당신이 어디에 있든, 당신이 1번입니다.

LG, Where service is next to none
엘지, 어디서든 최상의 서비스를 제공합니다.

We're getting you where you wanna be

with Digital(Digital, Digital) LG Technology
우리는 당신이 원하는 곳에서 엘지의 디지털 테크놀로지를
제공하고 있습니다.

3절

(You) You are number 1 from first to last
당신이 언제나 1번입니다.

(you) Want your problems solved and fast
당신은 신속하게 문제가 해결되기를 바랍니다.

(we) We provide with service key

to unlock digital technology
(우리) 우리는 디지털 테크놀로지를 열 수 있는 서비스 키를 제공합니다.

4절

(stop) It is one stop service call
원스톱 서비스 전화

(ease) Easy tracking of your call
(편이성) 고객의 전화를 손쉽게 추적해,

(Fast) Quick response is best you see

and best of all we take resposibility
(신속) 빠르게 응답하고 무엇보다 책임을 다합니다.

MIDDLE 8

The digital world you can be just a face

in the crowd, easily forgetten
디지털 세계에서, 당신은 그저 군중 속의 한 사람(얼굴)이 되어 쉽게 잊힐 수 있습니다.

When you need a hand, to help you through
도움의 손길이 필요할 때, 당신을 도와줄

There's someone you can call
당신이 도움을 요청할 누군가가 그곳에 있습니다.

We're here for only you
우리가 당신을 위해 여기에 있습니다.

코러스

LG, where you are number 1
엘지, 당신이 어디에 있든, 당신이 1번입니다.

LG, Where service is next to none
엘지, 어디서든 최상의 서비스를 제공합니다.

We're getting you where you wanna be

with Digital(Digital, Digital) LG Technology
우리는 당신이 원하는 곳에서 엘지의 디지털 테크놀로지를
제공하고 있습니다.

아침 출근 시간에 우리가 후원하는 라디오 방송에서 나오는 엘지 서비스 노래를 듣고 따라 부르며 시작하는 하루는 떠오르는 태양과 같은 에너지를 주었다. 이런 노력 덕분인지 기대하지도 않았던 긍정적인 신호들이 잇따랐다. 여러 가지 브랜드를 취급하는 지방의 서비스 센터들이 엘지 단독 서비스 센터를 오픈하겠다는 신청이 쇄도한 것이다. 내부 평가를 통해 엄선된 센터와 계약을 체결하고 엘지 공인 서비스 센터임을 알리기 위해 간판 부착은 물론 내부 작업

환경을 깨끗하게 유지하는 등 서비스 전문 특화점으로서의 기본 요건을 충족하는 데 필요한 투자를 아끼지 않았다. 오직 고객이 만족할 만한 수준으로 서비스 품질을 높이는 것이 목표였기 때문이다.

2단계는 중동 최초의 콜센터를 운영했던 일이다. 여러 미디어를 이용해 다각도로 광고한 효과가 피부로 실감났던 순간이다. 파트너 사무실로 들어오는 서비스 콜이 급속도로 증가하기 시작했다. 아랍에미리트를 포함한 3개국의 파트너 사무실에 한국의 고객 콜센터를 모방한 인원 10여 명 수준의 소규모 콜센터를 시범적으로 오픈했고 운영에 필요한 제품 교육, 전화 응대, 서비스 접수 요령 등의 교육을 이수했다. 각 서비스 센터와 전화로 서비스 콜의 이관이 가능하도록 한 조치였다.

콜센터 운영이 체계를 갖추기 시작하자 '중동 최초의 콜센터'라는 홍보를 해야 할 시점이라고 느꼈다. 콜센터의 전화번호와 함께 신문 광고를 시작했다. 신문 광고의 캐치프레이즈는 다음과 같았다.

"원 콜 더즈 잇 올One Call Does It All(전화 한 통이면 모든 것이 해결됩니다)."

소비자가 인식하기 좋도록 콜센터 번호를 전 지역에서 하나로 통일시켰다. 번호는 각국의 도시 번호 +5454(LG LG)로 정했다.

마지막으로 3단계는 엘지 서비스의 경쟁력과 차별화 캠페인을 위한 프레스 콘퍼런스를 개최한 일이었다. 엘지의 고객 만족 서비스 정책을 미디어를 통해 널리 알리기 위해서였다. 그동안 우리가 수행한 일련의 행동을 한마디로 간결하게 축약해서 프레스 콘퍼런스를 통해 선언했다. 그 한마디는 바로 이 말이었다.

"노 딜라이트, 노 페이먼트No Delight, No Payment(감동이 없으면 지불하지 않아도 됩니다)."

이 캠페인은 우리의 자신감과 의지를 상징적으로 가장 잘 표현한 내용이었기에 만장일치로 채택됐다. 100퍼센트 완벽한 감동을 구현할 수는 없더라도 고객을 향한 자신감이 충만한 메시지가 낳는 파급 효과는 긍정적일 것이라는 데 이견은 없었다. 지극 정성에는 쉼이 없다고 했던가. 그러나 지극 정성은 반드시 보답을 받게 마련이다. 과업 추진 후 2년이 지난 그해 연말 본사에서 실시한 고객 서비스 만족도 조사에서 정상의 위치에 등극한 것이다. 누구 하나 빠짐없이 한마음으로 헌신하며 땀을 흘린 결과였다.

'먼저 주기'로 파트너십을 맺어라

◆ ◆ ◆

전임자의 유산 중에서 의미 있는 것을 또 한 가지 골라보자면 지역 내 타 경쟁사와 비교해서 비즈니스 파트너들과 오랫동안 튼튼한 유대관계를 맺어왔다는 점이다. 작은 이익에 등 돌리지 않고 서로에 대한 믿음을 유지했기에 가능했던 일이다. 비전이 서로 다르면 파트너라고 부를 수 없다. 비전을 달성하는 일은 절대 혼자 할 수 있는 일이 아니다. 비전을 공유하는 일은 서로가 같은 방향을 보고 있다는 것을 확인하는 일이다. 모든 이해관계자들과 경영에 대해 공통된 사상을 공유하고 함께 행동하지 않으면 비전 달성은 그저 헛된 구호에 불과한 것이다. 비전 달성을 위해 내가 먼저 그들에게 해줄 것은 무엇이고 요청할 것은 무엇인지 생각했다.

우리의 의무는 세 가지였다. 첫째, 파트너사 사장들의 건강을 챙길 것. 둘째, 업무의 효율을 향상시키기 위해 혁신 사상을 불어넣을 것. 셋째, 파트너사 간에 서로 배움을 나눌 수 있도록 교류회장을 구축할 것. 건강과 관련해서는 한국을 방문하는 시기에 하루 일정을 따로 만들어 반드시 종합 검진을 받도록 했다. 사업 혁신과 관련한 교육 이수는 본사에서 전문가를 파견하는 과정을 통해 정기적으로 했다. 마지막으로 상호 교류는 연말에 각 국가의 파트너들이 참석한 자리에서 사업 관련 분야별로 성공 사례를 발표하는 시간을 가짐으로써 새로운 정보를 공유하고 선의의 경쟁을 유발하는 효과도 가질 수 있었다.

고객 만족 경영은 모든 이해관계자들 간에 필요한 욕구가 충족될 때 가능한 것이다. 어렵게 생각할 필요 없이 내가 먼저 상대방의 감추어진 욕구가 무엇일지 생각하고 행동에 옮기면 된다. 파트너사들 또한 그동안 우리가 펼쳤던 기업 시민으로서 책임감과 역할을 중요하게 여기기 시작했다. 또한 본인들의 신체적 건강뿐만 아니라 사업의 건강성도 세심하게 신경쓰는 일련의 활동에 고마움을 표현했다. 서로의 비전을 공유하는 공감대가 이루어지자 업무의 효율에 가속도가 생긴 것은 더 말할 필요가 없었다.

이제는 내가 그들에게 요구할 차례였다. 상호 공유한 비전을 이루기 위해 누가 생각해도 충분히 타당성 있는 두 가지를 제안했다. 하나는 부동산 투자를 절제하고 현재의 사업에 지속적으로 투자하는 것이었고 또 하나는 직원들을 위한 업무 환경을 개선하는 것이었다. 현지 에이전트 사무실을 방문했을 때 몇몇 국가에서 본인의 사무실 환경과 직원들의 사무실 환경이 크게 차이가 나는 걸 확인하고 시정할 것을 제안했다. 그들도 흔쾌히 수락했다.

"공동의 목적을 이루기 위해 무엇부터 시작해야 할까?"

여러 가지 길이 있지만 누군가는 먼저 베풀어야 한다는 것이다. 먼저 시작하면 작은 희생을 감수해야 할 수도 있다. 그러나 바로 그 점으로 인해 일의 주도권을 쥘 수 있게 된다. 눈앞의 손실에 급급해 결단을 머뭇거린다면 공익을 앞세운 사익이 마음속에 더 크게 자리잡고 있는 것이 아닌지 엄중히 경계해야 할 것이다.

4. 무형자산을 체계적으로 구축하라

무형자산이 브랜드 가치를 높인다

◆◆◆

각국의 파트너사들과 협업하며 해마다 자원 투입을 늘려갔다. 브랜드 가치가 급속도로 상승하는 것과 발맞춰 매출도 가파르게 증대했다. 기대 이상의 성과가 보이기 시작하자 조직에도 자신감과 활력이 넘쳤다. 분기마다 개최하는 지역 회의도 기다려지고 각자 준비해서 발표하는 성공 사례 내용도 처음 시작할 때와는 확연히 다른 퀄리티를 보여주었다. 배움을 나누면서 서로 벤치마킹할 기회를 만드는 것은 물론이고 신뢰를 쌓아가는 교류의 장을 함께 만들어간다는 점에서 더할 나위 없이 고무적이었다.

분기 회의가 거듭될수록 참신한 아이디어도 늘어났다. 리더가 두려워해야 할 것은 자원 투입이 아니라 조직 내 창의성과 아이디어가 메말라가는 것이다. 돈과 사람은 흘러넘친다. 투입의 규모가 크게 느껴지더라도 실제 만들어지는 결과물과 비교하면 빙산의 일각에 불과했다. 마케팅 투입 비용의 절대 금액은 해마다 늘어났지만 매출이 꾸준히 증가함에 따라 부임 마지막 해에 매출 대비 투입 비율이 감소 추세로 돌아선 것이다. 지난 3년 동안의 꾸준한 투자로 인해 경영이 효율 단계로 진입하게 된 것이다. 이로써 향후 투자에 대한 자신감과 지속성장의 계기를 마련하게 됐던 셈이다. 매출은 약 1.8배로 늘어났다. 그러나 진정으로 우리를 흥분하게 한 일이 따로 있었다. 본사에서 조사한 결과에 따르면 부임 초기만 하더라도 우리보다 2배 이상의 인지도를 갖고 있던 일본의 유명 브랜드를 따라잡아 대등한 수준으로 개선시킨 것이다. 그동안의 노력이 보상받는 순간이었다.

부임 3년 차의 마지막 4사 분기 회의에서 지난 3년간 우리가 함께 수립한 비전의 이행을 점검하면서 향후 추진 방향에 관한 토론을 병행했다. 열띤 토론과 격론 끝에 도출한 미래 방향성은 다음과 같았다. 우리와 사업 관계에 있는 모든 이해관계자들을 더 이상 파트너가 아닌 고객으로 규정하고 엘지 패밀리 벨트를 구축하는 것이었다. 우리는 고객의 범주를 에이전트, 딜러, 현장 세일즈맨, 최종 소비자, 그리고 언론 등 5개 영역으로 확정했고 모든 영역에서 '윈-윈'을 끌어내기 위해 제공해야 할 세부 실행 계획을 수립했다.

이 모든 것이 지난 3년간의 경험을 통해 얻은 조직 구성원들의 자신감 덕택이었다. 우리가 함께 일군 브랜드 가치, 매출, 고객 서비스 이미지 측면에서 톱 수준으로 격상된 위상을 자축하고 더 나은 후일을 기약하는 다짐의 장이었다. 회의 내내 발표가 끝날 때마다 격려의 박수 소리가 끊이지 않았다. 우리 모두에게는 잊을 수 없었던 날이다. 중동 아프리카 총책이라는 임기가 끝난 나에게도 변화가 생겼다. 그해 연말 인사에서 과거에 맡았던 생활가전제품 해외 영업 총괄로 본사 발령을 받은 것이다.

중동 아프리카 지역으로 부임했던 첫날을 다시 떠올려보았다. 이날의 기억은 죽는 순간까지 기억할 것 같다. 내 생애 몇 안 되는 추억으로 여전히 가슴 한쪽에 자리잡고 있기 때문이다. 첫 직장이었던 현대건설 근무 당시 사우디 건설 현장으로 부임 받은 첫날 밤, 가설 건물 숙소에서 해외 근무를 제대로 마치고 가족 품으로 돌아갈 수 있을까 노심초사 잠 못 이루던 때와 비교하면 사뭇 다른 감정이었다. 그땐 방을 함께 사용하는 팀 동료도 있었고 이른 새벽부터 현장에 나갔다가 밤늦게 잠자리 들 때까지 사람들과 함께 북적거리다 보니 혼자 있는 시간이 거의 없었다. 게다가 대체로 상사의 지시만 잘 이행하면 되는 20대 후반의 사회 초년생이었다.

그러나 40대 후반에 지역의 총책임자로서 부임했던 첫날은 내게 주어진 책무를 제대로 완수해낼 수 있을지에 대한 걱정과 불안 때문에 거의 뜬눈으로 밤을 새웠다. 말단 사원으로 이국에서 보냈던 첫날 밤과 그로부터 20여 년이 흐른 후 조직의 책임자로서 보냈던 첫날 밤은 생각의 방향 자체가 다를 수밖에 없었다.

기다리는 시간은 길게 느껴지지만 지나간 시간은 찰나에 지나지 않는다. 부임 초기엔 3년이라는 시간이 길게 느껴졌지만 막상 보내고 나니 한순간이나 다름없었다. 비전으로 세운 '고객을 감동시키는 국민 브랜드 구축'을 위해 전 조직 구성원과 파트너사들이 본사의 지원에 힘입어 일사불란하게 전략적으로 추진한 결과 대부분의 지표에서 경쟁사 대비 양호한 진전을 이루어냈다. 주요 의사를 결정할 수 있는 권한을 부여받은 지역 책임자로서 보냈던 3년이라는 시간은 지난 시간 좋은 상사와 동료를 통해 배우고 체험했던 무형자산의 경영을 처음으로 실천하는 시간이기도 했다. 또한 관련된 모든 사람과 함께 이루어낸 시간이기도 했다.

어느덧 사무실과 현장은 자율성이 넘치는 조직문화가 빚어내는 다양한 아이디어의 경연장처럼 다가왔다. 구성원들의 주인의식이 높아진 것은 물론 자율이 조직문화로 자리잡기 시작했다. 회사의 얼굴인 브랜드 가치가 해마다 새로운 높이로 상승하는 것을 조직의 모든 구성원과 함께했던 시간은 인생의 한 획이 그어지는 것과 같은 거대한 경험이었다. 3년이라는 시간은 길다고 생각하면 긴 시간이고 짧다고 생각하면 짧은 시간일 것이다. 그러나 중동 아프리카에서 보낸 3년은 내 편인지 아닌지 알 수 없는 시간과 맞붙어 결국엔 시간을 내 편으로 만들어낸 의미 있는 경험이었던 것만은 확실하다.

삶에서 의미 있는 시간을 깊게 경험한 사람은 기존의 삶으로 돌아갈 수 없다고 한다. 나 또한 그랬다. 마치 빙산의 단면이 쩍 하고 갈라지듯 내가 나로부터 떨어져나온 것 같았다. 살아오는 동안 듣고 보고 겪었던 일보다 듣지 못하고 보지 못하고 겪지 못했던 일들이 더 많다고 느꼈다. 이것은 지금까지 겪어온 일들보다 앞으로 겪게 될 일들이 훨씬 더 많다는 것을 의미했다.

낯선 환경에서 새로운 변화를 맞을 땐 초조함을 느끼게 마련이다. 앞으로도 새롭게 만나게 될 낯선 환경에서 두려움과 불안을 느낄 것이다. 그러나 두려움에서 벗어나는 길이 어느 쪽인지 알게 됐다. 그 길은 생각보다 단순했고 일정한 규칙마저 있었다. 그 규칙은 시장과 경쟁사와 나를 파악한 후에 '고객 만족 경영'이라는 확실한 목표를 세우고 그 관점에서 기획하고 꾸준히 실천하는 것이었다.

중동 아프리카의 80여 개국을 짧은 시간 안에 다 돌아볼 수는 없었기에 더욱 철저하게 선택하고 집중하는 전략을 펼쳤다. 가장 열악한 환경이었지만 궁금한 것이 생기면 바로 달려가는 등 더 많은 애착과 정을 쏟은 곳이기도 했다. 주재 기간 3년은 마음속에 품었던 일들을 실현하기엔 다소 애매했다. 그러나 내가 모든 것을 이룬다는 욕심은 처음부터 갖지 않았다. 오직 조직 구성원들과 함께 전임자의 유산을 잘 계승하고 후임자에게 물려줄 유산을 구축하기 위해 최선을 다한다는 마음으로 임했다.

한 가지 마음에 남는 뿌듯함은 부임 초기 다짐했던 두 가지 무형자산인 자율성을 지닌 창의적인 조직문화와 고객을 감동시키는 국민브랜드를 구축하고자 했던 노력을 통해 경영에 던지는 시사점을 조금이나마 체험할 수 있었다는 것이다.

비전 달성의 시스템을 만들어라

◆◆◆

중동 아프리카 재임 기간을 마치고 본사 발령을 통보받았을 때 맡은 직책은 생활가전제품 해외 영업 총괄이었다. 이미 경험했던 일이었지만 예전과 크게 달라진 점이 있었다. 지역 대표를 맡았던 경험 덕분에 본사와 지역 간의 더 원활한 소통을 가능하게 할 수 있었다. 업무의 효율을 높일 수 있다고 확신했기에 마음이 홀가분했다.

본사로 복귀하면서 한 가지 이루고 싶은 일이 있었다. 중동 아프리카 지역 대표로 있던 3년 동안 모임이 있는 자리면 거의 빼놓지 않고 외쳤던 구호인 "엘지 영원불멸 제국 건설!"이 그저 구호로만 끝나지 않고 현실로 이루어지도록 하는 일이었다. 그러기 위해서는 조직의 모든 구성원을 마케팅 전문가로 육성해야 한다는 생각을 자주 했다. 마케팅 천재 본부 도약을 꿈꾸며 우선순위를 정했다.

가장 먼저 할 일은 플랫폼 구축이었다. 그러기 위해 마케팅 실무 교육을 위한 마케팅 대학을 떠올렸는데 중동 아프리카에서의 경험이 밑바탕이 됐다. 첫 해외 경험이 한 국가의 법인 책임자가 아니라 80여 개국의 지역 대표였던 것이 결정적인 단초를 제공했다. 다름 아닌 성공 사례를 공유하는 일이었다. 동료들 간에 선의의 경쟁을 통해 촉발되는 다양한 아이디의 공유는 조직의 단합과 결집을 견인한다. 또한 구성원들이 짧은 시간 안에 많은 것을 습득하고 깨우치기 때문에 경영 현장에서 속도가 빨라진다. 시장점유율에서 우위를 점한다는 점에서 효율이 뛰어난 경영 방식이다.

매 분기 지사장들과 법인장들과 하는 정기 회의에서 성공 사례를 공유하는 시간을 가졌다. 저마다 창의적인 아이디어를 내놓은 선의의 경연장으로 자리잡으면 짧은 시간 안에 다양한 현장 경영의 실체를 접할 수 있는 최적의 교육 플랫폼으로 기능하리라 생각했기 때문이다. 한 지역에서만이 아니라 전 세계 모든 지역의 법인을 대상으로 경연장을 마련하고 마케팅 4P 관점에서 분야별 성공 사례를 시상한 후 이것을 정리하여 교육 자료를 만들면 훌륭한 교육 플랫폼이 될 것으로 생각했다. 전 세계에 뿔뿔이 흩어져 있는 조직에 다른 국가의 성공 사례들을 실시간으로 중계방송을 하지는 못해도 연 단위로 사례를 수집해서 공유하는 것만으로도 충분할 것이라는 확신이 있었던 것이다.

각자의 강점에 동료들의 강점이 더해지면 이른 시일 내 각자 맡은 지역에서 가장 경쟁력 있는 마케팅 전문가로 육성될 것이다. 마케팅과 관련한 이론이야 전문 서적을 통해 접할 기회가 많았을 것이다. 하지만 동료들이 현장에서 직접 경험하면서 일구어낸 성공 체험은 이론과는 다른 차원으로 다가올 것이 분명했다. 이런 일 자체를 동시다발적으로 겪을 기회가 흔하지 않았기 때문이다.

마케팅 대학 설립은 본부 및 해외법인에서 영업과 마케팅에 종사하는 160여 명 구성원이 한마음이 돼서 빚어낸 노력 그 자체였다. 마케팅 성공 사례를 묶어 만든 교과 과정의 앞과 뒤의 표지에는 오랫동안 영원히 기억되도록 함께 고생했던 구성원들의 사진을 담았다. 마케팅 천재 회사로 도약하는 꿈이 실현되면 고객에게 가장 사랑받는 브랜드로 자리매김할 수 있을 것이라는 생각에 러닝센터 내 마케팅 대학 설립이 구성원들에게 특별한 날로 기억됐으면 하는 바람이었다.

회사가 생존을 넘어 목표로 하는 비전을 달성하기 위해 조직 구성원들이 단합해야 한다는 마음은 점점 더 공고해졌다. 조직과 개인의 정신과 체력을 함양하기 위해 사내 혁신학교가 운영됐고 조직의 책임자들은 모두 이 과정을 필수로 이수하였다. 특히 임원급 책임자들을 대상으로 매년 보수 교육을 했다. 이번 일정은 충무공 이순신 장군의 얼을 기리는 데 초점이 맞추어져 있었다. 통영에서 이순신 장군의 영정이 안치된 한산도 해안까지 쪽배를 타고 갔다. 쪽배마다 4~5명씩 나눠 탄 후 당시 해전에서 펼친 대로 모의 학습을 한 후에 제승당에서 예를 갖추고 우리의 비전 달성을 결의하는 의식을 가졌다. 의식이 끝난 후 이순신 장군이 나라를 위해 자주 기도하며 우국충정의 시를 읊었던 수루(망루)로 이동을 했다. 그러던 중 문득 나는 다시 발길을 돌려 제승당으로 향했다. 내 소원을 들어달라고 간절히 빌고 싶었다. 무릎을 꿇고 빌었다.

"제가 비록 미천하지만 더 큰 일을 할 수 있도록 깊은 지혜와 담대한 용기를 주세요."

그때 빌었던 소원 덕택에 대기업의 사장까지 승진했는지는 알 길이 없다. 이 글을 쓰는 순간까지도 내 역할이 여기까지인지, 여전히 현재 진행형인지가 판단이 서지 않았다. 다만, 한 가지 분명한 것은 은퇴도 했고 고생도 할 만큼 했으니 쉬어야겠다는 생각은 들지 않는다는 것이다. 아마 나의 여정은 지금까지도 현재 진행형인 듯하다.

본사로 귀임했지만 은퇴하기 전 최소한 한 번은 더 해외 근무를 하게 될 것으로 예상했다. 만약 선택할 기회가 있다면 가고 싶은 나라가 있었다. 앞으로 가장 큰 시장으로 떠오를 중국이었다. 중국에 도전하고 싶은 마음에 매일 아침 7시부터 9시까지 2시간 동안 중국어 공부에 매달렸다. 출장을 제외하곤 하루도 빠지지 않았다. 중국어도 배우고 아침 7시 전에 출근하는 생활 습관도 기를 수 있어서 일거양득이었다. 일찍 자고 일찍 일어나니 건강에도 도움이 되리라 생각했다.

"왜 굳이 그 어려운 시장을 가려고 하세요?"

주변에서 충고 아닌 충고도 들었지만 중국에 대한 도전이 마음속에 깊이 자리잡고 있었다. 먼 과거를 보면 먼 미래를 볼 수 있다고 한다. 중국과 인도는 한때 세계 교역의 40퍼센트를 점했던 나라다. 고대문명의 발상지이자 10억 명이 넘는 인구 규모, 풍부한 지하자원, 교육열을 고려하면 과거의 영광을 다시 누리지 말라는 법도 없었다. 당시 중국은 꿈틀대고 있었다. 시간의 문제일 뿐 반드시 용트림할 것이라는 생각을 지울 수 없었다. 내 나름대로 분석해 본 결과다. 일본이 세계 시장에서 한국 기업에 점유율을 내주기 시작했던 근본 이유는 우리나라에서 시장점유율을 소홀히 여긴 탓이라고 여겼다. 글로벌 시장에서 우위를 확보하기 위해서는 떠오르는 대륙에서 성공해야 했다. 그들의 안방에서 싸워 이기는 것 외에 다른 방법은 없다고 생각했다.

하지만 중국을 향한 도전은 좀 더 시간이 지난 후에야 내게 찾아왔다. 전혀 생각하지도 못했던 발령을 받았기 때문이다. 그도 그럴 것이 본사 복귀 후 1년 만에 다시 찾아온 해외 파견이었다.

빅원
3

사람이 최고의 자산이다

1. 변화와 다양성이 도전의 가치를 낳다

모든 곳에서 통하는 성공방정식은 없다

◆◆◆

생활가전제품 시장에서 1등 전략 수립을 끝내고 난 후 실행의 주체인 조직 구성원들의 경쟁력 강화를 위한 활동에 힘을 기울였다. 마케팅 대학 설립과 더불어 질 높은 성과 창출을 위한 투입 품질의 자발적인 통제와 관리의 중요성을 공유하는 데 많은 시간과 노력을 투입했다. 잦은 부서 이동으로 다소 힘들고 정신은 없었지만 상이한 경험의 축적은 빠르게 변화하는 환경에 적응하는 시간을 단축시켰다. 지속가능경영의 핵심이 무엇인지를 조금씩 깨달아갈수록 새로운 환경과 도전적인 업무가 주는 두려움이 해소되면서 마음의 평온을 유지할 수 있었다.

그런대로 미래를 잘 준비하고 있다는 안도감에 빠졌을 무렵 해외 현장 파견 발령이 났다. 생각하지 못했던 인사였다. 퇴임 전 한

번은 해외 근무를 다시 하게 될 것이라고 예상은 했지만 그 시간이 이토록 일찍 올 줄은 몰랐다. 본사 복귀 후 1년 만에 이루어진 통보였다. 게다가 가게 된 나라 또한 내 생각의 범주 안에 들어 있지 않았다. 마음이 바라던 행선지는 중국이었다. 1년 동안 거의 하루도 거르지 않고 중국어 공부에 매달렸다. 그런데 인도로 발령을 받은 것이다.

인도는 급격한 변화와 다양성 측면에서 분명 중국과 견줄 만한 나라였다. 도전해볼 만한 충분한 가치가 있었다. 하지만 정작 인도 법인의 마케팅 총책으로 발령을 받고 보니 개인적으로는 역마살도 이런 역마살이 있나 싶었다. 하지만 처음 해외 파견 때와는 달리 마음이 담담했다. 중동 아프리카 지역에서 경험한 긍정적인 효과 덕분이었다. 게다가 본사로 복귀한 후 예전에 맡았던 직책을 다시 맡으면서 마음속을 채우던 불안감에서 멀어져 있었다. 본사와 해외 현장에서의 경험이 없었다면 현장 실무 기반의 성공 사례를 집대성한 마케팅 대학을 설립하는 일은 감히 생각지도 못했을 것이다. 이런 경험이 토대가 돼 두려움보다 한번 해보자는 마음이 더 강했던 것 같다. 미지의 나라인 인도, 하나의 국가라고 하기엔 셀 수 없는 다양성이 존재하는 인도가 나를 부르고 있었다. 내가 제승당에서 빌었던 더 큰 일은 '인도의 부름'이었나 하는 생각도 들었다.

사실 인도는 내게 완전히 낯선 곳은 아니었다. 10여 년 전에 상사의 부름을 받아 향후 인도 시장의 잠재성을 고려해 생산지 태스크를 진행한 적이 있었다. 각 사업부의 상품기획, 구매, 생산, 영업으로 구성된 인원들의 팀장을 맡아 약 보름간의 출장을 통해 현지 생산에 대한 타당성 조사를 했다. 출장 보고의 핵심은 지금이 투자 적기이니 가능한 한 서둘러서 현지 생산 체제를 구축하는 것이 좋겠다는 것이었는데 승인이 바로 떨어졌다. 그로부터 약 10여 년 후 내가 생산 타당성 조사를 이끌었던 인도로 파견된 것이다. 우연이라고 하기엔 너무 아이러니했다.

오래전 처음 인도를 방문했을 때 눈앞에 펼쳐진 상황들을 접하면서 상념에 잠겼던 일이 떠올랐다. 분명 같은 세월을 보냈는데 나라마다 왜 이토록 차이가 큰 것인지 의문이 생겼다. 이런 생각은 중동 아프리카에서도 마찬가지였다. 아랍에미리트와 다른 주변 국가들은 여러 면에서 달랐다. 왜 이렇게 다른지 다름의 이유는 분명히 존재할 것이다. 국가 지도자들의 다양한 리더십이 서로 다른 결과를 낳지 않았을까 하는 생각이 들었다. 이런 상념에 사로잡혔던 것도 잠시 현실로 돌아오자 인도에서 해야 할 일들을 떠올렸다. 고대문명의 발상지이자 어마어마한 인구를 가진 나라 인도는 다양한 문화가 존재하는 곳이었다. 단순한 설명으로는 이해하기 힘든 나라, 불교의 발상지인 나라, 헤아릴 수 없이 많은 신들이 존재하는 나라, 문화의 용광로라고 불릴 만큼 수용적이지만 여전히 카스트 제도가 남아 있는 나라, 말 그대로 '인크레더블 인디아Incredible India!'였다. 이런 곳에서 새로운 도전을 하게 된 것이다.

인도 법인에서의 직책은 마케팅 총책이었다. 중동 아프리카 지역의 대표로 발령을 받았을 때와 달랐던 점은 기존 법인장과 약 1년간 업무 인수인계 기간을 가지면서 함께 일할 수 있었다는 것이다. 13억 명 인구를 지닌 거대 시장 인도를 타 법인처럼 2~3개월이라는 짧은 기간 안에 인수인계한다는 것은 현실적으로 무리였다. 후임자가 성공적으로 안착할 수 있도록 충분한 도움을 주자는 취지였다. 이와 같은 상부의 의사결정은 내가 인도 주재를 큰 탈 없이 해내는 데 큰 도움이 됐다. 이것은 내가 나름대로 앞으로의 전략을 구상할 때 더없이 큰 힘이 됐다. 최대한 많은 것을 보고 많은 고객을 만나서 그동안 우리가 펼쳤던 경영에 대해 충분히 듣고 이해할 수 있었기에 정말 값지고 소중한 시간이었다.

첫 부임지에서도 그랬지만 상황을 제대로 파악하기 전까지 전임자에 관한 섣부른 판단은 하지 않기로 다짐했다. 매주 지방 방문으로 바쁜 일정을 보내던 중 부임한 지 2개월가량이 지났을 때다. 인도 전자산업협회 소속 최고위급 인사의 내방이 있었다. 방문 목적은 인사를 겸한 인도 전자산업 발전에 관한 상호 의견 교환이었다. 요약하면 인도 전자산업 발전을 위해 상호 공생할 수 있도록 시장의 질서와 기틀을 마련해주었으면 한다는 간곡한 부탁이었다.

그러고는 본인이 그동안 많은 이해관계자들과의 면담을 통해 정리한 개선해야 할 내용이 담긴 메모장도 내게 넘겨주었다. 메모장의 내용을 확인 후 사실로 판명되면 바로잡는 데 모든 노력을 하겠다고 약속했다. 제삼자의 눈으로 바라본 사안이라 충분한 객관성을 내포하고 있으리라 생각했다. 이 분과의 만남은 인도를 떠날 때까지 나에겐 특별한 인연으로 이어졌고 실제로도 많은 도움이 됐다. 사실 여부를 확인하기 위해 부단한 노력이 요구됐고 상당한 시일이 걸려야 확인할 수 있는 내용을 부임하자마자 접할 수 있다는 것 자체가 행운이었다.

1년으로 예상했던 전임자와의 업무 오버랩 기간이 2년으로 늘어난 것은 더 큰 행운이었다. 40여 개 지사와 지사 소속 약 70여 개의 지방 분소까지 방대한 인도 전역을 커버하기엔 턱없이 부족한 시간이었기 때문이다. 이런 행운 덕분에 경영 인사이트를 정리하고 비전을 입안하는 시간을 충분히 가질 수 있었다. 내가 지금까지 배우고 실천하면서 길러온 모든 역량을 인도에 아낌없이 쏟아부을 수 있는 시간을 마련한 것이다. 중동 아프리카 지역 대표 시절에도 마찬가지였지만 전임자의 유산 중 건설적인 비판과 좋은 것을 물려받되 후임자에게 더 좋은 것을 물려주고 싶었다. 내가 남겨야 할 가장 중요한 유산은 변함없이 같았다. 조직문화와 브랜드 가치라는 무형자산이었다.

지금도 조직책임자로서 경영에서 가장 중요한 것을 꼽으라면 자율 기반의 창의적인 조직문화 구축과 회사의 얼굴인 브랜드 가치라는 두 가지 무형자산이라고 대답한다. 그중에서도 하나만 꼽으라면 조직문화일 것이다. 인도에서 나는 더욱 주의 깊게 이 두 가지 무형자산에 주의를 기울였다. 또한 겸손의 자세를 견지하고 배움을 게을리하지 않겠다는 다짐도 했다. 이 다짐은 나 자신에게는 반드시 지켜야 할 인간의 덕목과 같았기 때문이다.

중앙 본사에서 지역 본부로 권한과 책임을 나눠줘라

◆◆◆

입사 후 인도 발령까지의 과정은 경영 수업을 단계적으로 밟아가는 시간이었다. 지속가능경영이라는 궁극적인 목적을 이루기 위해 장기적 관점으로 보면서 무형자산의 중요성을 입증해가는 시간이기도 했다. 중동 아프리카에서 성공을 체감했지만 그보다 더 확실한 결과를 만들어보고 싶었다. 게다가 시작부터 행운이 함께 했다. 전임자의 좋은 유산을 흠뻑 물려받을 수 있었을 뿐만 아니라 인도에서 맺은 귀한 인연으로 큰 도움을 받기도 했으니 말이다. 세계 제2의 인구 대국 인도에서의 여정은 이렇게 분에 넘치는 행운과 함께 시작됐다.

업무 인수인계 2년 과정 동안은 최대한 말을 아끼고 대신 더 많은 행동을 했다. 인도는 그동안 경험한 다른 나라들과 무엇이 어떻게 다른가? 되도록 많은 곳을 둘러보면서 조직 구성원들, 사업 파트너들, 그리고 다양한 고객들의 의견을 들었다. 사업 전반에 대한 인사이트를 제대로 파악하기 위해서였다. 내게 면담 신청을 했던 인도 전자산업협회 소속 최고위급 인사가 건넨 내용도 제대로 파악할 필요가 있었다. 이 모든 행보는 후임자를 위해 무엇을 남길 것인지 생각하는 일이기도 했다. 무엇보다 비전 작업을 위해 사업 전반에 관해 이해하는 준비 기간이었기 때문에 한 시도 헛되이 보낼 수 없었다.

지사의 현황을 파악하고 마케팅을 강의하고 주요 핵심 거래선, 제품 창고, 서비스 센터 방문 등으로 일정은 매번 빼곡하게 채워졌다. 그래도 며칠씩 걸리는 출장 중에 반나절은 꼭 시간을 내서 지사 소재 지역의 문화 탐방을 했다. 방문할 때는 대개 한 명의 직원을 대동했다. 단순히 영업직에 국한하지 않고 최대한 다양한 부서의 구성원들이 나와 동행하는 경험을 할 수 있도록 했다. 이유는 단순한 데서 출발했다. 매주 화요일에 출발해서 금요일에 돌아오는 3박 4일의 기간 동안 많은 대화를 나눌 수 있어서였다. 모든 부서의 업무를 파악하는 데 이만큼 좋은 기회가 또 어디 있겠는가. 그들과 내가 서로 이해하는 기회인 것은 물론 뉴델리 본사에 있는 부서 직원들이 현장을 제대로 알면 앞으로 업무에 필요한 지원이 원활하게 이루어질 수 있기 때문이다. 출장을 마치고 오면 동행한 직원과 함께 출장 내용을 정리해서 모든 관련 부서로 회람을 시켰다. 이렇게 첫 2년 동안은 직원들과 동행하며 인도의 구석구석을 돌아보았다. 사업 파트너들과 다양한 고객들을 만나며 현장에서 체험했다. 그러면서 왜 인도를 그들 스스로 "인크레더블 인디아!"라고 하는지 이해할 수 있었다. 경영의 첫걸음이라고 할 수 있는 시장과 조직 구성원들을 파악하고 이해하는 과정이었다.

부사장 승진과 함께 인도 발령을 받았을 당시엔 더 이상 바랄 것도 없고 잃을 것도 없다고 생각했다. 그도 그럴 것이 학창 시절을 통틀어 공부를 잘했던 기억도 없고 입시에도 몇 번씩 떨어졌기에 과거를 돌아보면 현재의 행로는 상상도 하지 못 할 일이었다. 기대 이상의 삶을 살고 있다고 스스로도 생각했기에 감사하는 마음도 컸지만 어떤 일을 맡을 때마다 최선을 다했고 진심으로 대했기에 후회도 적었는지 모른다. 인도를 돌아보는 동안 그동안 실행하면서 깨우친 모든 경험을 잘 활용해서 마음속에 늘 품고 있었던 무형자산의 가치 제고를 위한 계획들을 후회 없이 펼치겠노라 다짐했다.

내가 생각했던 일들을 비교적 큰 무리 없이 추진할 수 있었던 데는 또 한 가지 요인이 있었다. 전임자와 함께하며 2년간 지속된 업무 인수인계 기간이 끝나가던 해 규모가 큰 조직의 권한에 변화가 있었다. 본사의 사업 단위 책임 경영이 지역 중심으로 상당 부분 이관됨으로써 제조와 판매를 총괄하게 된 것이다. 이런 변화로 인해 투자와 관련한 중요한 의사결정을 본사와 대등한 위치에서 신속하게 진행할 수 있게 됐다. 시시각각 변화하는 전 세계 시장을 직접 통제하는 것은 속도 면에서 뒤처질 수밖에 없었다. 본사의 이런 결정은 글로벌 시장을 문화와 경제라는 공동 블록을 기준으로 구분하여 지역 사업본부에 책임과 권한을 부여하는 체제를 공고히 세우는 일이었다. 급격히 변화하는 시대 흐름을 민감하게 느끼고 속도 경영을 가속화하는 데 최적의 판단이었다고 생각한다.

경영의 효율성을 높이는 요소 중 권한과 책임의 일치는 아무리 강조해도 지나치지 않다. 그런데 이것에 대해선 지금도 이중적인 태도가 눈에 보이는 듯하다. 누구나 인지하고 있지만 실상은 그렇지 못한 것이다. 일을 한 번 맡겼으면 반드시 권한과 책임을 같이 주어야 한다. 권한 밖의 책임을 물어서도 안 되고 주어진 책임을 완수하기 위한 합당한 권한의 행사를 막아서도 안 된다. 더 많은 책임을 추궁하려면 책임에 합당한 권한을 다시 조정해서 부여해야 한다. 또한 책임을 벗어나는 권한을 행사하는 것도 때론 일을 그르칠 수 있다는 사실을 간과해서는 안 된다. 권한과 책임의 불일치로 인해 발생하는 비효율은 생각보다 훨씬 크다. 이것이 제대로 작동되지 않은 상황에서 이루어지는 성과와 보상에 대한 평가는 불합리한 경우가 많기에 조직문화를 심각하게 저해하는 큰 요소가 되기 때문이다.

2. 상호 공존의 상생 마케팅을 펼쳐라

요즘 마케팅 전략을 구사할 때 4P를 말하면 오래된 이론이라는 지적을 받곤 했다. 과연 그럴까? 여전히 마케팅의 4P는 유효하다. 사실 경영에서 4P를 빼고 나면 무엇 하나도 토의할 수가 없다. 특히 B2C 사업은 더욱 4P의 관점에서 살펴봐야 한다.

기업의 모든 투자도 자세히 들여다보면 4P에서 출발한다고 해도 과언이 아니다. 제품 개발, 가격 경쟁력, 유통 진입, 홍보와 광고 활동 등의 판촉은 기업의 투자 활동 그 자체다. 또한 이를 수행할 인력의 양성까지 고려하면 경영의 중요한 핵심 과제가 마케팅의 4P와 관련이 있다. 마케팅 4P 이론은 그동안 학자들에 의해 다음 표에서 언급된 것처럼 공급자 관점의 4P 믹스Mix에서 소비자 관점의 4A와 4C로 진화 발전을 거듭했다.

4P 믹스는 1960년대에 제롬 맥카티Edmund Jerome McCarthy 교수가 정립한 것으로 마케팅의 아버지라 불리는 필립 코틀러Philip Kot-

4P 믹스	4A 믹스	4C 믹스
제품Product	용인성Acceptability	소비자 가치Customer Value
가격Price	감당할 수 있는 가격 Affordability	구매 비용Cost to Customer
유통Place	접근성Accessibility	편의성Convenience
판촉Promotion	인식·인지Awareness	소통Communication

ler의 4C 믹스로 이어졌다. 그러나 4P와 4C는 대립하거나 상반된 개념으로 볼 수 없다. 어쩌면 일란성 쌍둥이라 할 수 있다. 4C의 뿌리는 4P에 두고 있기 때문이다. 4C는 4P 믹스를 수행할 때 고객의 관점이 충분히 반영됐는지 확인하고 검증을 철저히 하라는 의미로 받아들이면 된다.

4P에 대한 충분한 이해 없이 4A와 4C를 꺼내 들면 혼란만 가중시킨다. 4P 전략을 추진할 때 고객 관점에서의 나는 무엇이 다른지 그 차별화의 요소를 찾아내는 것부터가 출발점이다. 차별화의 요소는 고객 관점과 더불어 공급자 관점에서도 무기, 즉 경쟁력으로 작용되어야 한다. 무엇보다 중요한 것은 4P의 순서가 갖는 의미와 4P 간 균형에 기반한 투입이다.

P ① 고객이 원하는 제품을 출시하라

◆◆◆

인도 재임 시절 초기 2년 동안 직원들과 나눈 대화 중에서 가장 큰 비중을 차지한 것을 하나 꼽으라면 단연코 마케팅이었다. 직원들 각자가 마케팅 4P에 대해 올바르게 이해해야 경영자의 관점에서 마케팅 전략을 제대로 실행할 수 있다고 생각했다. 반드시 갖춰야 할 점들이 무엇이고 행동으로 옮겨야 할 과제들은 무엇인지에 대해 강의하면서 관련된 논의도 빼놓지 않았다. 시간이 지날수록 직원들의 마케팅에 대한 이해의 폭이 넓어지면서 기존의 푸시 위주의 판매 활동에서 벗어나 푸시와 풀이 균형을 이루는 쪽으로 사고의 전환이 빠르게 이루어졌다.

마케팅은 효율을 극대화하기 위한 것이고 효율성이 커지면 매몰 비용이 줄어든다. 그렇기에 매몰 비용을 최소화시키는 핵심인 제품 리더십Product Leadership의 첫 단추를 잘 끼워야 한다. 조직이 성과를 제대로 창출하기 위해선 각자 본연의 업무에 충실해야 한다. 제품 경쟁력 확보는 조직책임자의 몫이라는 것을 알면서도 타이밍을 놓치는 잘못을 범해서는 안 될 것이다.

2년간의 업무 인수인계 기간이 끝나고 인도 총책임자로 발령이 난 그해 말 제품 리더십 논의를 위해 본사를 찾았다. 인도인들의 생활 식습관 조사를 통해 인도 현지형 제품 개발을 위해서는 본사 라이프 스타일 리서치 팀의 지원이 절실했다. 인도 법인 내 디자인 팀, 한국 본사 디자인 센터 디자인 팀, 라이프 스타일 리서치 연구소, 그리고 상품기획으로 구성된 팀이 꾸려졌다. 인도 법인의 브랜드 이미지를 누구나 갖고 싶은 최상의 프리미엄 이미지로 격상시키는 법인 비전을 달성하기 위한 첫 번째 과제를 시작한 것이다.

팀을 구성한 후 외관 디자인을 포함해 제품 콘셉트를 완성하기까지 거의 1년이라는 시간이 흘렀다. 팀원들이 홈스테이에서 숙식하며 인도인들의 라이프 스타일을 관찰하는 민족지학Ethnography* 조사를 했다.

디자인의 완성도를 높이는 데 큰 역할을 한 사람들이 있었다. 당시 인도 법인에 인도 최고 수준의 디자인학과가 있는 인도 디자인 연구소NID, National Institute of Design의 산업 디자인 학생들이 인턴십 프로그램을 이수하고 있었다. 이들의 참여는 내국인 관점에서 전체 디자인의 완성도를 높이는 데 큰 도움이 되었다. 이렇게 해서 탄생한 제품들이 채식주의자 전용 냉장고(2단 야채실 적용과 냉동실 축소), 인도 고객들의 불만 사항인 정전 대비(축냉제 선반) 및 전류 안정기 내장형 냉장고, 모기 퇴치 센서(사람에게 해롭지 않은 특정 주파수 발생)가 장착된 천장형 선풍기와 연동되는 에어컨(전기세 걱정과 냉방병 우려 불식), 우퍼 사운드 강조형 LCD TV 등이었다. 외관 개선을 위해서도 여러 노력을 기울였는데 칼라 강판PCM, Pre-Coated Metal 방식 후가공에서 고급스러운 라미네이트 강판VCM, Vinyl Coated Metal 방식 후가공을 적용하고 인도 대학 디자인 교수와 함께 인도인들이 좋아하는 여러 패턴을 개발했다. 이런 일은 긴 안목을 가지고 추진해야 하는 일이다. 단기 성과에만 급급했다면 도전할 엄두도 내지 못했을 것이다.

중장기 관점에서 끈기를 가지고 지속적으로 기울인 노력이 헛되지 않았는지 제품 리더십이 눈에 띄게 달라졌다. 물론 잘 만든 제품과 성과가 항상 비례하는 것은 아니지만 제품의 경쟁력이 없으

---

* 연구자 자신이 장시간에 걸친 직접적 현지조사에 의해 현지 사람의 관점으로 다른 문화를 이해하는 인류학의 기본적인 연구 방법.

면 사업 자체가 시작되지 않는다. 그렇기에 제품은 마케팅 4P 중에서 가장 중요한 첫 번째로 꼽는 순서이다. 이어서 가격과 유통 그리고 판촉의 균형적인 투입 전략도 차례로 추진했다.

P ② 제품 경쟁력에 걸맞은 가격을 책정하라

◆◆◆

좋은 제품을 만들어 시장에 내놓아도 이후의 과정을 생각하지 않으면 고객이 겪는 불편을 모르게 된다. 실제 사용자가 어떤 지점에서 만족스러워하고 어떤 지점에서 불만족스러워하는지 아는 것은 사업의 전체 과정을 이해하는 데 중요한 요소이다. 경영은 단순히 물건을 만들어 파는 일에서 끝나지 않는다. 좋은 제품을 생산하는 것은 물론 가격, 유통, 판촉, 소비자 만족도 등 생산 이후의 여러 요소를 균형 있게 바라보아야 한다. 특히 고객이 겪는 불편에 대한 섬세하고 깊은 이해가 필요하다. 이것을 어떻게 해결하느냐 따라 시정점유율도 크게 달라지기 때문이다.

고객이 불편을 겪는 것은 여러 가지가 있다. 인도에서 가장 시급하게 해결해야 할 문제 중 하나는 가격이었다. 물건 하나를 구매하더라도 여러 군데를 방문해야 했다. 유통사마다 가격 차이가 있었던 것이다. 제품을 싸게 구매하기 위해 유통사 매장을 방문하는 것은 고객의 권리이지만 그에 따른 고충이 크고 시간이 오래 걸린다.

당시 많은 회사가 월말 목표 달성을 위해 대형 유통업체에 물량 공세를 하는 것이 관례였다. 그러다 보니 가격이 무너지는 사례가 생겼는데 당사도 예외는 아니었다. 기존에 해왔던 관례를 따르면 해결 방법이 요원했다. 당시 본사에서 추진했던 시장 진출전략GTM, Go to Market의 한 축인 가격 정책이 제대로 뿌리를 내리도록 배수의 진을 쳤다. 과거의 나쁜 관행인 월말 물량 푸시를 철저하게 차단한 것이다. 유통 파트너들이 당사가 제시한 가격 가이드라인을 지키지 않는 경우 시정을 요구하고 그래도 따르지 않으면 물량 공급을 제한하거나 중단하기로 의견을 모았다.

이것은 누가 먼저 시작하더라도 시장의 질서를 확립하기 위해 반드시 필요한 일이었다. 제조사, 유통사, 고객이 모두 이익을 누릴 수 있는 윈-윈-윈 전략은 선택이 아닌 필수라고 생각했다. 가격 정책을 철저히 실행에 옮겼다. 그렇게 한 데는 부임 당시 나를 찾아왔던 전자 산업계 최고위 간부와의 약속을 지키고 싶었기 때문이기도 했다. 신뢰를 보여준 사람에게 신뢰로 보답하고자 했던 것이다. 물론 이 일은 궁극적으로 기업이 걸어야 할 길 상생의 여정이기도 했다.

가격의 일원화를 추진하는 과정에서 대형 유통업체와 갈등이 불거졌다. 전국으로 유통을 확장 중이던 뭄바이 소재의 전국 제1의 유통 회사가 우리의 정책을 따를 수 없다고 통보해온 것이다. 자신들의 요구가 관철되지 않으면 거래를 중단하겠다고 했다. 인도의 수도인 뭄바이는 다른 지사와 함께 마케팅 성공 사례를 만들기 위해 엘지 시티로 지정하고 대규모 지원을 했던 곳이다. 게다가 온오프라인 양쪽에서 브랜드 노출을 극대화하고 있었다. 기업의 사회적 책임 활동도 지역에 맞는 아이템을 개발해 시행 중이었기에 우리 제품을 찾는 고객들이 눈에 띄게 증가하던 상황이다.

전력투구하던 시기에 유통업체와 갈등이 생겼으니 문제도 보통 큰 문제가 아니었다. 우리와 유통업체 그 누구도 한 치의 양보 없이 팽팽한 대립이 이어졌다. 이런 상황은 인도 전국에서 내로라하는 유통업체들에까지 소문이 파다하게 번졌다. 유통업체들 입장에선 내심 우리가 백기를 들기를 바라면서 이 싸움을 즐겼을지도 모른다. 유명 브랜드 대부분을 취급하는 대형 유통업체에서 특정한 브랜드 상품 하나를 뺀들 큰 손실을 보는 것도 아니었다. 그래서 당시 유통업체들은 고개를 빳빳이 하고 고자세를 취하는 것이 일방적인 태도였다.

그러나 기왕 빼 든 칼이니 그냥 물러설 수는 없었다. 고질적인 병폐인 줄 뻔히 알면서도 당장의 손실이 두려워서 한 발 뒤로 물러난다면 이후의 결과는 불을 보듯 뻔했다. 그리고 그 피해는 고스란히 소비자와 영세 규모의 유통업체들이 감당해야 했다. 고삐를 늦추지 않고 공세적인 자세를 취했다. 물량 축소에 이어 물량 공급 중단 통보를 지사장에게 지시했다. 이에 따른 연말 지사장 평가는 동 유통의 매출 손실분을 고려해서 할 것을 인사팀에도 분명하게 전달했다.

서너 달쯤 지나자 뭄바이에서 희소식이 들려왔다. 대형 유통업체의 백기 투항 소식이었다. 이유는 단순했다. 우리 브랜드만 고집하는 로열 고객층의 급속한 증가로 인해 점증하는 매출 감소를 이겨내지 못했던 것이다. 이 소식은 전국에 퍼져 있는 대형 유통업체들에 빠른 속도로 퍼져나갔다. 그동안 쏟아부었던 노력이 빛을 발했던 순간이다. 또한 확신하고 추진한 마케팅 전략의 승리이기도 했다. 신제품 출시, 가격 정책의 투명화(일원화 정책), 유통에서의 브랜드 노출 확대에 이어 마지막으로 대규모 물량의 광고를 통한 고객 유치 활동 등 마케팅 4P의 균형이 빚어낸 결과였다.

우리와 갈등을 빚었던 대형 유통업체의 창업자는 입지전적인 인물이었다. 요샛말로 흙수저보다 못한 깡수저였다. 그럼에도 숱한 어려움을 이겨내며 전 세계적으로 실시하던 '올해의 유통업체'에 선정될 정도로 지난 수년간 가파른 매출 신장을 이룬 회사였다. 그의 저서에서 읽은 내용 중에 지금도 가슴에 새기고 있는 구절이 있다. 창업자가 아들에게 남긴 말인데 경영 일선에 있었을 때는 물론 퇴임 후 강의할 때마다 빼놓지 않는 경영 어록이기도 하다.

"지출의 힘은 절약의 힘보다 훨씬 중요하다Power of Spending is more important than Power of Saving."

이 사건 이후 이 회사의 CEO와는 정말 가깝게 지냈다. 병원에 입원했을 때 병문안을 갔던 기억도 새록새록하다. 격렬한 일전을 치르고 난 다음 여정은 다른 지역별 최대 유통업체들의 CEO와 깊은 대화를 나누는 것이었다. 진솔한 면담을 통해 제조사와 유통 그리고 고객 간의 3자 상생을 위한 향후 로드맵을 그리고 의견을 나누었다. 가격이 안정되면 유통업체들이 안정적인 이윤을 취할 수 있고 고객은 싼 가격을 찾아다니는 불편함을 덜 수 있었다. 그리고 우리는 프리미엄 브랜드 이미지를 장기적으로 구축할 수 있었다. 모두에게 이로운 방향으로 나아가기 위해 설명하는 자리를 지역별로 마련하고 직접 CEO들을 찾아가 설명회를 했다. 예상했던 대로 일부 대형 유통업체들의 저항이 있었다. 이에 대한 대책도 이미 마련해두었다. 내가 꺼냈던 카드는 이윤 보장 약속이었다. 우리가 원하는 방향대로 당분간 추진하고 만약 이윤이 예전보다 못하다면 그만큼 채워주겠다고 한 것이다.

처음엔 반대했던 이들도 우리의 대책을 듣고는 고개를 끄덕였다. 반대할 명분이 없었기 때문일 것이다. 지역별 대형 유통과의 상담은 성공적이었다. 우리는 그동안 월말 목표를 채우기 위해 관행적으로 해오던 월말 물량 푸시를 근절시켰다. 유통업체들은 우리의 가격 정책을 최대한 이행하려고 노력했다. 그 결과 우리가 기대했던 방향대로 시장의 질서가 잡혀가는 것이 확연히 보이기 시작했다. 과정은 다소 힘들었지만 결과는 기대치를 훨씬 뛰어넘었다.

이 일은 우리는 물론 유통업체들에도 영향을 미쳤다. 우리와 뜻을 함께한 유통업체들이 안정된 이윤을 추구하면서 지속적인 성장을 이루었기 때문이다. 이런 일이 가능했던 배경을 생각해보면 단일 가격을 꾸준히 준수해서 고객의 불편함을 해결해준 덕분이기도 했지만 제품의 경쟁력에 걸맞은 가격으로 올바르게 책정했던 덕분이기도 했다.

P ③ 브랜드 힘으로 유통업체들과 상생을 꾀하라

◆ ◆ ◆

우리 제품을 취급하는 유통업체들이 안정된 이윤과 함께 꾸준히 성장하게 된 배경에는 가격 정책의 일관성을 지킨 것이 가장 큰 이유였다. 하지만 그 근원은 대형 유통사를 상대로 월말 밀어내기를 완전히 근절하고 앞서 언급했던 경쟁력을 갖춘 신제품의 출시 그리고 전시 관련한 대규모 투자와 지원이었다.

어떻게 만들 것인가도 중요하지만 어떻게 보여줄 것인가도 중요한 문제였다. 매장 내 진열 아이덴티티 구축을 위해 그동안 준비했던 계획을 인도 전역에서 펼쳐나갔다. 새롭게 단장한 제품들이 속속 진입하면서 전시 또한 획기적으로 개선됐다.

시장 질서를 제대로 잡기 위해선 힘의 균형이 필요했다. 어느 특정 유통업체에 너무 치우쳐서는 안 되는 것이다. 균형감을 잘 잡아야 했다. 그러기 위해선 우리가 하는 어떤 행위도 제 살 깎아먹기식의 경쟁으로 되돌아가지 않아야 했다. 서로를 살리는 상생이 돼야 한다는 생각을 늘 가슴에 품고 유통업체와의 관계를 정립해 나갔다. 방향성은 크게 두 가지였다.

첫째, 우리가 거래하는 멀티 브랜드를 취급하는 모든 유통업체를 철저하게 분석했다. 그 분석 결과를 토대로 로열티 관점에서 등급을 매긴 후 로열티 제고 프로그램 가동을 통해서 매장 내 우리 제품의 진열을 개선했다. 둘째, 전국적으로 엘지 브랜드숍의 숫자를 합리적으로 늘려나갔다. 브랜드숍을 확대하는 일과 관련해서 외부 전문 용역을 투입했는데 약 1,000여 개의 브랜드숍을 장기적으로 약 3,500여 개로 확충하는 계획을 수립하고 추진했다. 지역별, 도시별로 새롭게 떠오를 핵심지역이 어디인지 심도 있는 분석을 토대로 진행한 장기 플랜이었다. 멀티 브랜드를 취급하는 대형 유통업체들에도 엘지 브랜드숍을 여는 일에 동참할 수 있는 기회를 제공했다. 그들이 엘지 브랜드숍이 증대해가는 일에 지나친 우려를 하지 않도록 하기 위해서였다.

"완벽한 공생이 가능한가?"

누군가 이렇게 물으면 내 대답은 "노."라고 할 수밖에 없다. 그러나 서로 최선을 다해 노력하면 어느 한쪽의 일방적인 희생을 막고 상생을 끌어낼 수 있다.

매년 브랜드 인지도 상승에 따른 자사 충성 고객의 가파른 증대로 대부분의 숍에서 엘지 제품을 찾는 고객이 점차 늘어났다. 덕분에 대부분의 유통업체들이 안정된 수익을 누릴 수 있었다. 또한 그동안 자사가 추진한 정책들에 대한 유통업체들의 믿음 또한 높아져 갔다. 모두에게는 약속의 경영이 공생으로 이어지고 공생의 틀 안에서 나 자신의 성장과 발전도 함께한다는 것을 깨닫는 소중한 시간이 되었을 것이다.

한쪽으로 과도하게 이익이 집중되면 시장 질서가 무너지면서 혼란이 가중되게 마련이다. 유통업체와 큰 진통을 겪으면서도 끝까지 목표한 바를 향해 갈 수밖에 없었던 이유가 있다. 공생을 위해서는 시장 질서 회복이 절체절명의 과제였기 때문이다. 이 모든 게 가능했던 또 하나의 원동력은 매년 새로운 높이로 도약하는 프리미엄 브랜드 이미지에 기반한 두터운 충성고객층이었다.

P ④ 경쟁 우위의 적정선을 책정하고 투입하라

◆◆◆

마케팅 4P가 균형을 이루면 효율이 극대화된다. 앞의 세 가지 P가

푸시의 필요조건이면 마지막 네 번째 P인 판촉은 풀로써 충분조건에 해당하는 영역이다. 고객을 끌어들이기 위한 브랜드 노출 전략의 마지막 단추인 셈이다. 이것을 제대로 이행하지 못하면 어떤 일이 생기는가? 앞선 3P에 투입된 노력들이 물거품으로 변하면서 엄청난 매몰 비용이 발생한다.

이처럼 푸시(제품, 가격, 유통)와 풀(판촉)의 균형 관점에서 이해하면 쉽게 피부에 와 닿는다. 다시 한번 강조하지만 효율의 극대화를 위해선 균형이 반드시 따라야 한다. 광고 투입과 관련해서 주요 경쟁사들의 투입과 최소한의 광고 노출 빈도라는 두 가지 관점에서 경쟁 우위의 적정선을 책정하고 투입하면 비로소 단추가 모두 채워지는 셈이다.

인도 법인의 비전인 엘지를 누구나 갖고 싶은 최상의 프리미엄 브랜드로 도약시키기 위해 마지막 관문인 광고 전방위 공략 플랜을 수립하고 신제품들이 주요 유통업체에 진입을 완료한 시점 즈음에 집중적으로 광고 물량 공세를 시작했다.

광고는 크게 세 가지 기본 방향에 초점을 두었다. 첫째, 브랜드 아이콘 캠페인이었다. '품질, 고객 케어, 그리고 고객에 대한 신뢰는 절대 타협의 대상이 절대 아니다No Discount on Quality, Customer Care and Your Trust.'라는 점을 주요 일간지를 통해 홍보했다. 그리고 '현명한 선택이 완벽한 행복을 가져다준다One Wise Decision, Complete Happiness.'라는 광고 카피도 넣었다. 예전 금성사 시절의 브랜드 아이콘 광고 카피 '순간의 선택이 10년을 좌우한다'에서 착안했다. 당시의 인도 가정의 가전제품은 큰 투자이자 집안의 재산이 된다는 점에서 예전 우리나라의 시대적 배경과 비슷하다고 생각해서였다. 여기에 광고의 효율성을 더 끌어올리기 위해 텔레비전 광고용으로 60초짜리 CF 제작을 서둘렀다.

제작사가 봄베이에 있었는데 마침 그 지역 출장이 있어서 제작 발표 시연회를 했다. 단순히 제품 광고가 아니라 매 순간 우리는 고객에게 감동, 행복, 그리고 추억을 선사한다는 짙은 감성이 촉촉하게 스며들어 있었다. 광고를 접하는 순간 한 편의 단편 영화를 보는 것 같았다. 누구라도 이 광고를 보면 한 번쯤 엘지 제품을 써 보고 싶다는 충동이 들 것 같았다. 대박 날 것이 틀림없다는 예감이 들었다. 뉴델리 본사로 오는 내내 광고 내용대로 꼭 실천하겠다고 여러 차례 다짐했다. 앞으로 엘지 브랜드가 어떤 여정을 펼쳐나갈지 다소 흥분된 마음을 주체하기 어려웠다.

이런 동시다발적인 캠페인을 시작하게 된 실마리를 제공한 것은 인도의 가장 큰 축제 중 하나인 '디왈리Diwali 축제'였다. 디왈리는 빛이라는 뜻이다. 축제를 몇 달 앞두고 조직책임자들과 '축제 기간 동안 성공적인 목표 물량 달성을 어떻게 할 것인가?'라는 주제로 대책을 논의했다. 매년 이 기간에는 판매 물량이 평소의 두 배 가까이 됐다. 업체들이 경쟁적으로 대규모 판촉 행사를 벌여왔기 때문이다. 나는 이런 의문이 들었다.

"축제 기간에 남들이 다 하는 프로모션 기프트를 우리도 꼭 해야 할까요? 고객이 선택하는 것은 기프트인가요, 제품인가요? 아니면 우리 브랜드인가요?"

회의 분위기가 갑자기 숙연해지면서 말이 사라졌다. 축제 기간 동안 경쟁사들이 판매 물량 증대로 인해 물류에 어려움을 겪게 마련이었다. 여기에 더해 제품 숫자만큼의 기프트 제품과 기프트를 선택하는 스크래치 카드까지 배송해야 했다. 당연히 해마다 이때만 되면 많은 이슈가 터져 나왔고 물류 문제, 기프트의 품질 문제, 고객 클레임까지 해결해야 했다.

"이런 고초를 매년 겪고 있습니다. 그런데 기프트를 원하는 고객은 과연 얼마나 될까요? 우리가 제공하는 기프트는 그들의 마음에 들까요?"

나는 연이어서 질문을 던졌다.

"회사마다 축제 기간 중 발생하는 초단기 추가 물량 대응이 가능할까요?"

각 회사의 대응 역량에는 한계가 있었다. 당시 우리는 단말기, IT, 고급 텔레비전을 제외하고 대부분의 가정용 전기제품에서 독보적인 1위를 하고 있었다. 타 경쟁사가 비슷한 물량을 축제 기간 중 단기 대응하는 것은 생산 능력 부족 및 조직의 대응 능력을 고려했을 때 사실상 불가능한 일이었다. 회의에서 결론이 나지 않아 이후 2~3번의 미팅을 더 하면서 방향성을 잡아갔다. 기프트와 관련해 기존에 발생하던 모든 비용을 앞으로는 매장 내 제품 진열을 강화하고 광고를 통해 브랜드 노출을 극대화하는 쪽으로 결론을 내렸다.

"현명한 선택이 완벽한 행복을 가져다준다One Wise Decision, Complete Happiness."

브랜드 아이콘은 그렇게 탄생했다. 고객이 진정 원하는 것이 기프트인지 아니면 '최상의 품질, 고객 케어, 그리고 변함없는 신뢰'

인지 지금 시험해보지 않으면 평생을 두고 후회할 것만 같았다. 고객들의 선택은 우리의 생각과 다르지 않았다. 판매는 기대 이상이었고 우리가 기프트를 제공하지 않기로 한 일은 업계에 회자가 됐다. 기존의 관행을 완전히 뒤엎은 선택이었기 때문이다. 이로 인해 언론사의 인터뷰 요청도 줄을 이었다.

이후 기프트를 취급하지 않는 회사들도 간간이 있었지만 우리와 같은 성과를 내진 못했다. 브랜드 파워가 달랐기 때문일 것이다. 이 때를 기점으로 고객 서비스의 대표적인 부문인 애프터 서비스After-sales service를 따로 떼어내 대대적인 캠페인을 해야겠다고 생각했다. 서비스를 하나의 상품으로 규정하고 모든 과정을 투명하게 함으로써 고객들의 불안을 지울 방안을 놓고 서비스 조직 구성원들과 논의를 거듭했다. 협의 끝에 두 가지 서비스 상품화 캠페인 안을 도출했다. 하나는 '211'이었고 또 다른 하나는 프리미엄 고객을 대상으로 제공하는'10(텐) 큐빅' 특별관리 서비스 프로그램이었다.

211 캠페인은 다음과 같은 특성을 상징화한 것이었다.

2(고객 불만 접수 후 2시간 안에 해당 지역 서비스 센터에서 불만 접수 고객에게 리턴 콜)

1(약속한 날짜에 반드시 기술자가 방문)

1(약속한 시간에 최대 1시간의 오차로 방문)

211 캠페인은 대대적인 홍보가 필요하다고 생각했다. 15초 텔레비전 CF를 제작해서 주요 방송국 채널에 광고를 내보냈다. 특히

주부들이 주로 구매 결정을 하는 주방용 전기제품 시장점유율을 끌어올리는 데 적지 않은 영향을 미쳤다.

10 큐빅 캠페인은 프리미엄 고객들을 대상으로 제품 구입 이후 품질보증 기간 내 제품 사용 현황을 모니터링하는 해피콜에 기반한 감동의 서비스 캠페인이었다.

10(구매한 지 10일째에 제품에 만족하는지를 묻는 전화)
10(구매한 지 10주째에 제품 사용에 불만 사항이 있는지 직접 방문해서 무료 점검)
10(구매한 지 10개월 시점으로 1년 보증 기간 만료 2개월 전 최종 해피콜)

두 가지 캠페인의 결과 '엘지 서비스' 하면 211과 10 큐빅으로 고객들 입에 회자됐다. 그리고 서비스 엔지니어는 브랜드 대사로 임명했다. 이 캠페인이 긍정적으로 고객들의 뇌리에 자리잡을 수 있도록 서비스 센터의 환경을 개선하고 양질의 서비스 엔지니어 양산을 위해 인도의 저명한 기술 연구소와 협약을 맺었다. 그리고 인도 직업훈련학교ITI, Industrial Training Institute에서 최고 전문가를 지원받아 기술 책임자로 배치하였다. 인도 전역을 담당하는 190개 주요 도시 519개 서비스 센터에 근무하는 서비스 엔지니어들은 브랜드 대사로 통칭됐다. 고객과의 접점에서 그들의 표정과 말 한마디 행동 하나하나는 무엇과도 비교할 수 없을 만큼 소중한 대상이었다.

또 다른 캠페인은 제품 캠페인이었다. 브랜드 커뮤니케이션이

앞에서 당겨주는 역할을 한다면 제품 커뮤니케이션은 뒤에서 밀어주는 역할을 한다. 서로 밀고 당기며 실과 바늘과 같은 관계로 작용한다. 따라서 제품 커뮤니케이션의 광고 콘셉트가 브랜드 커뮤니케이션과 잘 어울리는 것이 무엇보다 중요했다. 광고 방향을 두 가지로 책정했다. 하나는 자사 제품 전체의 이미지를 부각하는 제품 종합 광고 편이었고 또 다른 하나는 제품 각각의 차별화를 부각하는 개별 광고였다.

종합 광고의 주제는 '인도의 스타STARS of INDIA'였다. 우리가 그동안 쌓아올린 인도에 대한 인사이트를 기반으로 차별화된 스타일리시 디자인Stylish Design과 스마트 테크Smart Technology가 고객의 삶과 완전한 조화를 이룬다는 내용으로 60초짜리 텔레비전 CF를 제작했다. 그리고 제품 개별 광고는 리서치를 통해 파악한 고객의 욕구를 담은 30초짜리 텔레비전 광고로 별도 제작했다. 신제품들이 유통사에 진입할 즈음에 주요 텔레비전 채널에 집중적으로 노출시켰다.

빼놓을 수 없는 중요한 캠페인이 또 한 가지 있다. 크리켓 월드컵을 후원하는 캠페인이었다. 크리켓은 인도 사람들이 가장 좋아하는 스포츠였기에 전국적으로 브랜드 노출을 극대화할 기회였다. 후원에는 막대한 비용이 들었지만 월드컵에 참여하는 타 법인들의 협조를 얻어서 성공적으로 계약을 이루어냈다. 중동 아프리카 지역의 스포츠(축구) 마케팅에 이어 인도 지역의 크리켓 후원은 전임자가 남긴 귀중한 유산이기도 했다. 스포츠 후원은 큰 비용이 들어가는 것도 사실이지만 브랜드를 알리는 데 이것만큼 효과적인 방법도 드물다.

인도에서 크리켓 월드컵은 국민 전체의 초관심사였기 때문에 주요 미디어 참석하에 뉴델리에서 국제 크리켓 평의회ICC, International Cricket Council와 7년간 후원 계약을 맺고 크리켓 파트너십 확약식Cricket Partnership Signing Ceremony을 개최했다. 국민에게 사전에 홍보하고 흥미를 일으키기 위해 대표팀 경기 입장식에 선수와 함께 손잡고 참여할 15명의 어린이를 선발했다. 국민이 인터넷 투표로 선발하는 방식을 취했다.

전국에서 4,000여 명이 지원하는 등 크리켓에 관한 관심은 실로 대단했다. 선발된 15명의 어린이는 크리켓 월드컵이 열렸던 영국으로 파견돼 선수단과 함께 경기장에 입장해서 인도의 유명한 발리우드 스타와 함께 인도 국가를 불렀다. 마케팅 부서의 기발한 아이디어는 투자 비용이 많이 든다는 우려를 무색하게 만들 정도로 대대적인 성공을 거두었다. 그야말로 온 국민의 관심과 흥미를 유발한 이벤트가 됐다.

인도에서의 마케팅 전략을 곰곰이 되새겨볼 때마다 결론적으로 늘 되풀이해서 깨닫는 것이 한 가지 있다. 바로 무형자산의 위대함이다. 예를 들어 대형 유통업체의 고질적인 대립을 우리가 기대하는 방향으로 바꿔낼 수 있었던 것도 꾸준히 브랜드 가치를 올리면서 고객과의 신뢰가 만들어졌기 때문이다. 고객의 브랜드 충성도가 높지 않았다면 불가능했을 일이다.

마지막으로 마케팅 전략에서 브랜드 충성도를 견인하는 요소를 말하고자 한다. 브랜드 충성도를 구축하는 요소로 두 가지 P를 먼저 꼽을 수 있는데 제품product과 판촉promotion이다. 이 두 가지가 나머지 두 개의 P인 유통Place 장악력과 가격Price 경쟁력을 견인한다. 즉 차별화된 제품의 경쟁력과 판촉 전략이 유통의 진입을 쉽게 해 매출 증대로 이어지고 규모의 경제 실현에 따른 가격 경쟁력 제고까지 선순환의 과정을 밟게 되는 것이다. 브랜드의 충성도는 시장의 지위를 대변한다. 전술한 마케팅 4P의 균형과 각 P 간의 선후 상호작용에 대한 이해가 새로운 높이의 브랜드 충성도를 견인하게 될 것이다.

P ⑤ 외부 인적 자원을 적극 활용하라

◆ ◆ ◆

조직책임자의 역할과 책임은 각자에게 주어진 책임과 권한 안에서 부하직원이 할 수 없는 일의 영역을 찾아내고 실행에 옮기는 것이다. 그리고 앞서 언급했던 일련의 새로운 활동들이 약속한 대로 제대로 실행되는지 정기적으로 점검하는 일이다.

내부 회의와 현장 방문을 통해 사업 파트너와 고객의 소리를 청취하는 것이 시간의 대부분을 차지할 만큼 주요 일과로 자리잡았다. 오랫동안 상사들로부터 배우고 몸에 닳도록 밴 습관이었다. 파트너들의 불만 감소는 시장의 지위 변화에서 읽을 수 있었다. 더욱 고무적인 것은 조직 구성원들의 자신감 표출이었다. 현장을 방문하면 새롭게 시도한 인풋에 대한 아웃풋의 변화를 여실히 느낄 수 있었다. 과거에는 물어봐야 겨우 답변하던 소극적인 모습과는 크게 달라졌다. 지난 5년 동안 이보다 더 큰 변화는 없었다.

마케팅 4P의 차별화와 경쟁력은 갈수록 위력을 발휘했다. 그리고 상대적 우위와 자율 조직문화의 정착과 권한 책임의 일치를 통한 절대평가가 서서히 뿌리를 내렸다. 그러자 시장에서 지위가 지속적으로 확대돼갔다. 이런 무형자산이야말로 경쟁사의 공격 대상이 되지 않는다는 사실을 다시 한번 확인할 수 있었다.

인도에 부임해서 2년 동안은 회사 내 특별한 사안이 없으면 한 주도 거르지 않고 현장을 방문했다. 모든 계획이 현장에서 제대로 실행되는지 눈으로 보고 귀로 듣고 발로 확인하는 일은 중요한 업무 일정 중 하나였다.

"자사와 파트너사가 이행하기로 한 약속들이 현장에서 제대로 이루어지고 있나요?"

"고객들의 불만은 없나요?"

이 두 가지를 중점적으로 확인하면서 조직 구성원들의 이야기를 들었다. 현장 방문의 목적은 일련의 과제들에 대한 점검과 경쟁사들이 새롭게 시도하는 일들과 변화를 파악하기 위한 것도 있었지만 조직 구성원들의 미래 비전과 어려운 점을 듣기 위한 것도 있었다. 하지만 방문을 거듭할수록 지역 간에 너무나 다른 문화가 공존하는 다양성을 가진 이 거대한 나라를 우리의 역량만으로 극복하는 일은 불가능하다는 것을 깨달았다.

부임한 지 5년째 되던 해에 인사 책임자를 불러서 우리를 지원해줄 수 있는 자문조직의 필요성을 피력했다. 당시 인사 책임자가 상당히 상기된 모습으로 나를 바라보았던 기억이 생생하다. 우리의 취지를 잘 설명하는 편지를 함께 작성하고 경영 전반에 걸쳐 분야별 구루에게 발송했다. 편지에 담은 분야별 브랜드 대사 역할을 수행할 오피니언 리더Opinion Leader로 구성된 자문단 발족의 기본 취지는 다음과 같았다.

"고객의 더 나은 삶을 위한 큰 경영에 당신의 도움이 꼭 필요합니다. 함께 참여해서 이 꿈을 함께 이루어갔으면 합니다."

반응은 뜨거웠고 대부분 흔쾌히 수락했다. 회사가 이분들을 위해서 특별히 제공하는 것은 없었다. 이미 각 분야의 오피니언 리더로서 영향력이 대단하고 사회적 명성이 자자한 분들이었다. 그러다 보니 이분들 또한 큰 대가를 생각하고 자문단에 참가한 것은 아닐 것이다. 자문단 발족의 취지처럼 우리의 생각을 높이 평가하고 함께 이루고 싶은 열정 때문이 아니었을까 하는 나름의 추측을 해본다. 자문단은 총 9개 분야 산업 디자인, 기술, B2C, 브랜드 전략, 광고, 기업의 사회적 책임CSR, 유통·경제, 정책분야, 인사의 전문가들로 구성됐다.

자문단의 출범으로 답답했던 가슴과 복잡했던 머릿속이 말끔히 정리되는 것 같았다. 모든 것을 다 얻은 듯한 기분마저 들었다. 경쟁에서 지속적으로 우위를 확보하기 위해서는 변화하는 시장에 관해 올바르게 판단하는 것이 늘 관건이 될 수밖에 없다. 혼자 보는 것보다 함께하면 더 많은 것을 볼 수 있다. 게다가 분야별 전문성을 가진 유경험자와 함께할 수 있다면 승패는 끝난 것이나 다름이 없을 터였다. 나는 자문단 환영 행사를 겸한 1차 조직책임자 회의에서 만들어진 배경과 더불어 우리가 함께 이루고자 하는 이상에 관한 생각을 피력했다.

“우리의 제안을 수락하고 오늘 이렇게 함께해주신 각 분야의 전문가 여러분께 회사를 대표해 감사 인사를 드립니다. 제가 여러분들과 함께 이루고 싶은 것은 자문단 초청 편지에서도 언급했듯이 고객의 더 나은 삶을 위해 참 경영의 새로운 서막을 함께 열어가는 것입니다. 누구나 공감하는 경영의 성공 사례를 함께 만들어가고 싶습니다. 또 가능하다면 우리의 여정을 책으로 펴내고 미래의 꿈나무들에게 조금이라도 도움이 돼서 인도가 더욱 밝은 미래로 나아가길 희망합니다.”

이날 환영 회의에서 만난 10명의 자문위원은 각 분야에서 사회적 명성이 높은 분들이었다. 그럼에도 자문단의 한 멤버로서 동참하게 된 것을 크게 기뻐하는 분위기였다. 참여한 우리 조직의 책임자들도 자문위원들의 면면을 보면서 상당히 들뜬 모습이었다. 이분들 중 기업의 사회적 책임 분야는 인도 최초로 여성 총경을 지내셨던 분으로 국민에게 많은 사랑과 존경을 받는 분이었다. 그분을 보자마자 참여한 많은 사람이 머리를 숙여 그분의 발에 입맞춤할 정도였다. 발에 입맞춤하는 광경은 그날 나도 처음 보았다. 존경을 표현하는 인도의 전통적인 인사법이라고 했다.

환영 행사 이후 조직책임자들이 참석하는 분기 회의 때마다 경영 성과를 공유하며 미래에 대한 활발한 논의를 나누었다. 분기별 회의 외에도 분야별로 강의를 듣고 토의를 하는 등 자문위원들의 참여는 점점 늘어갔다. 세상에서 가장 가성비가 높은 시간은 남의 말을 청취하는 것이다. 특히 나 자신이 취약한 분야의 전문가라면 두말 나위가 없다. 그냥 가만히 앉아서 편안하게 듣고 의문이 풀릴 때까지 질의응답을 하면 된다. 그분들을 만난 것은 그야말로 천군만마를 얻은 것과 같았다.

3. 사람 중심의 자율 경영을 추구하라

경영은 사람을 남기고 육성시키는 것이다

◆ ◆ ◆

경영은 사람을 남기는 일이다. 그렇기에 조직 구성원들을 어떻게 체계적으로 육성시킬 것인가 하는 문제는 어느 현장에서나 중요한 이슈다. 창의적인 조직문화를 만들어가는 주체는 결국 구성원들이기 때문이다. 인도에서도 예외는 아니었다. 인사부서와 논의한 결과 조직책임자급에 우선으로 추진하되 기간은 향후 5년간 체계적인 경력 관리를 하고 실질적인 교육은 외부 전문가 집단에 맡기기로 했다.

용역 회사의 직원과 인사가 참여한 개인별 인사 면담을 통해 상호합의를 거쳐 향후 5년간 지속될 육성 플랜을 수립했다. 각 개인의 성향과 장단점을 고려해서 최대한 개인의 의견이 수렴되는 방향으로 협의가 진행됐다. 책임과 권한의 일치와 절대 평가 도입에 이어 조직책임자 육성 프로그램 수립까지 자율 경영에 기반을 둔 조직문화 플랫폼의 틀이 갖춰지는 것 같아 뿌듯했다. 우리 조직이라면 무엇이든 해낼 수 있을 것이라는 믿음이 생겼다.

나 자신이 이렇게 성장하게 된 큰 배경에는 직장 상사들의 경험담과 회사에서 제공하는 교육을 빼놓을 수 없었다. 이 모든 것이 피가 되고 살이 되는 소중한 자산이었다. 회사 차원에서 외국 법인에 근무하는 현지인들을 위한 교육도 있었지만 법인의 규모가 커짐에 따라 조직도 확대되고 있었다. 서울 본사에서 제공하는 필수 교육 이외에 현지에 특화된 교육이 필요한 시점이었다. 인도 현지에 교육 센터를 개설하는 일은 단순히 내부 직원들에게만 해당하는 것이 아니라 사업 파트너들까지 포함하는 방안을 염두에 둔 것이었다. 본사의 지원을 받아서 외국 법인 최초로 단독 러닝 센터를 개설했다. 튼튼한 교육 시스템을 갖추었기에 인도 법인의 현지화에도 박차를 가하게 됐다.

다시 생각하는 훈련으로 창의성을 기르자

◆ ◆ ◆

어떤 조직이든 책임자와 구성원들의 자유롭고 유연한 소통은 조직문화를 튼튼하게 만들게 마련이다. 어떻게 하면 조직책임자와 구성원들 사이의 관계를 더욱 돈독히 할 수 있을까 고민하다가 우연히 사무실 안의 빈 곳에 시선이 갔다. 원활한 교류를 위해 자연스럽게 모일 공간이 있다면 좋을 터였다.

가칭 '자율 경영'의 이름으로 창의적인 공간을 구성해보자는 의견을 냈다. 룸에 회의용 탁자나 의자를 두지 않는 대신 쿠션이나 기타 등 악기를 구비하고 토의하는 것을 대비해 화이트보드도 마련했다. 그러나 화이트보드가 눈에 띄게 두드러진다면 아무래도 회의실 분위기가 강해질 듯했다. 빌트인 형태로 보이지 않게 설치하기로 했다. 방의 명칭은 인사부서에서 '순니야'로 정했다. 인도어로 제로라는 뜻이었다. 제로베이스에서 다시 생각하는 훈련을 통해 창의성과 유연성을 기르자는 취지였다. 룸 사용과 관련해 한 가지 규칙을 정했다.

"모든 부서 책임자는 한 달에 한 번은 반드시 산하의 구성원들과 최소한 한 시간은 룸을 이용해야만 한다. 팀원들에게 100퍼센트 자유 시간이고 시간에 대한 구속력은 전혀 없다."

이렇게 한 이유는 무미건조하고 딱딱한 회의실과 사무실을 벗어나 잠깐이나마 해방감을 느끼게 해주고 싶어서였다. 한 달에 한 시간은 비록 짧은 시간에 불과했지만 부서원들이 업무에서 벗어나 미래를 향해 마음껏 상상의 나래를 펼쳐보길 간절히 바랐기 때문이다. 이와 같은 생각의 연장선상으로 개인의 사무 공간을 각자 원하는 공간으로 꾸미게 했다. '나의 공간My Place 캠페인'에는 어떤 규칙도 없었다. 자기만의 취향이 공간에 배어나기 시작했다. 우리가 이렇게나 다른 개성과 성향을 갖고 있다는 것을 눈으로 확인하는 것 같았다. 모든 구성원의 눈이 호강하고도 남을 정도로 사무실 공간은 다른 세상으로 변모해갔다. 물론 내 눈이 호강한 것은 두말할 필요도 없을 것이다.

이런 실천이 가능했던 것은 나의 독창적인 생각 때문이 아니었다. 우연한 기회에 자율 경영을 실천에 옮긴 브라질 기업 셈코의 이야기를 다룬 『셈코 스토리: 세상에서 가장 별난 기업』을 읽고 나서였다. 책에 소개된 내용 대부분이 너무나 혁신적이어서 믿기지 않을 정도였다. 셈코의 CEO인 리카르도 세믈러Ricardo Semler는 20대 젊은 나이에 부친의 유업을 이어받은 2세 경영인이었는데 모든 의사결정을 직원들에게 맡기는 식이었다.

'자율이라기보다는 방임에 가까운 게 아닌가?'

이런 경영 철학도 가능한지, 과연 성공적인 경영이 가능할지 의구심을 떨칠 수 없었다. 그럼에도 이 회사는 가파른 성장세를 이어가고 있었다. 브라질에서도 가장 다니고 싶어하는 회사 중 하나로 손꼽히고 있었다. 도대체 어떤 회사인지 호기심이 폭발했다. 나 또한 자율성을 중요시했기에 어떤 식으로 운영되는지 꼭 한 번 찾아가서 배우고 싶었다. 방문이 가능한지 물어보는 편지를 보냈다. 다행스럽게도 수락한다는 답신이 왔다.

나는 직접 그 회사에 가서 더 큰 충격을 받았다. 우선 임원들만의 별도 방이 없었다. 리셉션 데스크조차 폐기한 지 오래된 것 같았다. 정해진 은퇴 시기는 없었고 본인이 원하는 만큼 일할 수 있었다. 인센티브 책정은 연초에 투명하게 공유해서 진행되고 있었다. 해마다 성장하는 매출은 타의 추종을 불허했다. 직접 가서 눈으로 본 일이었는데도 과연 이런 일이 어떻게 가능한지 이해하기 어려웠다. 무無통제 경영의 진수를 보는 듯했지만 사실은 믿기 어려운 것들을 모두 모아놓은 것처럼 보였다.

"무통제가 최고의 통제다No Control is Best Control."

회사 직원의 안내를 받는 동안 눈앞에 펼쳐지는 장면들은 책에서 읽었던 내용과 다를 바가 없었다. 입사한 지 얼마 안 된 신입사원과 입사한 지 50년 가까이 된 백발의 노장이 마주앉아 일하고 있었다. 책임 경영이 조직 단위로 철저하게 시행되고 있었다. 안내를 받으며 궁금한 것을 물어보았다.

"당신네 CEO를 본 게 언제입니까?"

"대략 5년 전쯤인 것 같습니다."

세상에 5년 전이라니! 충격도 이만저만한 충격이 아니었다. 그런데도 회사는 아무 일 없이 잘 돌아가고 있었다. 심지어 가파른 성장까지 이루고 있었다. 특히 인상적이었던 것은 사무용 집기들이었다. 내 평생 처음 보는 책상도 있었는데 4인 공용으로 서로 마주 보는 원탁 형태였다. 도대체 얼마나 오래됐는지 가늠조차 되지 않았다. 집기들은 수십 년도 넘게 사용한 듯 오래된 것들이었는데도 관리가 잘돼 있었고 깨끗하고 정갈했다. 도중에 재미있는 물건이 보였다. 주물로 만들어진 종이 벽에 붙어 있었다.

"이건 무슨 용도이고 언제 쓰는 겁니까?"

"주변에서 너무 시끄럽게 떠들어 업무에 방해가 될 때 쓰는 겁니다. 지위고하를 막론하고 누구나 종을 자유롭게 칠 수 있지요."

설명을 듣는데 저절로 웃음이 났다. 정말이지 알면 알수록 궁금했다. 어떻게 이 모든 것들이 가능했을까? 처음부터 성공적인 것은 아니었다고 했다. 리카르도 세믈러가 부친의 가업을 이어받아 CEO가 된 후 자율 경영을 도입했을 땐 경영진들의 거센 저항이 있었다. 무통제 경영에 참여하지 않은 경영진들과 결별하는 진통을 겪으며 자율이 정착되기까지 실로 오랜 시간이 걸렸다. 오너 CEO가 가지는 이점이 충분하긴 했겠지만 무통제 경영을 실현하기까지 대단한 인내력을 발휘했을 터였다. 현실적으로 생각해봐도 난제로 여겨지는 점들이 하나둘이 아니었다. 인도에서 브라질까지 먼 여정이긴 했지만 정말로 값진 체험이었다. 나는 자율과 책임이 생생하게 펼쳐지던 현장에서 존경심에 고개를 한참이나 떨구고 있었다.

자율 경영의 성과는 상상을 초월한다

◆ ◆ ◆

브라질 출장은 의미 있는 시간이었지만 인도로 돌아오는 비행기 안에서 느낀 감정은 복잡했다. 보고도 믿기 어려웠던 현장을 목격했지만 과연 내가 생각하고 실현하고 싶은 자율 경영이 현실적으로 가능할지 장담할 수는 없었다. 그러나 성과는 있었다. 비록 머릿속은 엉킨 실타래처럼 복잡했지만 한 가지 확신을 가질 수 있었기 때문이다. 자율 경영이 빚어내는 성과는 상상을 초월한다는 것이었다. 그동안 상사에게서 배우고 체험한 참 경영의 마지막 종착역은 자율 기반의 창의적인 조직문화 구현이다. 이것이야말로 절대 불변의 경영 사상이라는 믿음이 마음속에 확고하게 뿌리를 내리게 된 것이다.

자율에 대한 나의 신뢰는 두 가지 생각에서 비롯됐다. 첫째는 세상에 완벽한 인간은 없다는 것이다. 둘째는 눈에 보이지 않는 무형자산은 공격의 대상이 되지 않는다는 것이다. 자율은 무관심이나 방임과는 다르다. 아무 상관도 하지 않고 내버려둔다는 의미가 아니기에 반드시 책임이 따른다. 또한 자율이라는 꽃이 건강하게 피어나려면 장기간에 걸쳐 제도적인 환경이 조성돼야 한다. 어떻게 하면 자율성과 책임감이 강한 조직문화를 이룰 수 있을까? HR 부서와 논의를 거듭한 끝에 전문 컨설팅 업체의 도움을 받기로 결론을 내렸다. 우리가 H사와 컨설팅 과제를 논의하는 첫 미팅에서 자율 경영의 과제를 원한다고 하자 다소 당황하는 표정들이 보였다.

"솔직히 지금까지 수많은 과제를 추진했지만 자율 경영 관련 컨설팅 제안은 처음입니다."

컨설팅 전문가들조차 어떻게 해야 할지 모르겠다며 난감해했다. 어렵게 접근하면 쉬운 문제도 어려워지게 마련이다. 어렵게 생각하지 말고 조직의 주인인 조직 구성원들이 생각하는 자율 경영이란 어떤 것이고 어떻게 해주면 되는지 물어보자는 쪽으로 의견이 모였다. 조직별 직급별로 포커스 그룹 인터뷰Focus Group Interviw를 해서 자율과 관련한 의견을 수집한 후 시사점을 도출하고 모두가 공감하는 태스크를 끌어낸 다음 이것을 충족시킬 수 있는 프로세스와 시스템을 구축하자는 의견이었다.

이렇게 드디어 자율 경영이라는 멀고 긴 여정의 첫발을 내딛게 됐다. 어떤 나라에의 기업이든 백년을 이어가는 기업을 보면 대기업보다 가족 중심의 중소기업이 많다. 오랫동안 지켜온 가훈을 바탕으로 하는 조직문화와 그들만의 노하우가 무형자산으로 전승됐기 때문일 것이다.

자율 경영 프로세스가 조직에서 제대로 뿌리를 내리기 위해선 구성원들이 주인의식을 갖는 게 중요했다. 이것을 위해 세 가지 캠페인을 제안했다. 첫 번째는 자율 경영이라는 주제로 3분 스피치 대회를 여는 것이었다. 두 번째는 자율 경영과 관련한 포스터를 제작하는 일이었다. 세 번째는 부서마다 자체적으로 자주관리그룹 SMWG, Self-Management Work Group을 만들어 운영하는 것이었다. 좋은 아이디어는 시상하고 모든 구성원과 공유하면서 상부의 자율 경영에 대한 강한 의지가 빠르게 전파되고 우리의 조직문화로서 정착되기를 바랐다.

컨설팅이 끝나고 나니 조직의 책임자로서 해야 할 큰일들은 어느 정도 마무리했다는 생각이 들었다. 그렇지만 조직책임자의 역할과 책임을 떠올리면서 구성원들을 위해 할 수 있는 게 또 무엇이 있을지 생각했다. 문득 구성원들의 가족들이 떠올랐다. 회사를 위해 열심히 일하는 직원들을 보면서 뭐라도 하나 더 해주고 싶다는 마음이 간절했다. '가족'이라는 개념을 우리 회사 직원들에게만 국한시키지 않고 그들의 가족, 더 나아가서는 회사와 관련된 모든 이해관계자들을 총칭한 것이라 규정하고 인사부서 책임자들과 논의를 거쳐서 몇 가지 안을 도출했다.

배우자들을 위해선 부부 동반으로 인도 북쪽의 공기 좋은 곳에서 쉴 수 있도록 힐링 캠프를 추진했고 자녀들을 위해선 방학 중 여름학교 캠프를 열어 숨겨진 재능과 끼를 찾는 기회를 제공했다. 예능계에서 탁월한 성적을 올린 우수한 학생들을 부모와 함께 월례 조회에 초대해 격려금을 전달하고 소감을 듣는 시간을 가졌고 우수한 성적을 거둔 자녀들에겐 학용품을 전달했다. 또한 건강을 돌보는 일도 중요하게 여겼다. 사내에 건강강좌를 실시하고 금연 캠페인을 열었다. 조직책임자들의 배우자들을 위한 건강검진도 제공했다.

또한 가화만사성 차원에서 시도한 원팀 엘지 패밀리 캠페인One Team LG Family Campaign도 생각 이상의 반응을 불러왔다. 투입 비용 자체는 크지 않았는데 엄청난 이익을 가져온 것이다. 이 모든 과정 준비에 참여한 구성원들이 쏟은 시간과 노력이 가족들에게 감동으로 전달됐기 때문일 것이다. 어린이 여름학교 캠프는 방학 동안 아이들이 활동을 통해 만든 결과물을 전시했고 캠프 종료 축하연도 자녀들이 직접 참여해서 준비했다. 부모는 물론 조부모도 함께한 가정들로 인해 그야말로 축제의 분위기였다.

전임자가 남겨준 소중한 유산도 잊지 않았다. 생산라인에서 근무하는 직원들의 가정을 방문하는 일도 꾸준히 지속했다. 고객 만족 경영 차원에서 실시한 구성원 가족들에 대한 작은 감사의 표시가 엘지 가족을 하나로 묶는 계기가 되기를 바랐다. 힐링 캠프를 다녀온 사람들이 보내온 감사의 편지들도 감동이었지만 특히 나를 웃게 만드는 동시에 가슴 찡하게 한 말이 있었다. 한 직원이 한 말이었다.

"아내가 절대 엘지를 떠나지 말라고 합니다."

"자네 생각도 같은가?"

"물론입니다. 앞으로도 오래오래 다니고 싶습니다."

누군가는 이 말에 아무 감흥도 느끼지 못할지 모른다. 그러나 나에게는 그 어떤 화려한 백 마디 말보다 고마운 말이었다. 절대 떠나고 싶지 않은 직장, 오래오래 다니고 싶은 직장이야말로 최고의 직장이 아니겠는가.

조직문화를 변화시키고자 기울였던 노력은 기대 이상의 긍정적인 효과를 불러왔다. 크게 두 가지였다. 하나는 오래전에 떠났던 우수 직원들의 재입사 요청이었다. 또 하나는 이직률이 6퍼센트대로 떨어진 것이었다. 당시 업계의 이직률 평균이 30퍼센트를 넘었다는 점을 고려하면 6퍼센트는 믿기 어려운 수치임이 분명했다. 경영성과에 이직률의 개선이 미치는 영향을 산술적으로 계산하기는 어렵지만 적지 않은 영향을 미친 것은 분명했다. 좋은 인재를 발굴하는 것도 중요하지만 지키는 것은 더 중요하다. 대부분 경영자가 인지하고 있듯이 회사를 살리는 것도 인재이고 회사를 파멸시키는 것도 인재이다. 회사의 파멸이 인재의 유출로 시작되기 때문이다. 인재人才이자 인재人災인 셈이다.

성공 사례를 공유하고 권한을 분산하라

◆ ◆ ◆

부서 간 자발적인 협력이 무르익어갈 무렵에 염두에 두었던 일을 드디어 착수할 수 있었다. 인도 본사 조직의 과도한 권한을 축소하는 등 자율 경영에 걸림돌이 되는 일과 관련된 일이었다. 책임과 권한에 대한 문제들을 인사부서와 협의해서 전면적으로 재검토한 것이다. 이 일은 크게 두 가지 사안에 주안점을 두었다. 첫 번째는 인도 본사 조직책임자들이 갖고 있던 불필요한 예산 집행 권한을 지역으로 이관하는 것이었다. 두 번째는 지역 대표 산하의 조직을 대폭 축소해 관할 지사에 배치하는 일이었다. 고객과 가장 가깝게 접점을 형성하는 지사들을 중심으로 자율적인 영업 활동을 도모하기 위해서였다. 이와 관련해서 지역 대표들의 미션은 관할 지역에 소재하는 지사들의 역량을 상향평준화시키는 일이었다. 서면보고는 모두 철폐하고 필요할 때는 구두보고로 대체하도록 한 후 남는 시간은 현장 방문을 통해 지역 내 고객의 소리를 청취하고 지사들의 성공 사례를 발굴해 공유하는 일에 최선을 다할 것을 주문했다. 이른바 '작은 본사'를 추진하는 일이었다.

작은 본사 추진은 책임과 권한의 불일치로 생기는 비효율 중에서도 가장 시급한 사안이라고 판단했기에 필요한 조치를 최대한 빠르게 단행했다. 부서별 미션을 수행하는 권한은 부여하지 않은 채 책임만 전가해서는 안 될 일이었기에 권한을 벗어난 책임을 핵심성과 지표KPI, Key Performance Index로 규정한 사례들을 찾아내서 전면 재조정할 것을 주문했다.

앞서 말한 것이 경영 성과와 관련한 책임 경영을 투명하게 정착시키는 조치였다면 후속 조치는 구성원들 모두가 최상의 성과를 창출할 수 있도록 성과 보상 시스템을 체계적으로 구축하는 일이었다. 상대평가와 절대평가가 갖는 장단점이 있을 것이다. 그러나 조직 전체가 하나의 팀으로 결속되고 팀 스피릿을 최대한 발휘할 수 있다는 측면에서는 절대평가가 훨씬 더 합당한 평가 시스템이라고 생각한다.

실제로 절대평가에 기반을 둔 투명한 보상 시스템을 실시하자 목표를 초과 달성하는 조직과 구성원들이 늘어나면서 인센티브의 규모도 커졌다. 그러나 증대된 인센티브의 절대 규모는 조직이 창출한 성과에 비하면 극히 미미한 수준이었다. 인건비 총액은 해마다 증가했지만 인건비 비율도 개선되는 등 효율적인 경영이 가능했다. 절대평가의 도입은 자율 기반의 창의적인 조직문화를 구축하는 데 마지막 퍼즐이었던 셈이다.

고객 접점에 있는 작은 본사들이 강해야 기업은 지속가능경영을 추구할 수 있다. 그래야 기업이 사회공동체의 중요한 일원으로서 자신의 책임도 다할 수 있다. 인도에서의 경험은 기업의 사회적 책임을 더 깊게 생각하는 계기가 됐다. 기업의 사회적 책임은 늘 내 마음 한쪽에 자리잡고 있는 중요한 이슈였기에 인도에서도 적극적으로 실천했다.

한 나라의 성장 잠재력을 무엇으로 가늠해볼 수 있을까? 여러 가지 기준을 생각해볼 수 있겠지만 내가 직접 인도에서 피부로 느꼈던 것은 교육에 대한 열정이었다. 우리나라가 그렇듯 인도 또한 부모들의 자식에 대한 교육 열정이 세계에서 둘째가라면 서러워할 만큼 대단했다. 게다가 외국으로 떠났던 인재들이 고국으로 돌아오는 비율이 높아지고 있었다. 이것만 봐도 인도의 장래가 밝다고 생각한다.

인도에서 사회적 책임을 다하기 위해 중점적으로 다룬 분야는 사회봉사, 환경, 그리고 교육이었다. 사회봉사 분야에서는 연간 약

200회의 건강검진캠프를 통해 1만 8,000여 명의 사람에게 건강검진을 받을 기회를 제공했다. 환경 분야에서는 이산화탄소 CO_2 절감, 공해 물질 저감, 에너지 재활용과 전자 폐기물들의 재활용 등에 초점을 두고 추진했다. 교육 분야에서는 대학을 선정해 공과대학과 MBA 분야 학생들에게 해마다 장학금을 지원했다.

기업의 사회적 책임은 전 세계 기업들이 관심을 기울여야 하는 중요한 이슈이다. 현재도 많은 기업이 여러 분야에서 활동을 펼치고 있다. 이와 관련해서 내 가슴에 가장 와닿았던 내용은 미국 G사의 전 CEO가 내린 정의였다.

"기업의 사회에 대한 책임은 끝까지 살아남는 것이다."

이것보다 더 간결하고 호소력 있는 표현이 있을까. 기업은 끝까지 살아남아서 사회에 양질의 일자리를 제공해야 한다. 사회에 대한 기업의 책임은 기업의 생명이 끝나는 순간까지 함께해야 하는 것이기 때문이다.

원팀이 돼 한뜻으로 뭉칠 때 빅 윈을 만든다

◆◆◆

4대 문명의 발상지로 화려한 문화를 꽃피웠던 인도는 영화 제작의 대국이기도 하다. 인도 영화를 말할 때 빼놓을 수 없는 것이 '발리우드'의 특성인 화려한 음악과 춤이다. 음악과 춤이야말로 인도가 지닌 다양성을 하나로 묶어주는 유일한 촉매제일 터이다. 그리고 이 다양성이야말로 인도의 진정한 정체성인지도 모른다. 인도 화

폐에 표시된 언어만 14개이다. 헤아리기 힘들 정도로 수많은 종족과 종교만 생각하더라도 세상에서 가장 버라이어티한 나라임이 틀림없을 것이다.

이런 외적인 요소만으로도 인도가 문화 대국이라는 점은 분명하다. 하지만 인도의 진정한 매력은 사람들에게 있다. 그들은 상대를 배려하고 상대의 배려에 대해 진심으로 감사하며 뜨거운 열정으로 화답한다. 감수성이 풍부한 인도 사람들이야말로 인도의 진짜 보물이다. 인도에서 외자 기업이라는 이유로 차별을 받아본 경험이 거의 없다. 현지 로컬 기업과 동등한 대우를 해주는 정부 정책 덕분이기도 하지만 인도 사람들이 지닌 심성 덕분이기도 하다.

인도를 한 번 여행한 사람은 인도를 다 아는 것처럼 말하고 짧은 기간 동안 인도를 여행했거나 혹은 인도에 주재를 한 사람이 인도 관련 책을 쓰기로 한다. 그러나 10년 이상 인도에서 지낸 사람들은 정작 인도에 대해 아는 것이 없다고 한다. 인도의 매력은 한마디로 정의 내리기 어렵다. 그래서 수많은 여행객이 인도를 다시 찾아오는 것인지도 모른다. 인도에서 보낸 6년은 '인크레더블 인디아'라는 말이 무색할 정도의 형용할 수 없는 다양성에 푹 빠져 지냈던 시간이다. 6년의 세월 동안 한평생에 걸쳐 겪어낼 희로애락을 다 체험했다는 생각마저 들 정도였다. 인도의 다양한 문화로 인해 쉴 새 없이 찾아 나섰던 시장들, 고객들, 마케팅 전략은 물론 낯선 음식들과 뒤늦게 찾아온 수두 등 생활과 건강의 문제에 이르기까지 '다사다난'이라는 한마디 말로 표현하기는 부족하다.

인도에서의 보직을 큰 탈 없이 마치고 복귀할 수 있었던 데는 본사의 아낌없는 지원과 인도 법인 전 임직원들의 "우리는 할 수 있다!"라는 신념으로 뭉친 원팀 정신과 식지 않는 열정 덕분이었다. 함께 만들어나가는 과정은 힘들면서도 즐겁고 보람 있었다. 경영의 본질이 무형자산을 남기는 일이라는 것, 그러기 위해선 전임자가 남긴 훌륭한 유산을 계승하고 후임자가 새로운 높이로 도약할 수 있는 토대를 만들어야 한다는 것, 지속가능한 경영을 위한 의사결정을 할 때 기준이 돼야 하는 것은 이해관계자들 간의 '상생'이라는 것, 즉 '빅 윈'의 의미, 진정 위대한 승리란 무엇인지를 가슴 깊이 깨우친 것만으로도 내 인생에 큰 획을 그은 시간이었다.

"이룰 것인가, 남길 것인가?"

당장의 이익에 눈이 멀어 미래를 보지 못하면 수렁으로 발을 옮기는 것과 같다. 현재의 이익은 미래를 위한 남김일 때 비로소 가치가 생긴다. 나 또한 단기이익의 유혹을 받지 않은 것은 아니었다. 임원이 되면 1년마다 성과를 평가받아야 한다. 실적의 압박에서 자유로운 이는 없을 것이다. 하지만 눈앞의 이익이 달콤해 보일수록 더 크게 눈을 떠 시야를 확보했다. 내가 이렇게 할 수 있었던 것은 혼자가 아니었기 때문이다. 나를 믿고 따르는 직원들은 물론이고 우리와 함께하는 파트너들을 위해서라도 남김의 가치를 지켜야 했다. 그리고 이 신념은 시간이 지날수록 거대한 열매가 돼 돌아왔다.

인도 부임 후 3~4년이 씨를 뿌리는 시간이었다면 이후 2년은 수확의 시간이었다. 고객들의 화답은 낯이 뜨거울 정도로 과분한 것이었다. 매년 증가하는 매출의 품질은 물론이거니와 브랜드 가치라는 무형자산이 튼튼하게 뿌리를 내렸다. 엘지는 그야말로 모든 분야에서 최고의 평가를 받았다. 그중에서 가슴을 뭉클하게 했던 상은 두 가지였다.

인도 부임 6년째 마지막 해인 2010년에 엘지 인도 법인은 가장 심혈을 기울였던 자율 기반의 조직문화를 비롯해 브랜드 가치, 고객 서비스, IT 혁신 등 거의 모든 분야에서 최고의 평가를 받았다. 분에 넘치는 수상도 많았다. 많은 수상 가운데에서도 특히 가슴을 뭉클하게 했던 상은 인도에 본부를 둔 세계인재개발회의Global HRD Congress가 수여한 2010 최고 고용자상Best Employer of the year 2010이었다. 그리고 굳이 하나를 더 꼽자면 인도 전자산업협회가 수여한 '전자인상The Man of Electronic' 수상이었다. 인도 전자 산업 발전에 기여도 하고 부임한 지 얼마 되지 않은 않았을 때 찾아온 전자협회 고위직 인사와의 약속을 이행했기 때문이다. 인도 전자산업협회가 건강하게 발전(모든 이해관계자들 간의 상생 도모)하는 데 기여해달라는 부탁에 조금이나마 보답할 수 있었기에 홀가분한 마음으로 인도에서의 여정을 마무리할 수 있었다.

인도에서 경험한 빅 원의 여정은 우리가 '원팀'이 돼 함께 한뜻으로 뭉칠 때 무엇을 이룰 수 있는지 세상에 드러냈다. 누군가 성과를 홀로 독점하는 것이 아니라 모두에게 이익이 될 수 있도록 공생하고 상생할 때 더 큰 성공을 이룬다는 세상의 진리를 체험한 일이기도 했다. 상생의 여정에 함께했던 조직의 모든 구성원이 협력회사, 유통사, 엘지 특화 전문 서비스 센터, 그리고 엘지 브랜드의 충성 고객들을 아우르며 각자의 자리에서 삶의 변화와 성공을 이루어냈기에 더욱더 뜨거운 의미가 있었던 시간이다.

빅 원
4

미래 기준의 혁신 경영을 하라

1. 투입 품질 경영으로 마케팅 혁신을 하라

큰 파도를 경험하면 작은 파도가 두렵지 않다

◆◆◆

인도에서 본사로 복귀했을 때 받은 직책은 이전에 두 차례 경험을 한 생활가전 제품의 해외 영업 총괄이었다. 처음 영업 총괄을 맡았던 때로부터 어느새 15년의 세월이 흘렀다. 내 나이도 60을 바라보고 있었다. 그동안 회사는 부침이 있긴 했어도 비약적인 발전을 이루었다. 내가 소속된 본부도 처음 입사 당시와 비교해보면 국내 기업에서 글로벌 기업으로 장족의 발전을 거듭해왔다.

인도 법인 대표로 한 직책에서 6년 동안 근무한 일은 입사 이후 첫 경험이었는데 시사하는 바가 있었다. 조직의 책임자가 비전 수립 후 달성을 위한 중장기 전략을 구성원들과 함께 입안하고 혼연일체가 돼 실천한 전략들의 실효성 유무를 경영 성과와 연결해서 제대로 판단하기 위해서는 최소한 5~6년 정도의 시간이 필요하다는 것이었다.

연속된 해외 업무는 나에게 경영과 관련한 큰 통찰을 선물로 남겨주었다. 중동 아프리카 지역과 인도에서 근무하는 동안 가장 잘한 것이 있다면 전임자의 유산에 대한 건설적인 비판이라고 말할 수 있다. 앞으로 얼마나 직장생활을 할 수 있을지 알 수 없었지만 조직의 훌륭한 무형자산을 계승하고 남기는 일을 현장에서 추진할 것이라는 사실에는 흔들림이 없었다. 남김의 경영이야말로 내가 하고자 하는 일이었다.

큰 파도를 경험한 선장은 작은 파도를 두려워하지 않는 법이다. 그러나 작은 파도가 언제든 큰 파도로 변할 수 있다는 것도 잘 알고 있다. 다양한 파도를 넘으며 바다를 항해한 경험이 풍부할수록 바다는 두려운 곳이 아니라 시시각각 새롭게 변화하는 삶 그 자체가 된다. 나에게 경영 현장은 바다와 같았다. 새로운 보직을 맡을 때마다 어김없이 밀려왔던 불안이나 초조함은 과거의 일일 뿐이다. 이제는 어디에서 어떤 일을 하든지 더 이상 느끼지 않았다.

임원으로 승진한 해부터 해마다 새해가 되면 반드시 하는 일이 있었다. 올 한 해 하지 않으면 평생을 두고 후회할 것 같은 일들을 리스트로 작성해서 실천하는 습관이었다. 인도에서의 임기를 마치고 본부로 복귀했던 해도 예외는 아니었다. 자율적인 조직문화를 구축하는 일은 항상 염두에 두고 하는 기본이라고 생각했다. 그랬기에 이것 외에 마음속에 두고 있던 일은 크게 세 가지였다. 첫째는 2004년도에 시작해서 2007년에 폐쇄된 마케팅 대학을 다시 가동하는 것이었다. 둘째는 마케팅 클리닉팀을 구성해서 법인과 원팀이 돼 실전을 체험하는 활동이었다. 마지막으로 셋째는 건강한 성과 창출을 위한 투입 품질 경영을 조직 내 정착시키는 것이었다. 그럼으로써 장기적으로는 마케팅 천재 본부 구현을 통해 해외 영업의 초석을 다지는 역할을 하는 것을 목표로 삼았다.

본부 내 마케팅 대학을 오픈 한 시기는 중동 아프리카 근무를 마치고 본사 귀임 발령과 함께 두 번째로 해외 영업을 총괄했을 때다. 이 일의 근간이 된 계기는 두 가지였다. 하나는 오래전 해외사업부가 구조조정 대상이 되면서 에어컨 사업부 태스크 멤버로 참여했을 당시 세계적인 컨설팅 회사인 매켄지와 컨설팅 과정에서 제품 시장 전략PMS, Product Marketing Strategy을 배우며 마케팅에 눈을 떴던 때고, 또 다른 하나는 중동 아프리카에서 법인 간의 성공 사례를 공유했던 때다. 이 두 가지 경험과 그동안 현장에서 겪은 일들이 통합되면서 개인은 물론 어느 조직도 완벽하지 않기에 나눔과 공유의 힘이 크면 클수록 조직의 역량 또한 새로운 높이로 도약한다는 믿음이 내 안에 단단히 자리잡게 됐다.

지난 시간을 더듬어보면 스스로 깨우쳤던 일보다 주변에서 많이 알려주고 귀중한 조언을 해주었기에 힘든 일도 돌파해나갈 수 있었다. 나눔과 공유는 나의 오만과 편견을 떨쳐내는 데도 큰 도움이 됐다. 마음의 장벽을 무너뜨리고 더 넓은 세상으로 나를 끌어주었던 것이다. 나눌 것도 없고 들을 생각도 하지 않으면 스스로의 고립을 자초하는 것과 다를 바가 없다는 생각에 폐쇄됐던 마케팅 대학을 부활하기로 했다. 이미 한 번 경험했던 터라 다시 오픈하는 것은 비교적 수월하게 진행됐다. 이후 단순히 성공과 실패의 경험을 공유하는 장을 뛰어넘어 그 속에 담긴 불변의 깨우침을 정리해서 발표하는 경연장이 되기를 바라는 마음도 컸다.

실전을 통해 한계를 극복해가면서 결과를 내라

◆◆◆

본부에 복귀한 후 힘을 쏟았던 일을 간략히 정리해보면 다음과 같다. 먼저 상품기획 기능의 현지화이다. 생활가전 제품은 각 나라의 식습관과 기후 등 문화적인 요소와 밀접한 관련이 있다. 다른 전자제품처럼 첨단기술을 바탕으로 글로벌 시장에 내놓을 하나의 플랫폼을 기획하고 추진하는 일과는 다를 수밖에 없다. 그렇기에 상품기획 단계에서 현지화를 염두에 두면 시장에서 우위를 확보할 수 있다고 생각했다. 이런 확신은 인도에서 추진했던 인도의 별Star of India 태스크를 성공적으로 이끌었던 체험이 밑거름됐다. 인도에서의 경험이 상품을 기획하고 개발하는 단계에서부터 현지화를 추진하는 데 많은 참고가 된 것이다.

제품Product은 마케팅 4P의 첫 출발이고 제품의 절대적 우위 확보는 이후 후속으로 연결되는 나머지 P들의 실행을 수월하게 하기에 시장에서의 지위 상승을 단기간에 촉진시킨다. 각 나라의 문화를 이해하는 데는 분명 어려움이 존재하지만 큰 법인 산하에 현지인 중심의 제품 개발을 장기적으로 추진하는 것은 반드시 필요한 일이다.

그다음은 글로벌 마케팅 클리닉팀을 만든 것이다. 구성원들이 마케팅을 직접 실천하는 과정에서 마케팅에 대한 이해도를 높일 수 있다는 생각에 법인 대상으로 마케팅 클리닉을 시작했다. 이것은 해외 영업 총괄 시절 혁신 부서 팀장의 아이디어였다. 지원을 받는 법인 입장에서 보면 혁신보다는 클리닉이 고객 지향적인 표현이란 생각에 팀 명칭을 그렇게 정했다. 팀에 미션으로 주어진 활동은 본부 차원에서 비중이 크거나, 경쟁사와 차이가 벌어지고 있거나, 미래 잠재력이 큰 시장을 대상으로 선정해 법인과 원팀이 돼서 마케팅 계획을 공동으로 입안하고 실행까지 했던 것이다. 이런 팀 활동을 통해 구성원들이 4P의 의미를 제대로 이해함으로써 투입에 대한 두려움을 없애고 자신감을 쌓기를 바랐다. 인도에서 추진했던 엘지 시티와 유사한 활동이었다.

마지막으로 투입 품질 경영이다. 옛말에 "콩 심은 데 콩 나고 팥 심은 데 팥 난다."라고 했다. 시간이 지날수록 이 말의 진의를 곱씹게 된다. 이 말이 시간이 지나도 퇴색하지 않고 인구에 회자되는 이유는 역량만큼 결실을 보기 때문인 것 같다. 훌륭한 결실을 보기 위해선 목표(아웃풋) 위주의 관리가 아니라 투입(인풋)의 품질을 우선으로 경영해야 한다는 것은 누구나 알고 있는 사실이다. 그러나 현실은 그렇지 못한 경우가 더 많다. 목표에 대한 지나친 집착으로 투입을 조정하고 관리하는 것은 단기 처방에 불과하다. 이것은 시간이 지날수록 독이 되는 일이다.

미래를 향한 남김의 경영을 펼치면 목표는 시간이 지남에 따라 새로운 높이로 흘러넘치게 마련이다. 투입이 어떤 결과를 낳는지를 관찰하고 분석해서 자원 투입의 최적화를 찾는 것이 중요하다. 마케팅 클리닉 활동을 벌인 이유도 마케팅의 투입 품질 경영 활동의 하나였다. 구성원들이 활동을 통해 스스로 깨닫는 계기가 되기를 바랐기 때문이다.

해외 영업의 최종 목표는 고객들이 신뢰하는 브랜드를 구축하는 일이다. 목표 달성을 위해서는 경쟁사보다 4P의 차별적 우위를 만들어내는 조직의 역량이 중요하다. 실전을 통한 깨우침이 클수록 기존의 한계를 극복하고 양질의 결과를 만들어낼 수 있다.

"노력 없이 취하는 부富는 하늘에 떠 있는 뜬구름과 같다."

중국 고사에 나오는 말이다. 바람 불면 날아가서 없어지는 부는 절대 탐하지 말라는 뜻이다. 그런 부는 정신 건강을 해치고 육신까지 피폐해지는 결과를 가져온다. 비단 개인에게만 해당하는 말은 아닐 것이다. 기업 경영도 국가 경영도 크게 보면 다르지 않기 때문이다.

리더로서 더 나은 경영을 고민하는 이유는 고객들이 더 나은 삶을 살기를 바라는 마음이 크기 때문일 것이다. 그렇기에 독단적인 결정을 지양하고 모든 이해관계자들과 상호 공생의 틀 안에서 함께 고민할 수밖에 없었다. 누군가 좋은 아이디어를 제시하거나 내 안에서 괜찮은 아이디어가 떠올랐을 때마다 생각에 그치지 않고 지체하지 않고 행동에 옮기는 노력을 했다. 이런 시간을 통해 우리가 얻은 것은 두 가지였다. 하나는 이전보다 개선된 고객들의 믿음과 신뢰로 자사 제품이 좋은 브랜드 이미지로 굳어진 일이었다. 또 하나는 구성원들이 투입의 두려움을 떨쳐내고 리턴의 긴 시간을 인내하면서 과정을 즐기는 여유를 갖게 됐던 것이다.

재차 강조하지만, 현명한 투입 없이 원하는 결과를 얻을 수는 없다. 문제는 투입과 관련해 어떻게 효율적으로 경영을 해나가는가 하는 것이다. 이때 리더가 성급한 마음에 중독돼 구성원들에게 완벽함을 주문하면 투자에 대한 기피 현상과 두려움만 가중시킬 뿐이다. 이것을 방지하기 위해 마케팅 대학에서는 세 가지 이니셔티브를 시도했다. 첫째, 구성원들의 마케팅 지식을 함양시키기 위해 외국 법인의 마케팅 성공 및 실패와 관련한 교육 프로그램을 개발했다. 둘째, 마케팅 클리닉 태스크 참여를 통해 마케팅의 전 과정을 실전으로 경험하며 몸에 익히도록 했다. 셋째, 투입 품질 경영의 조직 내 정착이었다. 이 세 가지 이니셔티브가 제대로 정착된다면 마케팅 천재 본부의 초석을 다지게 될 것이라는 믿음이 있었다.

쉽게 쌓은 모래성은 오래 갈 수 없다. 길고 험난한 과정을 거치면서 건강한 생명력을 지닌 투입이 지속적으로 이루어져 한다. 우리가 추진하는 모든 새로운 시도들은 결과 위주가 아니라 건강한 아웃풋을 만들어내는 것이어야 한다. 생명력을 불어넣는 투입 품질 경영을 하는 데 한 치의 흔들림도 있어서는 안 된다는 주문과 다짐을 했다.

2. 5대 전략 과제로 비즈니스 리더십 혁신을 하라

전략 과제 ① 상생의 미래 경영을 선언하라

◆◆◆

인도에서의 경험과 과거 두 번의 해외 영업 총괄 당시의 기억을 떠올리면서 업무 파악과 함께 영업 조직의 마케팅 역량 제고를 위해 부산하게 시간을 보내던 첫해 연말 인사에서 생활가전Home Appliance 사업 본부장으로 승진 발령이 났다. 언젠가 기회가 닿으면 꼭 한번 도전하고 싶었던 직책이다.

전기 부품 영업으로 입사 후 그저 회사의 부름에 따랐을 뿐인데 훌륭한 상사분들 아래에서 우연히 한 우물을 파게 된 것이 이런 도전의 기회로 연결되지 않았나 하는 생각이 들었다. 1997년 IMF 외환위기가 터졌을 당시 생활가전 사업 본부는 매각 대상으로 선정됐다. 해외 영업을 담당했던 나는 매입에 관심이 있는 업체들을 대상으로 본부를 소개하는 일을 전담했다. 결론적으로 세월이 지난 후 모든 관계자가 이구동성으로 그때 매각되지 않은 게 천만다행이었다고 말했다. 그 중심에는 IMF 외환위기 이후 경영진들이 창출한 경영 성과가 회사에 끼친 긍정적인 영향이 있었다. 이런 연유로 생활가전 사업 본부가 있는 창원이 혁신의 메카로 불리고 있고 지금도 회사 경영 성과에 중추적인 역할을 하고 있다. 만약 그때 매각이 됐다면 나에게 이런 기회도 오지 않았을 것이다. 우연이라고 하기엔 필연 같은 운명의 순간이 아니었나 싶다.

"5퍼센트는 불가능해도 30퍼센트는 가능하다." "3바이3" "6시그마" "25시 티디알 활동" 등 선대 본부장들께서 남긴 혁신과 관련된 유산들은 말로 표현하기 힘들 만큼 엄청난 것들이었다. 나 또한 이 여정이 마지막이라는 생각으로 재임 동안 후임자를 위해 무엇을 남겨야 할지 한껏 부딪히며 즐기자고 다짐했다.

본부장 발령 후 출근 첫날의 첫 번째 행선지는 본부의 비전 달성을 함께 이끌어야 할 사업장 내 노조 지부 사무실이었다. 노조 지부장과 인사를 나누고 본부 경영에 대한 의견을 교환하는 자리였다. 내가 본부장 재직 기간 동안 어떤 방향으로 갈 것인지 함께 협력을 논의하는 동안 강조했던 것은 한 가지였다.

"전임자가 일군 유산들의 단물만 취하고 축내는 일만은 절대로 하지 않겠습니다. 단기 실적이 좋지 않아도 후임자를 위해 함께 남김의 경영을 함께 실천합시다."

나의 제안에 지부장 또한 흔쾌히 화답했다. 미래 경영이라는 지향점이 서로 다르지 않음을 확인했던 소중한 날이다. 다음은 본부의 협력업체 회장단을 포함한 일부 협력업체 대표들과의 만남이었다. 회장단에 제안한 큰 골격은 투명성에 기반을 둔 동반 상생이었다. 본부의 비전 설명과 함께 더 밝은 미래를 위한 동반 성장을 말하며 한 가지 부탁을 간곡하게 드렸다.

"재도약을 위한 토대를 3년 안에 반드시 구축할 테니 도움을 줬으면 합니다."

참석한 모든 분이 화답했다. 본부의 장기 비전 실현을 위한 향후 방향성에 대해 내외부 동반자들과의 공감대가 순조롭게 이어진 것이다.

전략 과제 ② 비즈니스 리더십을 확보하라

◆ ◆ ◆

회사의 방향성은 세 가지 큰 축으로 전달됐다. 첫째는 차별화된 제품의 리더십 확보를 통한 시장 선도였다. 둘째는 우리 스스로 만든 규칙이나 일의 프로세스를 엄격하게 관리하고 지켜나가는 것이었다. 셋째는 계획한 과업들을 제대로 실행하는 조직문화의 정착이었다. 회사의 세 가지 방침과 재임 동안 추진할 5대 전략 과제들을 포함한 가전 사업 본부의 중장기 혁신 여정을 신년 시무식에서 공유했다.

5대 전략 과제는 제품, 생산성, 마켓, 품질의 리더십, 철저한 선택과 집중이었다. 언급한 5대 전략 과제는 마케팅 4P의 범주에 속한 내용이었다. 각각의 과제들이 리더십에서 우위를 점할 수 있도록 굳건한 플랫폼 구축이 된다면 생활가전 제품 분야에서 세계 1위를 실현하는 일도 가능하다고 확신했다.

제품 리더십 실현을 위해 주요 시장, 특히 자사의 현지 공장이 있는 국가들을 최우선 대상으로 선정해 상품을 기획하는 단계부터 현지화를 구상했다. 인도에서의 경험으로 반드시 성공한다는 확신이 있었기 때문이다. 생활가전 제품은 종교, 기후, 그리고 오랜 전통을 지켜온 식생활과 의식주와 밀접한 관련이 있다. 한마디로 그들의 문화를 이해하고 존중해야 좋은 제품을 만들 수 있다. 그러나 우리가 분석하고 파고든다고 해도 그들만큼 자신의 나라에 대해 이해하기는 쉽지 않을 것이다. 현지 공장 소재지를 우선으로 택한 이유는 가격 경쟁력 등 다른 국가와 비교했을 때 상대적으로 강점이 많았기 때문이다. 결과적으로 시장에서 규모의 경제를 선점할 수 있을 터였다. 일부 중요한 국가는 한국의 LSR(라이프 스타일 리서치Life Style Research) 연구소와 유사한 역할과 책임을 부여하고 가동에 필요한 모든 지원을 아끼지 않았다.

생산성 리더십은 주요 경쟁사들의 생산지 비교 분석을 통해 공급의 리드 타임Lead Time과 운반비에서 우위를 점할 수 있도록 글로벌 생산지 장기 계획의 수립을 주문했다. 생활가전 제품은 생산 라인에서 포장되어 나오는 제품 중에서 가장 부피가 크다. 운반비가 생산 원가에서 차지하는 비중이 적지 않다. 그러나 현지 생산체제 구축을 통한 생산성 리더십 확보를 위해서는 물량 증대가 반드시 따라야 했다. 시장 지위 확보를 위한 제품 경쟁력 제고를 위해 모든 생산지에서 상품기획 현지화를 병행하여 추진했다. 상품기획의 현지화를 통한 제품 경쟁력 강화는 시장 지위 상승에 따른 물량 증대로 이어져 생산성의 리더십을 더욱 키울 것이라고 확신했다. 또한 이처럼 생산지의 절대 우위와 상품기획의 현지화를 통한 제품 리더십 확보는 시장 지위를 확보하려면 꼭 해야 하는 전략적 과제였다.

마켓 리더십 우위 확보를 위해 공장 소재지 국가들에서 절대적인 지위 구축은 반드시 넘어야 할 필요조건이었다. 상품기획 현지화에 이어 마케팅 클리닉을 통한 본부 차원의 마케팅 전략 예산을 우선으로 투입하기로 했다. 장기적으로 해당 국가들에서의 경쟁력이 곧 글로벌 시장에서의 경쟁력과 지위 향상에 중추적 역할을 할 것이라고 믿었기 때문이다.

품질 리더십은 단지 제품의 품질을 높이는 것만을 말하는 것이 아니었다. 이것은 총체적으로 품질에 대한 의식 수준을 높이는 것이며 종교적 신념에 비할 만큼의 품질 문화를 형성하는 것을 의미했다. 전 임직원들의 사고, 행동, 일 모두를 품질로 규정하고 품질 캠페인과 함께 세계 최고의 품질 리더십을 확보해나갈 필요가 있었다.

내가 조직생활을 하면서 힘들었던 시간 중 하나는 조금만 주의를 했으면 충분히 피할 수 있었던 실수와 품질 문제로 인해 큰 손실을 감내해야만 했던 순간들이다. 회사가 이런 문제를 소홀히 다루지 않았음에도 때때로 비슷한 문제가 발생해 큰 손실이 생기곤 했다.

'어떻게 하면 우리가 고객에게 제공하는 모든 제품과 서비스의 품질을 지금보다 훨씬 개선된 수준으로 끌어올릴 수 있을까?'

제품 리더십의 퍼즐을 맞추는 마지막 단추가 바로 품질이었다.

품질을 지속적으로 개선시키는 원동력은 분명 존재할 터였다.

'품질 개선의 주체는 누구인가? 바로 조직이고 그 안에 있는 구성원들이다.'

이런 생각이 들면서 품질에 대한 인식과 의식을 새롭게 바꾸는 캠페인이 떠올랐다. 품질을 제품에 국한하지 않고 사고, 행동, 일과 관련된 모든 것을 품질로 규정하는 총체적 품질 조직문화를 구상했다. 본부 내 구성원들뿐만 아니라 모든 이해관계자들이 같은 생각과 의지로 한마음이 돼 품질 리더십이 조직에 뿌리를 내릴 수 있도록 유관 부서 간의 협의를 거쳐서 방향성을 끌어냈다.

전략 과제 ③ 품질 문화를 만들어 혁신하라

◆◆◆

품질 문화란 무엇인가? 종교적 신념 못지않게 엄정한 기준을 지니고 품질을 높이고 유지하는 것이다. 고객에게 차별화된 가치를 제공하기 위해 전 임직원의 사고, 행동, 일 모두를 품질로 규정하고 모든 분야에서 철저한 기본 준수를 바탕으로 제대로 실행해 종교적 신념과도 같은 품질 문화를 만들어가는 총체적 활동이라고 할 수 있다.

품질 문화로 변화하기 위해 다음과 같은 생각을 공유했다. 품질은 단순히 문제를 개선하는 것이 아니라 기업의 문화를 바꾸는 것이다. 품질은 제품 혁신이 아니라 기업 문화의 혁신이며 생각의 방식으로 승화돼야 하고 아웃풋 위주가 아닌 인풋의 품질 개선에 역점을 두어야 한다. 품질 개선의 주체와 책임 소재에 대해서는 조직의 책임자와 유관 부서에서 통제하고 관리하는 것이 아니라 조직의 모든 구성원이 자발적으로 참여해야 한다. 현장을 방문할 때마다 빼놓지 않고 한 말이 있다.

"우리 모두 각자 맡은 일에 대해 내가 CEO라는 자부심을 느끼고 품질 혁신에 주인이 돼야 합니다."

품질 문화를 조직문화로 견인하는 데 필요한 혁신 대상으로 세 가지 분야를 선정했다. 바로 사람People, 프로세스Process, 파트너십Partnership이었다. 각각의 품질에 대한 지향점을 명확히 하고 성공적인 안착을 위한 핵심 과제Key Initiatives를 선정하고 행동 계획을 수립한 후 매월 품질 문화의 진척을 점검하는 위원회 구성까지 끝내고 나니 우리의 비전이 한층 가까이 다가간 듯했다.

기본에 충실하면 일의 80퍼센트는 이미 끝난 것이나 다름이 없다. 품질 문화 캠페인이 잘 정착되면 기본기가 강하고 튼튼한 조직이 될 것이 틀림없었다. 유관 부서의 책임자들이 정리한 품질 문화의 전체 방향성 또한 가슴에 와닿았다. 회의가 끝날 때마다 다음 회의에서 어떤 내용이 다루어질지 궁금하기까지 했다.

품질 문화의 첫 번째 대상은 사람이었다. 품질로 장착한 사람을 품질 人(Q-맨)으로 규정했다. Q-맨의 컬처 코드Culture Code는 머리부터 발끝까지 품질 문화로 무장하는 것이었다. 즉 '모든 사고는 품질 문화에 기초해 발상하고, 모든 일은 품질 문화에 기초해 완성하고, 모든 행동은 품질 문화에 기초해 실시한다.'를 원칙으로 삼았다. Q-맨의 선정 원칙은 '늘 단정한 용모를 지니고 주인의식을 기반으로 한 행복한 마음의 소유자로 기본을 준수하면서 제대로 행동하는 사람'이라고 규정했다. 품질 문화를 준수하고 회사가 지향하는 방향성에 기초하여 본부가 지향하는 이상적인 Q-맨 원칙을 정리해서 공유했다.

두 번째 대상은 프로세스였다. 철저하게 기본을 준수하고 프로세스의 혁신을 통해 끊임없이 개선하며 발전시키는 것을 목표로 삼았다. 프로세스 품질의 모토는 '규칙 준수, 프로세스 혁신!Keep Rule, Innovate Process!'이었다. 인사·혁신 부서에 개인과 팀 단위로 부여된 역할과 책임R&R, Role & Responsibility의 재점검을 통해 부서 간 중복된 업무가 없는지 찾아내고 영역별 개선 위원회를 구성해 업무 프로세스의 혁신을 꾀할 수 있도록 했다. 조사 결과 우리가 생각한 것 이상으로 많은 부분에서 업무의 중복이 나타나 프로세스 개선이 급선무라는 것을 깨닫게 됐다. 심지어 주인 없는 역할도 존재하고 있었던 것이다.

세 번째 대상은 파트너십이었다. 파트너십의 모토는 '소통과 협력을 통해 사업 동반자로서 관계를 굳건히 하고 함께 성장한다Enhance Relationship and Grow Together.'에 기반을 두고 있었다. 본부에서 추진하는 품질 문화 캠페인을 협력업체들까지 확대해서 적용한 것이었다. 동반 성장의 첫 단계로써 롤모델이 될 성공 사례 발굴을 위해 사업별로 가장 진취적인 회사들을 선정했다. 본부 혁신 부서와 공동의 태스크 추진 킥오프Kick Off 보고에서 경영 성과의 분배 원칙에 대한 사전 공유를 통해 모든 것을 투명하게 할 것을 특별히 주문했다.

경영자로 현장에 임하는 동안 머릿속을 떠나지 않았던 한 가지 신념은 협업을 통한 상생이었다. 어떤 경우라도 이것은 반드시 지켜야 하는 절대 불변의 경영 철칙이었다. 상생을 위한 협업의 필요성을 모르는 사람은 없을 것이다. 하지만 협업의 품질은 천차만별일 수밖에 없다. 내가 생각하는 협업의 핵심은 다음과 같았다.

"상호 추구하는 미래 지향점, 즉 동일한 비전을 공유하고 있는가?"

"비전을 향한 진척 과정을 정기적으로 투명하게 공유하고 있는가?"

"상생을 위해 최소한 상호 약속한 부분들을 충실히 실천하고 있는가?"

사업 파트너란 표현은 경영 일상에서 자주 접하는데 너무 남발하는 경향이 있다. 경영에서 파트너라 부르고 불리기를 원한다면 공통의 단일 비전을 공유하는 일은 필수적인 요소일 것이다.

전략 과제 ④ 선택과 집중으로 실행력을 갖춰라

◆ ◆ ◆

생활가전 사업 본부의 5대 전략 과제 중 마지막 다섯 번째는 선택과 집중이었다. 선택과 집중의 중요성을 처음 깨달은 것은 직장생활 중 처음으로 세계적인 컨설팅 회사와 전략 수립 태스크 포스 팀TFT으로 활동하던 시기다. 선택과 집중의 의미를 파악하고 철저하게 실행한 결과 경영 성과 측면에서 파괴력은 실로 엄청났다. 그 경험 이후 전략 수립에서 선택과 집중은 은퇴할 때까지 잠시도 내 머릿속을 떠난 적이 없었다. 새로운 보직에서 전략을 수립할 때마다 깊이 들여다보는 것이 습관화됐다. 후발 주자일수록 커다란 도약을 하려면 한정된 자원을 효율적으로 배치하는 일이 필수적인 요소였다.

반면 선두 주자는 선두의 자만과 수성에 머물지 않고 새로운 높이로 도약할 가능성을 모색하고 후발 주자와의 차이를 더욱 확대하기 위해 현재의 시장 지위를 떠나 지속적으로 추진하는 과제를 가져야만 한다. 아웃풋은 인풋의 품질과 크기에 달려 있다. 새로운 시도를 할 때 처음부터 전면 확대로 펼치는 것은 그만큼 큰 위험을 짊어지는 일이다. 게다가 자칫 잘못되기라도 하면 감내하기 어려울 정도로 엄청난 매몰 비용을 껴안게 된다. 선택과 집중을 통해 성공 사례를 만들어내고 확대 적용을 통해 점검의 기회를 얻으면서 전면전으로 가도 절대 늦지 않다.

선택 집중이 전략이라면 선정 원칙은 전술에 해당한다. 선정할 때는 크게 두 가지 관점에서 분석하고 결정했다. 가장 중요한 축은 경쟁 관점에서 투입 대비 사업에 미치는 파급 효과였다. 두 번째 축은 차별화 관점에서 경쟁사 대비 우리가 지닌 상대적인 강점을 잘 살피는 것이었다. 상대적인 강점의 활용은 아무리 강조해도 지나치지 않을 것이다. 이것은 경쟁사들이 가지고 있지 않은 것이었기에 현재 상태에서 상대적인 우위를 지니는 분야였다. 그러나 의외로 이 부분을 간과하는 경우가 많다. 조금만 관심을 가지고 들여다보면 충분히 간파할 수 있는 것을 놓치는 누를 절대 범해서는 안 될 것이다. 강점으로 자리잡았다는 것은 기존에 그만큼 많은 투자가 있었다는 것을 의미한다.

선택과 집중이 중요한 이유는 투자의 우선순위를 책정하는 문제와 밀접한 연관이 있기 때문이다. 회사가 중요하다고 최우선으로 선택한 과제에 대한 투자는 두 가지 관점에서 꼭 확인하고 시행해야 한다. 하나는 투자의 임계점 확보이며 다른 하나는 경쟁사 대비 규모의 적정선이다. 기대하는 결과를 위해서 조금은 과도하게 보일지라도 공격적인 투자가 반드시 따라야 한다.

실행은 목표 달성 여정의 마지막 단추를 채우는 일이다. 목표 지점까지의 여정은 생각보다 어렵고 인내를 필요로 한다. 나 또한 여정 내내 힘든 시간을 버텨내야 했다. 여러 형태의 과업을 수행하면서 목표 달성을 위한 실행 원칙을 네 가지로 정리했다. 첫째는 상호존중 및 소통 기반의 노경 관계 강화이다. 둘째는 협력회사와 동반 성장을 위한 토대 구축이다. 셋째는 창의적이고 자율적인 조직문화 구축이다. 마지막으로 기능별 역량의 상향 평준이다. 실행과 관련한 선언문은 다음과 같았다.

"상호존중 및 소통에 기반한 노경 관계가 더욱더 강화돼야 하겠습니다. 또한 협력회사와의 실질적인 협력 관계를 재정립하여 상호 동반 성장하는 상생의 토대를 구축해야 합니다. 다음은 주인 정신을 바탕으로 한 창의와 자율의 조직문화 구축입니다. 이를 위해서는 역할과 책임 명확화를 통해 중복 업무를 제거하고 수평적인 소통을 강화해야 합니다. 그리고 워라밸Work & Life Balance을 통해 재충전의 시간을 확보하여 창의적인 생각으로 일의 효율을 높여 정말 일하고 싶은 회사를 우리 함께 만들어갑시다. 마지막으로 기능별 전체적인 역량의 상향평준화가 이루어져야 합니다. 연구개발, 생산·제조, 품질, 공급망 관리SCM, 마케팅·영업, 인사HR, 재무 어느 한 분야의 역량이 미달하면 전체 역량이 하향 평준화되는 결과를 초래합니다. 분야별 전문가 육성을 통해 전체적인 역량의 상향평준화를 만들어갑시다."

모든 실행의 근간은 사람이고 조직문화가 혁신을 끌어낸다. 이해관계자들이 수평적인 관계를 맺으면서 하나의 비전을 공유하는 파트너십으로 통합돼야 하는 이유다. 기대하는 경영 성과를 창출하기 위해서는 과업들의 완성도를 높이는 데 결정적인 역할을 하는 조직 전체의 통합된 역량이 절실했다. 조직 간의 시너지 확대를 위해서라도 각 부서들의 역량을 상향 평준화하는 일은 절대 타협의 대상이 될 수 없었다. 왜 경영 과제로 내세운 목표들을 달성하지 못했는지를 살펴보면 전체가 다 잘못된 경우는 거의 없었다. 그보다 조직 간의 역량 불균형으로 인한 경우가 더 많았다. 이런 상황을 종합해볼 때 구성원들이 주인의식을 높이고 자신의 역할과 책임 완수를 위해 품질 문화를 구축하는 일은 재임 동안 무형자산으로 남겨야 할 가장 중요한 소임이라 생각했다.

지금까지 언급한 전략 과제들은 대부분 회사가 공통으로 당면한 이슈일 것이다. 특별한 것이라기보다 경영자의 위치에 있으면서 마르고 닳도록 듣고 실행했던 과제 중의 일부이다. 기업이 열심히 노력하는 대가로 얻고자 하는 것 중 하나는 이익 창출이다. 문제는 이익의 규모가 선행돼서는 안 된다는 것이다. 이익의 품질이 선행되고 난 후에야 이익의 규모를 들여다봐야 한다. 그렇기에 과업의 목표는 급조해서 만드는 것이 아니고 고객과의 상생을 위해 혹독한 과정을 통해 만들어져야 한다.

구성원들이 직접 과정에 참여해서 장기 관점에서 투입되는 투자가 어떤 바람직한 결과를 가져오는지 스스로 체험하는 것이 중요하다. 실제 경험하면서 투자에 대한 자신감을 쌓게 만드는 것이다. 자신감이 커질수록 조직의 역량은 극대화되게 마련이다. 투입에 대한 자신감을 높이면 개인과 조직의 역량이 높아진다. 남김의 경영 관점에서 그동안 경험한 것을 바탕으로 인사·혁신 부서와 논의를 거쳐 실행 사상을 구성원들과 공유했다. 실행 기조는 다음과 같았다.

"투입 품질 관리IPQM, Input Quality Management. 아웃풋 목표에 치중한 관리 위주의 실행이 아닌 건강한 아웃풋에 직접적인 영향을 미치는 투입 품질 경영을 실천한다."

혁신 부서의 지원 아래 각 기능의 책임자들이 중심이 돼서 부서별 및 기능별로 건강한 아웃풋을 실현하기 위한 투입 품질 미래 선행 지표 선정 작업이 충분한 토의를 거쳐 만들어졌다. 선정의 핵심은 '장기 관점에서 브랜드, 매출, 손익의 균형적인 개선과 발전을 어떻게 이룰 것인가?'였다. 공유된 미래 선행 지표들의 실행과 진척에 대한 모니터링과 업데이트는 각 부서의 책임자에게 자율적으로 맡겼다.

전략 과제 ⑤ 정교한 공정 관리와 소통을 하라

◆◆◆

투입 품질이 경쟁사 간에 비슷하다면 마지막 승부처는 누가 더 효율적으로 일정 계획을 수립하는가에 달려 있을 것이다. 일정을 수립하는 일과 관련해 공정 관리 기법인 임계경로법CPM, Critical Path Method을 본부가 수행하는 모든 과업에 적용하기로 했다. 외부 전문가를 초빙해 교육부터 현업 적용까지 체계적으로 실시할 것을 주문했다.

"임계경로법은 건설 회사들이 수행될 작업에 중점을 두고 일정 관리를 위해 주로 사용하는 기법이다. 일정에 여유가 없는 중요한 업무들의 경로를 분석하여 전체 일정을 관리하는 방법으로 공정표상 가장 긴 공정을 주 공정으로 하며 네트워크상에 작업 간의 관계와 작업 소요 시간 등을 표현하여 일정을 계산해서 전체 공사 기간을 산정하는 방식이다."

건설 회사에 공사 기간 지연은 그 규모에 따라 엄청난 페널티가 부여되는 중요한 이슈이다. 치밀하고 정교한 일정 수립은 절체절명의 과제가 될 수밖에 없다. 우리가 추진하는 과업의 일정은 복잡성 면에서 건설사 프로젝트와 비교할 바는 아니었지만 구성원들에게 일정 관리의 중요성을 각인시키고자 하는 목적도 컸다. 본부에서 추진하는 모든 티디알TDR의 일정 관리에 임계경로법을 도입하면 불필요한 시간 낭비를 최소화할 것이라 확신했다. 품질 문화에 토대를 두고 투입 품질 관리와 임계경로법을 꾸준히 실행에 옮기면 건강한 결과를 산출하는 일에 가까워질 터였다.

소통은 아무리 강조해도 지나침이 없는 이슈이기에 대내외적으로 꾸준하면서도 다양하게 노력했다. 부임 후 얼마 되지 않은 시점에서 이루어진 협력회사 대표들과의 면담도 소통을 위한 노력 중

하나였다. 상호 합의한 투명 경영의 하나로 업종별 대표 주자들을 대상으로 시범적으로 추진한 후 우수 사례를 만들어서 전 업체들을 대상으로 상생의 협력 모듈을 개발하기로 중지를 모았다. 본부에서 추진하는 경영 사상을 협력 업체들에 접목하고자 하였다. 개선한 것을 공유하는 시간을 갖는 일은 장기적인 관점에서 포괄적인 협력 체제를 구축하는 여정이었다. 비전을 공유하고 달성하는 경영 사상에 대한 합의는 내부 마찰을 줄이면서 경영 효율을 견인하게 마련이다.

시무식에서 선포한 비전과 이를 달성하기 위한 전략 및 실행과 관련한 경영 사상에 대한 공유는 출정을 위한 시작에 불과했다. 실행과 관련한 경영 사상의 전파와 공감대 형성을 위한 내외부 이해관계자들과의 정기적인 소통은 조직책임자의 최우선 과제였다. 공장에 갈 때는 사원 기숙사에서 머물면서 식당에 자리를 마련해 아침 식사를 겸한 환담 자리를 마련했다. 최소한 한 사람당 하나의 질문을 반드시 하고 답변을 하는 질의응답 시간을 가졌다. 시무식과 함께 직책별 직급별로 시작한 질의응답 방식의 소통은 4개월간 지속됐다. 본부의 비전 달성을 향한 가장 중요한 첫걸음이었다.

다음은 모든 과제의 진척 상황을 정기적인 회의를 통해서 확인하는 일이었다. 직책의 상승과 함께 수반되는 가장 큰 변화는 조직의 규모에 따른 소통의 증가였다. 조직 구성원들과 정기적으로 소통하되 각자가 본연의 업무에 많은 시간을 투입할 수 있도록 불필요한 요식행위 등 부가가치가 없는 소통은 철폐했다. 이것은 나를 포함한 조직의 모든 구성원의 해당 사안이었다.

경영에서 소통을 빼놓으면 무엇이 남을까? 소통은 모든 일의 시작이자 마무리이다. 생각하는 시간도 새로운 것을 찾으러 다니는 시간도 따지고 보면 소통을 위한 사전 준비작업과 같다. 그렇다면 소통의 목적은 무엇인가? 조직의 비전에 부합하면서도 생산성 측면에서 다수가 공감하는 효율성이 높은 판단과 의사결정을 도출해내기 위해서이다. 그동안 현장에서 쌓은 경험을 바탕으로 소통에 대해 나름대로의 생각을 정리해보았다.

현명한 의사결정을 내리기 위한 소통은 다음 네 가지 요소로 이루어진다. 경청, 질의응답, 제안, 지시이다. 이 네 가지 요소 중에서도 지존이라고 할 수 있는 것은 경청이다. 경청이 먼저 이루어져야만 질의응답으로 갈 수가 있다. 더 나아가 필요한 경우 제안할 때도 있지만 가능하다면 지시 단계까지 가지 않도록 조직책임자에게는 경청하고 인내하는 자세가 필요하다.

조직 구성원들이 스스로 생각하고 해결책을 찾아내도록 경청을 통해 정제된 질문을 던질 수 있다면 훌륭한 리더의 반열에 올랐다고 자부해도 무방할 것이다. 책임자의 자리는 지시를 위해 존재하는 자리가 아니다. 최대한 올바른 판단과 의사결정을 하라고 주어진 자리이다. 조직은 조직책임자의 궁금증을 해결하기 위해서 존재하는 것이 아니기 때문이다. 오히려 구성원들이 소속된 조직의 궁금증을 해결하는 목적이 훨씬 더 크다.

리더는 경청하면서 각자에게 주어진 책임 완수를 위해 주어진 권한을 십분 활용하는지 자세히 파악해야 한다. 그러려면 격식이 철폐된 질의응답을 통해 구성원들이 가지고 있는 궁금증을 해소하는 데 진력해야 한다. 소통은 이렇듯 상호 간의 궁금증을 해소하는 여정이 돼야 하며 최종 목표는 한 가지 비전 아래 조직 간의 이해관계를 조정하고 통합하는 데 있다. 브라질 방문에서 눈으로 확인한 셈코의 무통제 경영은 상상이 아닌 현실이었다.

조직책임자로서 올바르게 판단하고 현명하게 의사결정을 하며 시장에서의 우위를 확보하기 위해서는 더 많은 것을 보고 더 다양한 의견들을 들어야 했다. 내가 그동안 보고 들으며 경험했던 전임 상사분들의 시간 쪼개기는 타의 추종을 불허할 만큼 대단한 일이었다. 궁금증을 해소하기 위해 두 발은 쉴 새 없이 움직이는 일이 어느새 나에게도 일상화된 습관이 된 듯하다. 그동안 여러 차례 보직을 옮기면서 가장 분주했던 시간은 새롭게 맡은 직책의 첫해였다. 사업의 성패는 첫걸음인 사전 준비에 달려 있었다. 사전 준비를 어떻게 하느냐에 따라 결과가 달라졌기 때문이다.

빅 윈
5

선순환 생태계를 구축하라

1. 비즈니스 턴어라운드의 기준을 세워라

지옥에 가서도 시장 개척을 할 수 있어야 한다

◆◆◆

한 해가 얼마 남지 않았을 무렵 해외 출장지에서 회장님 전화를 받았다. 사장 승진과 함께 중국으로 발령이 났다. 소식을 듣는 순간 어안이 벙벙했다. 차를 타고 이동 중이었던 상황이라 잠시 길가에 세우게 하고 밖으로 나갔다. 지난 60여 년 삶의 여정을 살다 보니 이런 날도 있나 싶었다. 은퇴 나이 무렵에 사장 승진과 함께 기회가 닿으면 마지막으로 꼭 도전해보고 싶었던 중국 발령이라니! 복도 많은 놈이라는 생각이 들었다. 동시에 지난 1년 동안 수립한 비전 등 여러 인풋에 대한 아웃풋을 확인해보지 못하는 아쉬움도 밀려왔다. 중동 아프리카 지역 대표를 마치고 본사로 복귀한 그해 다음 행선지로 기회가 닿으면 중국 시장을 도전해보고 싶어 매일 이른 아침 시간 중국어를 하던 때가 떠올랐다.

"왜 그 어려운 시장에 도전하려고 하십니까?"

주변에서 이런 질문을 받을 때마다 겉으론 빙긋 웃고 말았지만 속으로는 기왕 할 바엔 남들이 꺼리는 가장 험한 시장에서 도전해보겠다고 다짐했다. 그런데 정말로 그걸 현실로 만들 기회가 다가온 것이다. 1986년 입사한 후 26년 동안 중동 아프리카 지역에서 3년과 인도 지역에서 6년이라는 해외 파견 기간을 제외하곤 줄곧 몸담았던 본부를 떠난다고 생각하니 만감이 교차했다. 본부 사내 식당에서 열린 전임자와 후임자 간의 송별과 환영을 겸한 자리에서 송별사를 했다. 그때의 기억이 지금도 생생하다.

"엘지전자의 세계 제패는 중국에서 톱 수준으로 도약하고 생활가전 사업 본부가 세계 시장에서 독보적인 톱의 위치에 오르면 아마 이루어지지 않을까 합니다."

꼭 한번 도전해보고 싶었던 중국 시장을 향한 도전에 흥분이 됐다. 물론 가장 경쟁이 치열하고 혹독한 시장이라는 것도 잘 알고 있었다. 이전 두 번의 해외 파견은 전임자가 잘 닦아놓은 유산을 물려받아 그 후광으로 비교적 무탈하게 보냈다. 하지만 중국 시장은 달랐다. 쉼 없이 달려온 지난 26년의 공과가 어떻든 세계 시장에서 가장 터프한 경쟁이 벌어지는 중국에서의 결과가 나의 모든 것을 대변할 것임은 분명했다. 나의 중국 발령을 두고 당시 언론에 이런 기사가 실렸다.

"신 사장은 독이 든 성배를 들어야 할지도 모른다."

입사 이후 겹치는 직책도 있었지만 이번이 13번째 보직이었다. 삶에서 맞이하는 변화는 피할 수 없고 삶의 한 과정이라고 늘 생각했다. 이번도 마찬가지였다. 피할 수 없다면 즐기자고 생각했지만 현실은 녹록지 않았다. 중국 발령을 받고 중국 임지로 떠나는 첫날 공항 라운지에서 '후임자에게 절대 누가 되지 말자.'라고 몇 번씩 다짐했다.

시장을 이끌어갈 선도 제품을 발굴해내야 한다

◆◆◆

당시 중국 법인은 다소 힘든 상황에 직면해 있었다. 시장 지배력은 역대 최하위에 머물고 있었다. 중국 발령 전에 경험했던 두 차례의 해외 파견과는 상황이 아주 달랐다. 그중에서도 한 가지를 꼽으라면 현지 업체의 경쟁력 수준이었다. 그들의 시장 지배력은 고급 제품을 제외하곤 압도적이었다. 특히 제품별 상위 톱 5 업체의 지배력은 해를 거듭할수록 커지고 있었다. 업체마다 자기 고유의 영역을 갖고 있었다.

그동안 각자 모태 사업에 전념하고 있던 터라 서로 다른 영역으로 진입하기는 절대 쉽지 않았다. 그런데 내가 부임하던 해는 제품별 상위 수준의 업체들이 다른 제품으로 적극적인 확장을 꾀하던 시점이었다. 그전까지는 우리와 'S'전자를 제외하곤 가전과 IT 전 분야를 아우르는 업체는 없었다. 그러나 날로 몸집을 키워가는 현지 업체와의 치열한 경쟁은 피할 수 없는 일이었다.

'내게 주어진 마지막 임무가 될 이곳에서 과연 유종의 미를 거둘 수 있을까?'

보직이 바뀔 때마다 겪는 일이긴 했으나 중국이란 거대한 시장이 주는 위압감은 지금까지의 경험과는 사뭇 다르게 다가왔다. 복잡성으로 치면 세계 최고라는 인도를 경험하긴 했지만 중국은 또 다른 차원의 엄청난 복잡성과 시장 규모를 가진 곳이었다.

'어디서부터 시작하고 어떻게 해야 할까?'

고민은 많았지만 주어진 시간은 많지 않았다. 그럼에도 단기성과에 눈이 멀 수는 없었다. 사고와 행동의 일거수일투족은 미래에 초점을 맞춰야 했다. 이것만은 어떤 어려움을 겪더라도 타협의 대상으로 삼을 수 없었다.

그동안 검증된 사안들과 법인이 안고 있던 이슈 중 빠른 조치가 필요한 것들은 바로 했다. 주로 불균형과 중복으로 인한 비효율 사항이었다. 급변하는 시장 상황에 빠르게 대처하기 위해 불균형의 문제점부터 조치를 단행했다. 지방 영업 조직은 보고 단계를 축소했고 중복된 일은 통폐합했다. 이로 인해 발생한 유휴 인력을 영업 일선으로 배치했다. 가능한 많은 시간을 현장에서 고객들을 만나는 데 치중하도록 하기 위해서였다. 영업 조직의 역량을 키우기 위해 성과와 직결된 투입 품질 관리 경영과 관련해서 지사 10대 행동강령을 제정하고 자체 평가를 했다. 10대 행동강령 중 5개 항목은 5S(정리, 정돈, 청소, 청결, 질서), 3현주의(현장, 현물, 현실), 유통 채널 건강도, 조직 역량 제고, 지역 차별화 마케팅이었다. 나머지 5개 항목은 각 지역이 당면한 경쟁 환경과 이슈들이 서로 달랐기에 지역 대표의 재량에 맡기되 실행력을 강화하기 위해 구성원들과 합의하는 과정을 반드시 거치도록 했다.

마지막으로 조직 전체에 긴장감을 불어넣고 선의의 경쟁을 유발하는 측면에서 급여의 변동 폭을 대폭 확대했다. 평가의 기준은 상대평가가 아니라 절대평가였다. 상대평가일 경우 선의의 경쟁이 아닌 지나친 경쟁으로 소진될 위험이 있었기 때문이다.

전략 수립 시 반드시 거치는 3C(고객customer, 경쟁사competitor, 자사company)와 스왓SWOT(강점strength, 약점weakness, 기회opportunity, 위협threat) 분석을 기반으로 수립된 사업 전략 보고는 부임한 지 4개월이 지난 시점에 이루어졌다. 자사가 중국에 진출한 지 20년 남짓 됐기에 사업 구성 요건에 기본이 되는 인프라는 대부분 갖춰져 있었다. 전략만 올바르게 수립하면 승산은 충분하다고 생각했다.

전략 수립의 첫 단계는 명확한 현상 파악이었다. 현재 어떤 상황인지 객관적으로 파악하기 위해 심혈을 기울였던 부분은 자사가 보유한 강점들을 올바르게 평가하고 이것에 기반해서 장기적인 관점으로 시사점을 도출하는 것이었다. 선두 주자들과 비교하면 경영의 효율적인 측면에서 한참 열위에 처한 상황이라 우리의 강점을 파악하는 일은 더더욱 중요할 수밖에 없었다. 다음으로 당면한 문제점과 현상 파악을 위해 내부 직원들과 주요 거래선들과 면담을 시행했다.

"어떻게 사업을 턴어라운드할 것인가?"

사업 전략의 큰 방향성은 브랜드 가치와 매출의 품질을 동시에 높임으로써 경영 성과를 점진적으로 개선하는 일이었다. 긴 안목으로 그려가야 할 로드맵을 차질 없이 실행하기 위해서는 강력한 무기가 될 마케팅 4P의 첫 꼭지인 시장 선도 제품의 발굴이 반드시 선결돼야 했다. 또한 브랜드 인지도 제고가 수반된 매출 증대를 위해서는 기술을 앞세운 하이엔드 제품 위주로 매체 광고를 포함한 홍보 활동이 필수였다. 긴 호흡으로 장기적인 관점을 가지고 정면 돌파하지 않으면 안 됐다. 시간이 지날수록 격차가 더 벌어질 것이다. 추진 과제들을 효율적으로 실천할 수 있는 세부 계획이 뒤따라야 했다.

'구슬을 어떻게 꿸 것인가?'

수립한 전략 과제들을 완성도 높게 실현하려면 선택과 집중이 필요했다. 효율성과 관련된 항목들을 철저하게 실천하고 전임자들이 남긴 강점을 최대한 살려 중국 법인을 반드시 턴어라운드시키겠다고 다짐했다. 선두를 추격해야 하는 때이니만큼 생존과 동시에 선두와의 차이를 줄이기 위한 방책도 필수적인 요소였다. 비효율적인 부분을 제거해서 속도 경쟁에서 우위를 차지하는 일이 절실했다. 그동안의 경험을 통해 볼 때 비효율은 크게 두 가지 측면에서 두드러졌다. 하나는 일(업무)이었고 다른 하나는 무형자산인 조직 관련 이슈였다. 두 가지 큰 주제를 염두에 두고 효율 경영에 박차를 가하기 시작했다.

2. 사무실 책상을 떠나 현장에서 판단하라

소통을 위한 현장 방문을 강화하라

◆◆◆

오랫동안 중국 시장 도전을 꿈꾸며 중국어 공부를 틈틈이 해왔지만 역부족이었다. 현지어를 능통하게 하지 못한다는 것이 큰 장벽으로 다가왔다. 실행의 시작과 끝은 소통인데 언어의 벽은 커다란 핸디캡과 같았다. 게다가 조직 내부에서도 언어 구사 측면에서 다양한 부류가 존재했다. 중국어만 되는 현지인 한족, 중국어와 한국어가 능통한 중국 국적의 조선족, 한국 직원 중에서 중국어가 가능한 직원, 한국 직원 중에서 중국어가 전혀 되지 않는 직원까지 네 부류로 구성돼 있었다.

모든 공식적인 보고는 현지어로 국한시키고 회의 시간을 단축하고 통역에 드는 시간을 줄이면서 의사소통을 효율적으로 하기 위해 동시통역을 전공한 중견 전문통역인 두 사람을 고용했다. 이로 인해 그동안 간헐적으로 통역을 맡았던 중국어와 한국어가 가능한 직원들이 본연의 업무에 충실하게 됐다. 다소의 불편함이 있었지만 다른 묘안은 없었다. 중국의 상황을 고려하고 법인의 실정에 맞도록 소통의 원칙을 정하는 것이 최선이었다.

소통의 원칙은 크게 세 가지였다. 첫째, 실적을 점검하고 경쟁사의 동향을 파악하기 위해 주간 월간 단위로 주제별 연간 캘린더를 운영했다. 둘째, 점심 도시락 미팅을 했다. 매주 부서별 직급별로 만나되 주제는 업무 내외적인 모든 사안을 포함했다. 셋째, 매달 월례 조회를 했다. 한 달 동안 체험한 내용 중 개인의 삶과 회사의 경영에 가장 적합한 내용을 공유했다.

긴급 사안을 제외하곤 상호합의하에 확정된 정기 미팅 이외에 개별 보고와 회의는 전부 없앴다. 그 외의 시간은 사업 현장을 방문하는 데 고스란히 바쳤다. 현장 방문을 중요하게 여긴 이유는 '소통'에 있었다. 내부 외부 고객들을 만나면서 수시로 이렇게 물었다.

"지금 우리가 추진하는 과업들이 맞는 방향인가?"

"올바른 방향이면 우리의 과업들이 제대로 차질 없이 추진되고 있는가?"

미래를 준비하기 위해 새롭게 출현하는 동향을 파악하는 데도 주력했다. 크게는 지사, 현장, 지역별 핵심 사업 파트너를 만나는 일이었다. 지사를 방문했을 때는 기존에 공유한 10대 행동강령을 바탕으로 눈앞의 아웃풋 위주가 아니라 미래의 건강한 아웃풋 창출을 위한 투입 품질 관리에 초점을 맞춰 토의했다.

구성원들과 만날 때는 개인적인 이슈와 회사 업무와 관련된 어려움을 주로 들었다. 청취가 끝나고 나면 현업 관련 마케팅 4P에 대한 강의와 질의응답을 통해 마케팅 실무에 대한 이해를 높이는 데 주력했다. 현장은 주요 핵심 매장, 물류 창고, 그리고 서비스 센터를 방문해 현황을 점검하는 일로 이루어졌다. 지역별 핵심 사업 파트너와는 사업 현안을 점검하는 회의를 하고 일정 마지막 날에 만찬을 나누었다.

소통에서 가장 중요한 것은 귀를 여는 일이다. 입과 눈은 자의에 의해 여닫을 수 있는 조절 기능이 있다. 하지만 귀는 그렇지 못하다. 귀는 그저 열려 있다. 모든 것을 들어야 한다는 것이다. 이 의미는 무엇일까? 조절 기능이 있다는 것은 옳고 그름을 잘 가려서 행동에 옮기라는 뜻이다. 그와 반대로 듣는 것은 버릴 게 하나도 없으니 물불을 가리지 말고 무엇이든 취하라는 뜻일 것이다. 더불어 소통을 위해 두 발이 쉴 새 없이 움직여야 하는 것도 이와 무관하지 않다.

제품 리더십으로 효율 경영을 극대화하라

◆◆◆

경영에서 막대한 매몰 비용을 수반하는 비효율의 극치 중 하나를 꼽으라면 고객에게 제공되는 제품과 서비스의 경쟁력을 상실하는 일일 것이다. 중국이라는 뜨거운 시장에 뛰어들면서 항상 염두에 두었던 것도 효율 경영이었다. 4P의 첫 시작인 제품 리더십에서 열위에 있게 되면 이후의 모든 경영 활동이 매몰 비용으로 전락하기 때문이다.

효율의 극대화를 위해서는 4P의 첫 번째 P에 해당하는 것, 즉 브랜드 가치와 직결되는 제품 리더십 확보 방안을 어떻게 설계하는가가 관건이었다. 생존은 물론 시장에서 우위를 점하는 과제가 걸린 일이었기 때문이다. 선두 주자를 따라잡아야 하는 상황에서 전면전은 자멸을 초래할 위험이 있었다. 두 가지 관점에서 설계했다. 하나는 현재 보유한 강점을 최대치로 활용하면서 선택과 집중을 철저하게 실천하는 것이었다. 또 하나는 성숙 시장, 성장 시장, 잠재 시장이라는 세 가지 균형을 함께 접목시킨 제품의 포트폴리오를 구성하는 것이었다.

인도에서의 경험을 바탕으로 가용 자원을 최대한 활용하는 방안을 모색했는데 그중 하나는 서울 본사의 라이프스타일 리서치 팀과 중국 내 유명 대학들과의 산학 협력이었다. 중국에는 50개가 넘는 소수 민족이 각자의 전통문화를 오랫동안 뿌리내리고 있었다. 그렇기에 알려진 것보다 베일에 싸여 있는 풍습이 많다고 생각했다. 지금부터 제대로 준비하면 충분히 승산이 있다는 확신이 들었다. 시장 조사에서 제품 출시까지 긴 시간이 필요했다. 하지만 누군가는 시작해야 하는 중대한 과업이었다. 제품 리더십 제고를 위한 태스크 활동의 예를 들면 다음과 같았다.

태스크 명	공기 청정기(성장 시장)
팀 구성	본사 라이프스타일 리서치 팀·중국 법인 상품기획
비고	건강에 관한 관심이 고조되는 상황이지만 현지 기업이 상대적으로 취약한 제품군으로 미래 성장성이 큼.

성장 시장군에서 공기 청정기를 선택했다. 미세 먼지에 대한 고객들의 관심이 커지면서 해마다 수요가 폭증하고 있었다. 그런데 시장은 이제 막 태동하고 있었기 때문이다. 당시 외자 기업들이 시장을 점유하고 있었지만 제품의 차별화만 갖추면 승산이 충분할 것이라고 확신했다. 제품 개발의 방향은 주거 공간 전체에 언제나 청정함을 유지하는 쪽으로 잡았다. 거실, 부부와 아이들 침실, 키친 등 용도와 콘셉트에 맞는 디자인으로 개발했다. 성숙 시장을 공략할 지역 특화 제품은 동북 지방의 3개의 성을 대상으로 이루어졌다. 자사의 강점을 최대한 활용할 수 있다는 이점이 있었다.

미래 잠재 시장 발굴을 위한 활동의 하나로 전국 소재의 유명 대학들과 산학활동을 펼쳤다. 베이징의 칭화대학교와 상하이의 동제대학교 등 5개 지역의 유수 대학들과 협업하는 전략을 사용했다. 다음으로 1980~1990년도에 태어난 세대를 공략하기 위해 중국 법인의 상품기획팀과 본사의 라이프스타일 리서치 팀 합동으로 외부 전문 컨설팅 업체와 공동 협업을 추진했다. 또한 1인 가구 전용의 상품을 개발하는 데도 힘을 기울였다. 1인 가구 시장은 막대한 잠재력을 지니고 있다고 믿었기 때문이다.

우리의 강점을 최대한 활용하면서 향후 떠오르는 새로운 시장을 선점한다는 전략에 따라 선 공략 대상 지역으로 자사의 공장 소재지(공급 배송의 상대적 우위) 주변 지역을 선정했다. 고객층은 브랜드에 민감하고 합리적인 구매를 추구하며 새로운 소비 권력으로 부상하는 8090세대와 1인 가구였다. 제품은 시장 잠재력이 큰 제품으로 국한시켰다. 중국문화에 대한 이해를 돕기 위해 권역별 유수 대학들과 산학 협력을 해마다 꾸준히 이어나갔다. 참여한 교수와 학생들을 통해 주변에 많은 홍보가 됐으면 하는 바람이 컸던 것도 사실이다.

다음으로 유통을 확보하기 위해 주요 유통 매장에 진입하는 비율을 높이기 위한 전략을 구사했다. 안정적으로 매출을 확보하려면 유통별 핵심 매장으로 진입하는 일이 절체절명의 과제였다. 중국은 시장이 방대한 만큼이나 유통구조도 복잡했다. 유통 매장 진입 전략을 자체적으로 수립하는 일은 쉽지 않다는 판단을 내리고 외부 컨설팅을 주문했다. 당시 떠오르는 온라인 시장에 집중하되 각 유통의 지역별 매출 기준으로 80퍼센트를 커버하는 매장들을 파악해서 진입을 확대해 나갔다. 대체로 상위 매출 20퍼센트를 올리는 매장이 전체 유통의 90퍼센트를 점하는 양상을 띠고 있었다.

주요 유통 회사들과 지속적인 결속을 다지고 우리가 갖춘 종합 가전 업체로서의 장점을 부각시키기 위해 매년 전국의 주요 거래선들이 참여하는 대규모 단합행사를 개최했다. 신제품 소개를 포함한 마케팅 전략을 공유하고 마지막에 모두 함께하는 단합의 시간으로 이어졌다. 이 시간은 1년 중에서도 가장 중요한 시간이었다. 우리만의 강점과 차별화를 알리는 기회였기 때문이다.

"우리는 상생을 위해 지금까지 어떻게 해왔고 앞으로 무엇을 준비할 것인가?"

스스로 이렇게 질문하며 설득력 높은 대답을 내놓기 위해 행사 준비에 많은 시간을 쏟아부었다. 회를 거듭할수록 거래선들의 참여도가 늘어가면서 자사에 대한 신뢰가 조금씩 쌓이는 것을 확인할 수 있었다. 행사가 효과가 있다는 판단이 섰다. 베이징에 있는 본사가 주관하는 전국 주요 거래선들의 단합행사와는 별도로 8개 지역 단위별로 주요 거래선들이 참석하는 행사를 했다.

마지막은 프로모션이었다. 당시 우리의 제품 경쟁력은 전체 라인업의 측면에서는 경쟁사 대비 다소 열위에 있었지만 기술력을 앞세운 프리미엄 제품군에서는 우위에 있었다. 보급률의 증가에 따라 프리미엄 제품군의 대체 수요에 관한 관심이 고조되는 상황이었기에 절호의 기회라고 생각했다. 긴 안목으로 보아도 프리미엄 브랜드로 육성하는 일은 중요한 과제였다. 중국에 특화된 전용 제품을 출시하기 전까지 브랜드 광고를 점진적으로 늘려가며 인지도를 경쟁사 수준으로 높여야 했다. 마케팅 부서와 협의하며 장기적 관점에서 프리미엄 이미지를 구축하는 방향을 세 가지로 확정했다.

첫째, 엘지 브랜드 통합 캠페인이었다. 우리의 강점인 종합 가전 위상을 홍보함으로써 경쟁사보다 기술적으로 우위에 있다는 것을 강조하기 위해서였다. 둘째, 하이엔드 제품의 매체 광고였다. 당시 한류 영향으로 가장 인기가 있던 스타를 브랜드 홍보대사로 계약해서 텔레비전 광고를 제작하고 딜러 행사와 각종 소셜 네트워크 서비스 광고에 활용했다. 셋째, 서비스 차별화 마케팅이었다. 그러기 위해 101 서비스 캠페인을 전개했는데 15초 텔레비전 광고로 제작해서 방영했다. 101 서비스는 '1(1분 내 예약), 0(정시 방문), 1(1회 방문으로 완료)'이라는 의미로 중동 아프리카와 인도에서 시행했던 서비스 캠페인을 참작해 전국 서비스 센터의 환경을 중국 현지에 맞게 개선하고 서비스 질을 높인 것이다.

세 가지 캠페인과 더불어 브랜드 노출을 지속적으로 증대시켰다. 매장에서도 종합 가전의 위상과 프리미엄 이미지를 높이는 브랜드 아이덴티티를 구축하고 매장 내 제품 진열에 차별화를 시도했다. 지방 도시는 종합 가전 별도의 브랜드 매장을 두고 대도시는 주요 매장에 숍인숍Shop in Shop을 늘려나갔다.

미래가 불투명할수록 현재를 투명하게 하라

◆ ◆ ◆

우리가 펼치는 전략 과제들이 제대로 실행되는지 어떻게 알 수 있을까? 잘못된 길을 가고 있는데 눈을 감고 수수방관하거나 인지하지 못한다면 결과는 불을 보듯 뻔하다. 미래가 불투명해서 불안해질 때일수록 경영의 과정을 투명하게 보려는 노력이 중요하다. 고객들의 반응을 확인하고 경쟁사와 비교했을 때 차이점은 무엇인지를 직접 현장에서 들어야 하는 이유이다. 불확실한 미래는 명료한 생각에 거품을 끼게 만든다. 바른 판단을 하려면 사무실을 떠나 현장으로 가야 한다.

주요 거래선들과 직접 발로 뛰는 세일즈맨들의 의견을 듣기 위해 정기적으로 현장을 방문하고 주간 월간 단위로 경영 성과를 모니터링해서 정보를 공유했다. 그뿐만 아니라 중장기적으로 시장, 고객, 제품에 대한 사전 조사 활동 계획을 수립했다. 해마다 사업 파트너들을 초대해 전략 보고회를 개최하고 왜 우리를 선택해야 하는지 이유를 설명하며 공동의 목표를 공유했다.

첫해는 중국인들이 가장 선호하는 숫자인 8과 우리의 공장 소재지 중 하나를 선택하기로 하고 8월 8일 난징으로 전국의 주요 딜러들을 초빙했다. 우리의 비전을 공유하고 그동안 준비한 내용을 포함해 세부적으로 추진하고 있는 계획들을 설명하는 모임을 했다. 제품 리더십, 가격 정책과 유통 전략 그리고 광고 계획의 마케팅 4P 전반에 대한 세부 추진 계획과 함께 그동안 준비한 대고객 1등 서비스 정책(101 캠페인)을 공유했다. 설명회가 우리의 전략을 대외적으로 노출시키는 면도 다소 있었지만 긍정적인 측면이 더 많았다. 사업을 재건하는 상황에서 우리의 미래 청사진을 명확하게 밝힘으로써 상호신뢰를 돈독히 쌓는 계기가 될 것이라 확신했다. 경영에서 우위를 선점하는 일보다 선결돼야 하는 일은 상호신뢰를 바탕으로 하는 믿음의 결속이다. 특히 사업을 재건해야 하는 상황에서는 더욱 절실한 일이다. 결속은 투명에서 비롯된다. 하나로 결속되려면 서로를 투명하게 해야 한다. 그러기 위해선 나 자신이 먼저 행동으로 옮겨야 한다. 투명하면 투명할수록 고객들과의 신뢰는 쌓이게 마련이다. 또한 그들의 발걸음은 자연스럽게 밝은 곳으로 향하게 마련이다.

경쟁사들의 동향 파악을 수시로 하는 것도 잊지 않았다. 현장에서 상황을 감지하는 것은 물론 마케팅 관련 투자 지출 규모를 파악하는 일도 중요한 일과였다. 경쟁에서 우위를 점유하는 것은 상대적인 일이다. 우리를 포함해 경쟁사들의 투자와 매출 변화에 대한 연관성을 세심하게 분석하는 것은 회사가 건강한 길로 가는지 확인하기 위해서라도 반드시 필요한 일이었다.

이와 더불어 우리 자신을 명료하게 보는 일도 필요했다. 우리가 올바른 방향으로 가고 조직별로 세운 목표가 어떻게 진행되는지 실시간으로 알게 되면 문제가 생겨도 빠른 대처가 가능해진다. 전산화 구축을 통해 영업소별로 일별 매출 현황과 누적 진척도를 공유한 것도 이런 점을 염두에 두었기 때문이다. 자사의 투명성과 관련해서 신경을 썼던 부분은 매장 단위 투자수익률ROI, Return On Investment 관리 시스템을 구축한 일이었다. 부여된 권한 안에서 매출 증대와 관련하여 매장별 신규 및 추가 투입의 변화에 따른 결과물을 자체적으로 신속하게 점검할 수 있도록 하기 위해서였다.

조직 단위로 성공 사례도 실시간으로 공유하도록 했다. 부서별 조직별로 경영 성과 창출을 위해 동료들이 처음으로 시도한 사례들이 회사 이메일 홈페이지에 실시간 공유되는 장을 마련했다. 결과적으로 조직 간에 선의의 경쟁을 유발하는 효과를 낳았다. 상대평가제가 아니라 절대평가제를 도입함으로써 소모적인 경쟁을 막아 생산적인 경쟁이 가능했기 때문일 것이다.

신뢰를 바탕으로 모든 것을 공정하고 투명하게 드러내는 일은 조직을 위해서도 좋은 일이다. 밖으로 공개할 수 없는 비밀이 아닌 이상 드러내면 낼수록 조직의 내부는 물론 파트너사들과의 관계가 끈끈해지기 때문이다. 굳건한 신뢰와 투명한 공정성은 조직을 하나로 묶는 강한 끈이다. 하나의 비전을 공유하는 파트너라면 감춰야 할 이유가 없다. 오히려 서로 감추는 것이 많아질 때 속도에서 뒤처지고 경쟁에서 도태되는 현실을 피할 수 없을 것이다.

3. 과거의 성공 패러다임에서 벗어나라

현지 문화 적응에 최선을 다하라

◆◆◆

중국 시장에 도전하며 틈이 날 때마다 언급하고 강조했던 '자율'에 대한 인식이 어느 정도 뿌리를 내렸다는 판단이 든 것은 부임 3년 차 되던 해다. 중국에서의 마지막 임무라고 여기며 자율 경영을 선포했다. 인도에서 했던 자료를 바탕으로 중국에서의 경험을 추가하여 인사부서 팀장과 주말을 이용하여 몇 달간의 작업을 거쳐 준비했다. 자율 경영 관련 골격을 이루는 주된 내용은 총 6개 항목으로 자율 경영 선포문, 자율 경영 개요, 법인 체계도, 자율 경영의 필요충분 조건, 주체별 실행 매뉴얼, 마지막으로 동기부여 운영 단계로 구성됐고 항목별로 추진해야 할 세부 내용을 정리했다. 궁극적으로 자율은 결속을 통한 공동의 번영을 위해 구성원들 모두가 자기 분야의 CEO라는 생각으로 주인의식을 함양하는 여정이다.

모든 조직의 팀장들이 참석한 자리에서 자율 경영 선포식을 했다. 팀별로 모든 구성원이 참여하는 내부 워크숍을 통해 세부적인 실행 계획을 수립해서 공유할 것을 주문했다. 특별히 팀들에게 당부한 것은 자율 경영과 관련해 자기 부서의 현주소를 냉정하게 판단하고 수치화하는 일이었다. 이후 모든 구성원이 참석한 워크숍에서 토의된 내용을 공유하는 시간을 가졌는데 각 팀이 작업한 발표를 듣는 내내 흥분된 느낌을 지울 수 없었다. 어느 팀을 막론하고 체계적인 세부 추진 일정과 자율 경영을 몸소 실천해보겠다는 열정이 뜨겁게 느껴졌기 때문이다. 마지막으로 남은 일은 각 팀이 약속한 자율 경영을 위해 정기적으로 모니터링을 하고 필요한 지원을 하는 것이었다.

경영 시스템의 확립 못지않게 중국 특유의 문화 적응에도 각고의 노력을 기울였다. 그중 가장 대표적인 게 '꽌시關係'이다. 우리말로 '관계'라고 할 수 있는데 긍정적인 의미로도 쓰이고 부정적인 의미로도 쓰인다. 어느 쪽의 의미로 쓰이든 제대로 꽌시를 맺느냐 못 맺느냐에 따라 일의 성패를 좌우한다고 할 만큼 광범위한 문화로 자리잡고 있다. 꽌시와 관련해서 기억할 만한 에피소드가 한 가지 있다. 내 한문 실력의 기본은 고등학교 한문 시간에서 배우고 익힌 것이다. 내가 중·고등학교 교육을 받던 때만 해도 국한문 혼용 표기가 당연시되던 시절이라 한자를 잘 모르면 책이나 신문을 읽기가 어려웠다. 다행히 한문 공부를 싫어하진 않았다. 개인적으로 한시를 좋아했던 덕분이다. 취미 삼아 한시를 종종 붓글씨로 쓰곤 했다. 이것이 꽌시에 도움이 될 줄은 예상하지 못했던 일이다.

사내 미팅이 있을 때나 식사를 할 때 한시를 가끔 인용하기도 했다. 그런데 현지 직원이 파트너사들에 내가 한시에 조예가 깊은 것으로 엄청나게 부풀려서 이야기했던 듯하다. 언젠가 지역을 방문해 주요 유통 회사 사장들과 미팅을 가지는 일정이 있었다. 평소와 다름없이 식사하는데 한쪽 테이블 위에 문방사우가 놓여 있는 것이 아닌가. 식사를 마친 후 그날 참석한 고객사 사장님들이 준비한 사자성어를 내가 붓으로 써주는 것이 마지막 순서였다. 다행스럽게도 그들이 말한 사자성어는 내가 붓글씨로 쓸 수 있는 것들이어서 내심 안도했다. 문제는 그다음부터였다. 이 일이 소문이 나서 정례화되다시피 한 것이었다. 개중에는 낙관까지 준비한 분들도 계셔서 몸 둘 바를 몰랐다. 그러나 한시나 사자성어를 붓글씨로 쓴 것이 중국 사업가들이 특히 중요시하는 꽌시를 자연스럽게 빨리 맺는 데 도움이 됐다.

퇴임 통보를 받고 인사 차 주요 고객사를 방문했을 때 뜻밖의 선물을 받았다. 나를 위해 문방사우를 준비해준 것이다. 내가 자주 읊조리곤 했던 『논어』「술이편」 15장 공자 말씀을 자필로 써서 액자에 담아 보내주신 분도 있었다. 무엇보다 가슴을 뭉클하게 했던 것은 중국에서 우리의 선전을 기원하는 한시를 쓴 액자 선물이었다.

韓企神州任逍遙: 대륙을 누비는 한국 기업
한 기 심 주 임 소 요
愼秘穩健布局妙: 조신하고 미묘한 전략을 구사하였네
신 밀 온 건 표 국 묘
文稻武略略施展: 인문학적 깊이와 무장의 책략으로
문 도 무 략 략 시 전
範典標杆遍地冒: 모범 사례가 잇달아 피어나네
범 전 표 간 편 지 모

創優爭先試比高: 서로가 앞다투어 실력을 증명하고
창 우 쟁 선 시 비 고
億緣揮聚衆英豪: 깊은 인연으로 많은 영웅들이 모였네
억 연 휘 취 중 영 호

분에 넘치는 선물이었지만 중국 한시와 붓글씨를 좋아해서 틈이 날 때마다 조금씩 써왔던 습관이 잊지 못할 추억으로 이어진 셈이다.

안다고 자만하는 순간에 몰락이 시작된다

◆◆◆

중국 부임 후 어느덧 3년이 지났을 때는 사실 내 나이도 62세라 마지막이란 생각을 했다. 부임 당시 마음속에 다짐했던 목표를 다 이루지 못해 아쉬움이 컸지만 한편으론 홀가분한 마음도 들었다. 아쉬움과 홀가분함이 교차하는 시간 속에서 연말을 한 달 앞두고 엘지스포츠 대표이사로 발령을 통보받았다. 내 여정의 마지막 종착지였다.

은퇴를 생각할 나이에 사장 승진과 함께 중국 법인 책임자로 발령을 받았다. 임원 승진 후 사장 승진까지 지난 시간을 돌아보면 억세게도 운이 질긴 놈이라는 생각을 했다. 임원이 된 후로 새해를 맞이할 때마다 올해가 마지막일 수 있다고 생각했기에 사장으로 승진하는 일은 과분하다는 마음을 떨치기 어려웠다.

내가 중국으로 향하던 날부터 떠나는 날까지 가졌던 생각은 크게 변함이 없었다. 후임자에게 두 가지 무형자산을 남겨주고 싶다는 것이었다. 자율적이고 창의적인 조직문화는 자율 경영 선포로 어느 정도 이루었지만 브랜드 가치는 만족감보다 아쉬움이 컸다. 투입한 물량에 비해 성과가 두드러지지 않아서이다. 여러 가지 의미로 중국 시장은 그동안 겪었던 곳과는 차원이 다른 곳이었다. 실제 중국은 내로라하는 전 세계 브랜드들의 각축장이었다. 이와 관련해서 부즈앤컴퍼니Booze & Company의 에드워드 체Edward TSE 회장은 저서 『중국 전략The China Strategy』에서 중국 시장에 대해 다음과 같이 말했다. 나는 중국 강의가 있을 때마다 자주 인용하곤 했다.

"왜 많은 글로벌 회사들이 중국에서 무슨 일이 일어나든 개의치 않고 늘 적극성을 띠는지는 시장 규모가 대변한다. 국내 현지 사업가이든 글로벌 다국적 기업이든 중국에서의 성공은 회사의 글로벌 성과를 탈바꿈시키기에 충분할 것이다."

시간이 흐를수록 생존 자체가 때론 고통이라는 생각마저 들었다. 그럴 때마다 '과연 나만 그럴까?'라는 생각을 하면서 끝날 때까지 끝난 것이 아니라고 여기며 자문자답으로 마음을 다잡곤 했다. 내가 중국 시장의 역동성을 생각할 때마다 공감한 말은 다음 두 가지였다.

"중국은 방문할 때마다 점점 더 모르겠고 더 많은 의문점만 갖고 돌아간다."

"당신이 알고 있는 것은 끊임없이 변하고 현재 모르는 것은 영원히 모른다. 즉 그래서 알고 있는 것은 하나도 없다."

이 말들이 전혀 과장된 말이 아니라는 것을 절감한 셈이다. 중국을 포함해서 인도와 중동 아프리카까지 해외 근무지로 있었던 곳은 문화도 기후도 언어도 달랐다. 하지만 공통점이 한 가지 있었다. 문명과 종교의 발생지였다는 것이다. 우연의 일치였는지 모르지만 내게는 신비한 인연으로 느껴졌다. 사실 수많은 소수 민족과 서로 다른 언어와 전통을 이해한다는 것 자체가 불가능한 일이다. 근대에 탄생한 국가가 아니라 수천 년 역사를 지닌 곳이었다. 안다고 한들 그것이 정말 아는 것이었을까? 거대한 바다의 물 한 방울에 불과한 앎이었을 것이다.

주재 기간 동안 헤아릴 수 없을 만큼 많은 지역을 방문했다. 한 가지 분명한 것은 내가 안다고 자만하는 순간이 바로 몰락의 순간이라는 것이었다. 큰 화를 피하기 위해선 과거에 거뒀던 성공의 패러다임에서 완전히 벗어나야 했다. 모든 분야에서 독보적으로 톱을 유지하는 경쟁자는 없으며 미래를 완벽하게 예측하는 일 또한 불가능한 일이다. 생존이 처절한 곳일수록 기회가 많기도 했다. 그랬기에 복잡하고 다양한 특성이 있는 중국이야말로 모든 것을 걸고 도전해볼 만한 곳이라고 여겼는지도 모른다.

"조직의 톱이 마음속에 중요하다고 생각하는 이슈를 1,000번 이상 반복하지 않았다면 그것은 자신에게 실제로 중요한 것이 아니다. 구성원 또한 1,000번 이상 듣지 않으면 톱이 실제로 중요하게 생각하는 것이 아니라고 간주한다."

GE의 회장이었던 잭 웰치가 한 말이다. 나 또한 회사의 핵심 무형자산인 조직문화와 브랜드 가치를 신물이 날 만큼 자주 언급했다. 1,000번이 아니라 1만 번을 외쳐도 부족할 만큼 중요하기 때문이다. 비록 중국에서 내가 뜻하던 바를 원하는 수준까지 이루진 못했기에 '미완의 여정'에 대한 아쉬움은 남지만 그렇다고 이 두 가지 가치가 퇴색하는 일은 앞으로도 없을 것이다.

한국이 글로벌 경쟁에 본격적으로 뛰어들었을 때는 1990년대 초이다. 그때를 지금도 생생하게 기억하고 있다. 당시 글로벌 강자와 비교했을 때 우리는 가격은 물론 무엇 하나 내세울 것이 없었다. 그리고 30여 년이 지났다. 여전히 시장의 강자로 남아 있는 자들도 있지만 몰락의 길을 걸은 자들도 있다. 글로벌 시장의 현황을 누구보다 가까이에서 지켜본 사람으로서 몰락한 브랜드나 기업이 저지른 가장 큰 잘못은 단기 손익(특히 이익률)에 집착한 나머지 시장에서의 지위를 확장시킬 수 있는 혁신과 투자를 어느 순간 소홀히 했다는 것이라고 생각한다.

“하다가 그만두면 안 한 것만 못하다.”

내 일생을 통해 두고두고 가슴에 새긴 말 중의 하나다. 꾸준히 하는 습관을 통해 그동안 몰랐던 것을 알게 되고 자신을 강하게 키우는 힘을 기를 수 있었기 때문이다. 어떤 일이든 처음 시도할 때는 많은 시간과 자원이 필요하지만 반복해서 익숙해질수록 속도가 빨라진다. 규칙적인 반복은 생각하는 것보다 때로는 가공할 정도로 힘이 세다. 무언가를 꾸준히 하다 보면 과거의 흐름을 읽게 되고 미래를 읽게 되며 사전 준비를 통해 가늠하지 못했던 일도 예측 가능해지는 것이다. 이렇듯 경영의 품질은 꾸준함과 일관성에서 비롯된다. 소통도 신뢰도 투명도 일관되지 않으면 오히려 혼란스러움만 가져올 뿐이다. 누군가가 나에게 삶에서 가장 힘들었거나 아쉬웠던 순간이 언제냐고 묻는다면 이렇게 대답할 것이다.

“시작한 과업이 실패로 끝난 것이 아니라 어떤 연유로든 결과를 보지 못하고 중도에서 하차하는 것을 지켜보는 일이었다."

지금 생각해도 중국은 아쉬움이 많이 남는 곳이다. 그러나 이제는 되돌릴 수 없는 시간이라는 것을 인정한다. 내가 한 발 한 발 걸어온 여정의 의미를 되새겨볼 때 중국에서의 아쉬움을 제외하지 않고 함께 품고 힘껏 끌어안을 뿐이다. 이 또한 내게는 선택의 여지 없이 주어진 길 중의 하나였으니 말이다.

후임자와 업무 인수인계를 끝내고 회사 지하 식당에서 한국인 직원들과 현지인 조직책임자들과 송별회를 겸한 마지막 저녁 식사를 했다. 그 자리에서 내가 간곡한 어조로 당부한 것은 한 가지였다. 그리고 이 마음은 지금도 한결같다.

"나는 떠나더라도 여러분들은 절대 떠나지 말고 끝까지 남아 후임자를 잘 보필해서 훌륭한 결실을 보기를 당부드립니다. 항상 마음속으로 응원하겠습니다."

대학을 졸업하고 취업했던 첫 번째 회사에서 9년을 근무했고 두 번째 회사에서 29년을 근무했다. 두 번째 회사인 엘지전자에서 3번의 해외 파견 12년을 포함해 12번의 보직 이동이 있었다. 나의 직장생활은 해외 시장 개척과도 궤를 같이한다. 100여 개국의 출장을 다니며 육체적으로 다소 힘들 때도 있었지만 정신적으로 강해질 수 있었던 것은 혼자라는 생각을 한 번도 해본 적이 없어서인 것 같다. 맡은 직무를 그런대로 무난하게 수행할 수 있었던 배경엔 엘지 고유의 기업 문화인 엘지 웨이LG WAY와 관련한 회사의 교육과 엘지 웨이를 실천함에 상사와 동료들의 아낌없는 격려와 지지가 있었던 덕분이다.

4. '돈'을 버는 데만 초점을 맞추지 마라

비전을 수립하고 구성원들과 투명하게 공유하라

◆◆◆

중국에서의 보직을 마지막으로 직장생활도 마무리할 준비를 했다. 직장인으로서의 나의 여정이 더 남아 있을 줄은 전혀 예상하지 못했다. 그런데 엘지스포츠 대표이사로 발령이 났던 것이다. 스포츠를 단지 즐기고 좋아하는 입장에 머물며 밖에서 바라보던 것과 대표직으로 3년 동안 내부에서 다양한 태스크를 추진했던 것은 크게 달랐다. 이후 이어진 시간은 스포츠 산업이 그동안 경험했던 기업 경영과는 어떻게 다른지, 경영 관점에서 공통으로 적용되는 것은 무엇인지, 프로 스포츠 발전에 핵심은 무엇인지 정리를 할 수 있었다.

부임 후 가장 최우선으로 추진한 업무는 비전 작업이었다. 현재 당면한 이슈 해결과 함께 틈나는 대로 지난 과거 전임자들의 유산 분석을 토대로 부임 후 1년이 지난 시점에 비전을 수립하고 구성원들과 공유를 마쳤다. 꾸준한 성적 창출과 적자 개선을 위한 선순환 운영 체계 구축을 담았다. 선순환 운영 체계 구축과 관련해 장기적 관점에서 프로구단을 형성하는 세 가지 요소인 '팬, 선수단, 프런트'에 대해 각각 추진해야 할 향후 과제를 도출하고 태스크를 구성하고 실행에 옮겼다.

먼저 팬과 관련해서는 팬들의 충성도를 높이기 위한 최상의 고객관리 시스템을 구축했다. 선수단은 각 개인의 경기력 향상을 위해 정신, 육체, 기술의 세 가지 건강도 측면에서 완성도를 고려했다. 프런트는 적자를 개선하고 팬 충성도를 높이며 선수단 전체의 역량을 강화하기 위해 스포츠 전문 인력을 확보하는 동시에 '지원에서 경영으로' 사고를 전환해 중장기적으로 자립의 기틀을 마련하는 목표를 과제로 정했다.

언급한 세 가지 중에서 가장 중요한 요소는 팬이다. 팬이야말로 프로 스포츠의 궁극적인 존재 이유일 터이다. 그런데 이미 시작된 인구 절벽으로 인한 향후 관중 수의 감소는 명약관화한 사실이었다. 단순히 관중 수의 감소를 걱정할 일이 아니라 실제 직관을 한 팬의 증감 변화 추이를 통해 미래를 예측하고 사전 대비를 해야 했다. 성별 나이별로 몇 번을 방문했는지 변화를 심층적으로 분석해 미래의 잠재 고객층을 파악하고 추가로 유입할 방안을 마련하는 것이 급선무였다. 또한 기존 팬들의 재방문 횟수 증대를 위해 고객관리 시스템CRM, Customer Relationship Management 구축은 가장 우선으로 해결해야 할 시급한 과제였다.

나는 시스템을 통해 조직의 체질을 개선해서 선수단이 좋은 성적을 낼 수 있도록 기반을 마련하려고 노력했다. 그러나 모든 구단이 좋은 성적을 꾸준히 내는 명문 구단이 되기를 원하지만 현실은 녹록지 않다. 좋은 성적과 우승은 만드는 것이 아니라 과정을 통해 만들어지는 것이기 때문일 것이다. 프로 스포츠의 흥행과 발전은 각 구단이 시즌 종료 순간까지 팬들의 눈높이에 맞는 수준 높은 경기를 선사하는 데 달려 있다. 스포츠 사무국이 각 구단의 평준화를 위한 좋은 제도를 이미 보유하고 있으며 보완 노력을 지속적으로 하고 있기에 선수 육성과 운영은 구단들의 몫이다.

우리나라는 경제협력개발기구OECD 국가 중 출산율이 가장 낮은 국가에 속한다. 인구의 고령화와 함께 인구 감소 시대로 이미 돌입했다. 현 상황을 고려할 때 인구 대국들을 극복하고 스포츠 강국으로 새롭게 도약하기 위해서는 훌륭한 인재 발굴부터 육성(정신·육체·기술의 건강도 관리) 등 선수로 입문해서 은퇴할 때까지 빅데이터를 기반으로 한 우리만의 차별화되고 체계적인 운영 시스템이 필요한 시점이다.

국제무대에서 스포츠 한국의 위상은 날로 높아지고 있다. 기업이 생존과 경쟁 우위 확보를 위해 가장 심혈을 기울이는 분야가 고객들이 원하는 제품과 서비스를 제공하기 위한 신기술 개발의 요람인 연구개발 연구소이다. 기업의 연구개발 연구소처럼 스포츠에도 유사한 기능의 연구소를 창시하면 스포츠 강국의 초석을 마련할 수 있지 않을까 하는 생각을 종종 하곤 했다.

엘지스포츠 경영을 맡으면서 선수들의 삶과 운동 자체에 대해서도 지금껏 생각하지 못했던 것을 들여다볼 수 있었다. 선수들은 그저 운동만 하는 게 아니라 운동이 삶에 주는 긍정적인 영향이나 의미도 찾을 수 있었다. 내가 가장 좋아하고 존경하는 프로 스포츠 선수인 로저 페더러Roger Federer도 마찬가지였다. 세계적인 프로 테니스 선수 로저 페더러에 대한 일화가 삶의 여정에 시사하는 바가 있어 소개하고자 한다. 나는 중국 근무 당시 우연히 접하게 된 신문기사 내용을 보고 그를 더욱 존경하게 됐다. 페더러에 대한 일화는 중국에서 월례 조회 때도 직원들과 공유했다. 그 후 엘지스포츠 대표이사 부임 후 매년 신입 선수단 축하 모임에서도 공유했다.

20세 초반의 나이에 윔블던 대회에서 우승한 후 팀원들과의 향후 여정에 대해 누군가 묻자 그는 이렇게 대답했다.

"돈을 버는 데 목표를 두지 말고 우리 오랫동안 함께 테니스를 즐깁시다."

그는 자신의 목표를 실천하기 위해 매년 출전할 대회를 선별했다. 이런 결심 때문인지 모르겠으나 다른 선수들이 은퇴할 나이에도 여전히 왕성한 활동을 하면서 스포츠 스타로서 부와 명예를 함께 누리고 있다. 그는 지난 18년 연속 팬들이 가장 좋아하는 남자 테니스 선수 1위에 올랐고 기부 활동에도 모범을 보이고 있다.

경영도 '돈을 버는' 데만 초점을 맞추면 역효과가 일어날 수 있다. 가장 대표적인 사례가 단기성과에 매달리는 것이다. 단기성과만 좇다가 장기적인 조직의 경쟁력을 훼손할 때가 많다. 페더러의 말을 빌려 경영을 즐긴다면 어떨까. 이 말이 낯설지만 경영을 통해 기업의 모든 임직원과 사회공동체의 구성원들을 함께 아우르는 뜻으로 이해하면 되지 않을까 싶다. 이런 의미로 경영을 즐기는 것을 가장 직접적으로 실현할 수 있는 게 스포츠이기도 하다. 그래서 나의 마지막 경영의 대단원을 정리하는 데 알맞은 곳이었던 셈이기도 했다.

모든 기록과 결과는 깨지라고 존재하는 것이다

◆◆◆

41년이 넘는 시간 동안 직장생활을 할 수 있었던 것은 건강이 따라주었기 때문이다. 낯선 곳에서 죽을 고비를 몇 번 넘기기도 했지만 큰 탈 없이 은퇴할 수 있었다. 강한 자가 살아남는 것이 아니라 살아남은 자가 강하다는 말이 실감이 난다. 육체적으로 정신적으로 힘든 고비를 넘기면서 금연에 성공하기도 했다. 위출혈로 4개월 동안 금주를 결심하고 그 이후부터 철저하게 관리했다. 내가 건강할 수 있었던 건 하루 세끼 중 가장 중요한 아침을 거의 하루도 거르지 않게 챙겨준 가족 덕분이기도 하다. 그리고 교정문을 나설 때 손에 쥐었던 초라하기 짝이 없는 성적표를 보면서 스스로에게 '다시는 학창 시절처럼 미래에 대한 사전 준비를 소홀하게 해서 과거를 후회하는 실수를 하지 않겠다.'라고 했던 다짐을 최대한 지키려고 노력했기 때문일 것이다.

치열한 경쟁에서 생존해야 하는 과정이 힘들고 험난하긴 했지만 안정된 직장에서 오랫동안 일하면서 가정을 꾸릴 수 있었던 것은 조상님들의 후손을 위한 남김의 거룩한 희생이 따랐기 때문이라는 생각을 한시도 잊은 적이 없다. 대대로 이어지는 자식 교육에 대한 열정과 한국인의 특성인 은근과 끈기에서 비롯된 겸손과 불굴의 도전정신이 문화로 승화돼 우리 마음속 깊이 뿌리를 내리고 있었기 때문이 아닐까 하는 생각을 자주 했다. 자라면서 부모님의 헌신을 보아왔고 사회생활을 하면서도 직장 선배님들의 끈질긴 승부욕과 도전정신을 보고 배웠다. 무엇보다 주어진 과업 수행을 위해 팀 동료들이 함께해주었기에 가능했다.

엘지스포츠 대표이사 3년 근무를 마지막으로 2018년 말 은퇴까지 41년간의 생존 경쟁의 여정에 마침표를 찍었다. 모든 기록과 결과물들은 깨지라고 존재할 뿐 시간 속에 묻히고 사라져 갔다. 지난 시간 선배 동료들과 함께한 기록들 속에 담긴 시간의 의미를 곱씹어보았다.

- 내 시간이 소중한 만큼 타인의 시간도 소중하다.
- 경청은 올바른 선택에 최선의 방책으로 가장 부가가치가 있는 시간이었다.
- 세상에 완벽은 없다. 왜냐하면 완벽한 효율이 존재하지 않기 때문이다.
- 고객은 항상 대답할 준비가 돼 있다. 알려고 하지 않고 물어볼 생각도 하지 않는 것이 문제다.
- 실행에 있어 일관성과 꾸준함을 능가하는 습관을 찾기란 어렵다.
- 올바른 길을 향한 적극적이고 긍정적인 사고와 태도는 늘 정신적인 건강을 선물한다.

- 경쟁은 쟁취가 아닌 상생의 여정이다. 그들로부터 배움이 새로운 높이의 도약을 가능하게 한다.
- 나 혼자 이룰 수 있는 일은 하나도 없다. 하지만 내가 없으면 되는 일도 없다.
- 영원한 승자도 패자도 없다. 성공과 실패는 단지 한순간의 우위와 열위일 뿐이다.
- 조직 내 의사결정권자의 수가 많을수록 속도는 빨라진다.
- 하나로 결속된 팀워크가 만들어내는 성과물은 위대하다.
- 가장 아쉬웠던 순간은 계획하고 시작한 일의 끝을 보지 못했을 때이다.
- 기다리는 시간과 기다려지는 시간은 길게 느껴지지만 지나간 시간은 한순간, 즉 찰나에 지나지 않는다.
- 과정이 길고 험난하면 험난할수록 결과물은 오랫동안 끈질긴 생명력을 빠르게 퍼져나간다.
- 자신과의 질문과 답변은 마음속 편견과 오만의 잔재를 떨쳐내는 성찰의 시간이다.

빅 원 6

불멸의 무형자산을 남겨라

1. 위대함은 무형자산으로 만들어진다

전임자의 유산을 후임자에게 물려주어야 한다

◆◆◆

사람은 누구나 자신만의 인생을 살아간다. 자신의 걸음걸이와 보폭으로 타인과 뚜렷하게 구별되는 발자국을 삶이라는 모래밭에 남긴다. 태어나는 것과 죽는 것은 모든 인간에게 적용되는 보편적 경험이다. 하지만 탄생과 죽음 사이에 주어진 시간은 개인마다 다른 옵션을 지닌 특수한 경험이다. 한날한시에 태어난 쌍둥이일지라도 똑같은 삶을 살지는 않는다. 유일무이하다는 것, 바로 이 고유성으로 인해 '다름'은 존재의 본질이자 생존의 법칙이 된다.

한 사람이 성취와 상실 그리고 희망과 절망의 드라마를 반복하며 타인과 구별되는 삶을 살아간다. 마찬가지로 기업 또한 크고 작은 성공과 실패 그리고 역경과 도전을 끝없이 반복하며 그 기업만의 특색을 세상에 드러낸다. 어떤 기업은 태양처럼 빛나지만 어떤 기업은 혜성처럼 나타났다가 사라진다. 작은 구멍가게에서 시작해서 세계적인 기업으로 성장하는가 하면 천하를 호령하며 위세를 떨치던 기업이 어느 순간 나락으로 떨어져 공중분해되기도 한다. 기업 또한 생명을 가진 존재처럼 자신의 운명을 개척해나가는 것이다.

같은 업종에서 경쟁 관계에 있는 기업이라고 해도 서로 다른 문화를 갖는다. 엘지와 삼성이 다르고 마이크로소프트와 구글이 다르듯 각각의 기업은 서로 다른 사람처럼 고유한 인격을 갖는다. 세상에 같은 사람이 없듯 세상에 같은 기업은 없다. 만약 어느 기업이 다른 기업을 모방하는 데서 출발했다 하더라도 자신만의 정체성을 갖지 못한다면 짝퉁 또는 아류로 조롱당하다가 소리도 없이 사라질 것이다. 그렇기에 기업마다 시장에서 각인될 고유성, 즉 그 기업만이 가지고 있는 '다름'을 만들어내는 것이야말로 정글 같은 비즈니스 현장에서 살아남을 수 있는 생존의 법칙이다.

다르다는 것은 고유함을 의미하고 고유함은 남과 구별되는 나만의 특성을 가진다는 것이다. 그렇다면 과연 어떻게 이 차이를 만들어낼 것인가? 비즈니스 현장에서 40년을 살아오며 많은 사람을 만나는 동안 문득 이런 의문이 들었다. 왜 태어날 때 똑같은 생명을 부여받았는데 왜 누구는 원하는 삶을 살아가고 또 다른 누구는 시련을 겪는 것일까? 누군가는 끝까지 해내지만 또 다른 누군가는 힘없이 물러서고 마는가? 왜 어떤 기업은 글로벌 기업으로 성장하지만 또 다른 어떤 기업은 몰락하는 것일까? 왜 어떤 기업은 혁신을 통해 앞으로 나아가지만 또 다른 어떤 기업은 과거의 방식을 되풀이하다가 스스로 도태되는 것일까? 성공한 기업은 무엇이 다르고 그 다름을 어떻게 만들어낸 것일까? 그리고 애써 만들어낸 그 차이를 어떻게 유지하고 전승하는 것일까? 이 글은 스스로 의문을 품고 던졌던 질문에서 출발해 평생 듣고 보고 배운 것을 기반으로 실천하면서 찾은 내 나름 깨달은 것을 정리한 것이다.

세상에 영원한 것은 없다. 모든 길은 로마로 통한다며 무패를 자랑했던 로마제국도 역사의 뒤안길로 사라졌고 폭풍처럼 질주하며 대제국을 건설했던 몽골제국도 한낱 전설 속의 이야기로 남았다. 역사의 한 페이지를 장식했던 거대한 나라들도 쓰러지는데 기업의 운명 또한 영원하지는 않을 것이다. 그 어떤 것도 영원하지 않다는 진실이 허무주의나 패배주의를 의미하는 것은 아니다. 인간의 삶이 유한하기에 죽음 앞에 의미를 갖듯 기업 또한 하나의 생명체로 본다면 영원성이 아니라 현재성에서 성장과 발전의 의의를 찾을 수 있다. 다시 말하면 영원한 승자도 없고 영원한 패자도 없다는 것이다. 지금 구조조정의 칼끝 아래 서 있는 기업일지라도 필사적으로 돌파구를 찾는다면 살길을 만들어낼 수 있고 지금 최고의 기량을 보이며 일류로 여겨지는 기업일지라도 오만함 속에 머문다면 언젠가는 삼류로 떨어지고 말 것이다.

경영의 최전선에서 뛰는 동안 시간이 지날수록 선명해진 것이 한 가지 있다. 나 자신의 작은 관점에서 벗어나 기업의 관점에서 바라봐야 한다는 것이다. 내가 모든 성취를 이룰 수도 없고 성과를 독식해서는 더더욱 안 될 일이다. 그렇기에 내가 하는 역할은 과거와 미래를 잇는 데 있다. 즉 전임자의 좋은 유산을 잘 이어받아 후임자가 좀 더 나은 환경에서 성과를 내고 그 결실을 또 다음 후임자에게 물려줄 수 있도록 계승자로서의 기반을 닦는 일이다.

직장생활 초기엔 나 또한 눈앞의 성과에 목말라했고 일 잘하는 사람으로 돋보이고 싶었다. 그러나 임원 승진을 하면서 조직의 리더로 팀을 이끌어가는 입장이 되자 과거의 생각에서 벗어날 필요를 느꼈다. 리더라면 당연히 자신이 이끄는 조직이 가능한 한 오래가길 원할 것이다. 선대에서 이어진 무형자산을 후대로 잘 전달해 줄 의무와 책임이 있다. 소멸하지 않고 생존을 이어가는 지속가능경영 구현을 위해 리더에게 주어진 최상의 미션은 무엇일까?

리더의 최상의 미션은 비전을 수립하고 비전을 달성하는 데 필요한 과업을 설정하고 실천하기 위해 실행의 주체인 조직을 하나로 결속시키는 것이다. 가장 중요한 것은 구성원들 각자가 주인의식을 함양하는 것이다. 그러기 위해 가장 필요한 것은 자율 기반의 창의적인 조직문화의 틀을 장기적으로 구축하는 일이다. 분열된 조직과 이것을 방치하는 조직문화로 이룰 수 있는 과업은 존재하지 않는다. 물론 인간은 타고난 재능과 성격이 서로 달라 쉽게 융합되기 어려운 것도 사실이다. 그러나 바로 이 다름이라는 이유가 있기에 서로를 품으며 결속돼야 한다.

구성원들 개개인이 주인이 되는 조직문화 구축은 지속가능한 경영을 구현하기 위해 모든 조직책임자에게 최상의 미션으로 계승돼야 한다. 이것이야말로 부단한 노력을 통해 새로운 높이로 도약시켜야 하는 최고의 무형자산일 것이다.

경쟁은 쟁취가 아니라 윈윈의 상호상생이어야 한다

◆◆◆

기업의 생존은 전쟁과 크게 다를 바 없다. 과거 전쟁의 역사 중엔 상호 이해관계에 따라 잠깐이든 장기간이든 휴전이 가능했다. 하지만 기업 경영에서 경쟁은 찰나의 멈춤도 없이 생존의 사투를 벌이는 현장이 눈만 뜨면 펼쳐져 있다. 모든 경쟁자가 각자 모두를 상대해야 하는 일이 벌어지는 것이다. 어떻게 생각하면 비현실적이라고 여겨지지만 똑같은 조건 아래에서 치르는 전쟁이기에 극복하고 이겨내는 일 외에 다른 방도는 없다. 오직 살아남는 기업, 지속가능한 경영을 이루는 기업만이 승자가 되는 것이다.

현재 최고의 성과를 보이는 기업일지라도 미래를 장담할 수 없다면 불안하기는 마찬가지일 것이다. 수십 년 전까지 글로벌 시장에서 넘버원을 차지하며 인구에 회자되던 혁신적인 기업들이 지금은 쇠락의 길을 걷고 있거나 사라진 경우는 허다하다. 태어나고 자라고 번성하고 쇠퇴하고 소멸하는 것이 시장의 법칙이라 하더라도 경영자는 자신의 조직을 최대한 지속가능한 상태로 만들고자 최선을 다한다. 이것은 나 또한 경영 일선에서 오랫동안 고민해온 주제였다.

'어떻게 하면 파트너사와 상생하는 기업, 조직 구성원이 신바람 나게 일하는 기업, 사회에 공헌할 수 있는 기업으로 만들 수 있을까? 그리고 훌륭한 기업을 지속할 수 있게 하려면 어떤 일들이 필요할까?'

때로는 치열한 현장에서 몸으로 부딪치며 고민을 했고 때로는 불면의 밤을 맞아가며 책상머리에서 이런저런 생각을 했다. 일에 대해 아무것도 모르던 신입사원이 좋은 상사와 동료를 만나 하나둘 일의 이치를 깨닫기 시작하다가 조금씩 큰일을 맡으며 예전의 배움을 수정하기도 하고 새로운 배움을 덧붙이기도 하면서 생각의 열매가 영글어갔다. 생각한 것을 현장에 적용해보고 적용한 결과의 효과를 눈으로 확인하면서 점점 확신하게 됐다. '자율 기반의 창의적인 조직문화'야말로 기업이 남겨야 하는 가장 소중한 무형자산이자 어떤 터프한 경쟁에서도 승리할 수 있는 최고의 원동력이라는 점이다.

지난 40여 년 직장생활을 돌이켜 보았을 때 신뢰를 바탕으로 충분한 동기부여가 이루어졌을 때 조직은 강하게 결속됐다. 성과 또한 자연적으로 이루어져서 조직의 기대치를 충족시키기에 부족함이 없었다. 보고와 지시에 익숙해진 경직되고 수직적이며 관료적인 조직문화로는 무한 경쟁이 가속화되는 현재 시장에서 도태될 수밖에 없다. 이런 상황에서는 다름의 향연이 마음껏 펼쳐지고 발휘되는 조직문화야말로 치열한 경쟁 속에서도 지치지 않는 생명력을 불어넣는 원천이 될 것이다. 그렇기에 훌륭한 리더는 자율과 통제라는 두 갈래 길 중에 조직이 어느 방향으로 기울어져 있고 지금 어떤 상태에 있는지 항상 염두에 두어야 한다.

세상에 그 어떤 것도 완벽한 것은 없다는 관점에서 보면 경쟁은 쟁취가 아니라 상호상생이요, 절대적인 것이 아니라 상대적이라는 결론에 도달한다. 누구도 완벽하지 않기 때문에 강점과 약점 그리고 장점과 단점을 갖고 있어서 상대에게 배울 것이 항상 있기 때문이다. 경쟁 관계에 놓인 기업들도 이렇듯 상호 배움을 통해 함께 발전하고 성장한다고 생각하면 더 이상 생사여탈권의 쟁취가 아니라 서로를 보완하는 상생의 여정을 펼치는 것이 가능하지 않을까.

우리의 적은 라이벌 기업이 아니다. 적은 다른 데 있다. 조직을 갉아먹고 소리 없이 침투해 무력하게 만들며 스스로 이룬 성취조차 보잘것없게 만드는 것, 눈에 보이지 않지만 틀림없이 존재하는 것, 그것의 이름은 '비효율'이다. 우리가 물리쳐야 하는 진짜 적은 외부의 경쟁상대로 여기는 다른 기업이 아니라 우리 내부에 오랫동안 뿌리를 내리며 발전을 막아온 온갖 비효율이다. 다음 장에서 이것에 대해 내가 일평생 현장 경영을 통해서 체험한 내용을 구체적으로 설명하고자 한다.

2. 핵심가치 7개를 DNA로 만들어라

창의적인 조직문화를 남기려면 효율에 해악이 되는 것을 규정하고 지금까지 해왔던 비효율적인 행위와 제도를 척결해 결별을 고해야 한다. 상식에 반하고 혼란을 가중시키면서 팀 단합을 해치고 다름의 다양성과 인간의 존엄성에 역행하며 궁극적으로 창의적인 조직문화를 저해하는 비효율을 찾아 제거해야 한다. 대표적인 비효율이 바로 7불不이다.

7불이란 조직문화를 해치는 7가지 폐해인데 불통, 불신, 불평등, 불균형, 불일치, 불규칙, 불투명이다. 어떤 조직이든 이 7불이 횡행하면 빠르게 무너질 수밖에 없다. 건강한 조직문화를 만들기가 불가능하기 때문이다. 7불이 난무하는데도 혁혁한 성과를 낸 조직은 본 적이 없다. 잘 나가던 기업이 시대의 변화에 적응하지 못하고 철퇴를 맞을 땐 7불에 발목을 잡혔기 때문이라고 해도 과언이 아니다. 한마디로 창의적인 조직문화를 형성하지 못하고 내부에서

썩어들어 가다가 외부의 폭풍우를 견디지 못하고 쓰러진 것이다.

7불 타파는 자율 기반의 창의적인 조직문화를 위해 남겨야 하는 유산으로 선택요소가 아니라 필수요소이다. 불통을 소통으로, 불신을 신뢰로, 불평등을 평등으로, 불균형을 균형으로, 불일치를 일치로, 불규칙을 규칙으로, 불투명을 투명으로 만들어내지 못하는 기업에 미래는 없다. 생존을 위한 부단한 노력으로 반드시 개선해야 한다.

핵심가치 ① 불통에서 소통으로

◆◆◆

조직의 책임자라면 소통이 경영에서 차지하는 비중이 얼마나 큰지를 굳이 강조하지 않아도 알고 있을 것이다. 실제로 많은 경영자가 지속가능경영 구현을 위한 첫 번째 조건으로 창의적이고 자율적인 조직문화를 손꼽으며 이것을 구축하기 위해 많은 시간을 투입하고 있다.

소통을 첫 번째로 손꼽은 이유는 기업의 가장 중요한 무형자산인 조직문화를 구축하는 데 가장 핵심적인 요소이기 때문이다. 소통이 제대로 이루어지지 않으면 비효율이 극성을 부린다. 그렇다면 조직문화를 견고하게 하는 소통은 어떤 방향으로 전개돼야 할까? 구성원 각자가 주어진 책임을 완수하기 위해 주인의식을 키우고 자발적으로 참여하는 것이다. 즉 기업가정신을 가지고 각자가 소통의 주인이자 주체임을 각인시키는 것이다.

소통은 조직의 비전 달성을 위해 선정된 모든 과제를 수행하는 과정에서 나의 궁금한 점을 해소하기 위해서도 있다. 하지만 그보다 훨씬 더 중요한 것은 사업 관련한 모든 이해관계자들을 포함한 상대, 즉 내부의 조직 구성원, 외부의 사업 파트너, 최종 구매 고객을 총망라한 이들이 어려워하는 점과 궁금해하는 점을 해소하기 위해서이다. 그렇다면 소통의 실체는 어떤 모습으로 진화하고 발전돼야 하는 것일까? 소통의 구성 요소를 몇 가지로 나눠 현장에서 적용한 경험을 토대로 정리해보았다.

우선 소통의 대상이 누구인지 살펴보자. 소통의 대상은 나를 포함해 동일한 비전을 공유하는 모든 이해관계자들이다. 그중에서 가장 중요한 고객은 나 자신이다. 자신과의 정기적인 소통을 통해 주어진 책무를 이행하는 데 밝은 미래를 위해 바른길로 가는지를 성찰하고 돌아보는 시간을 가져야 한다. 모든 과업을 성공적으로 수행해나가려면 각자의 정신적인 건강은 필수이자 선결 조건이다. 괴테Johann Wolfgang von Goethe는 "자신과 만나는 시간을 자주 가져야 한다. 자신과의 만남이 없는 사람은 길이 없다."라고 했다. 즉 자신과 소통하지 않으면 자신이 어디로 가는지 모른다는 것이다.

두 번째로 살펴볼 것은 소통의 주제이다. 회사의 미래 과제와 당면 목표는 물론 조직 구성원들의 개인적인 고충과 어려움까지 확대돼야 한다. 그야말로 소통의 주제는 고객이 궁금해하는 모든 것이라고 할 수 있다. 어떤 특정한 것에 국한돼서는 발전이 없기 때문이다.

세 번째 살펴볼 것은 소통의 도구이다. 소통의 도구는 한마디로 인간의 신체 그 자체이다. 제대로 된 소통이 되려면 신체의 모든 기능이 제대로 작동해야 한다. 눈으로 보는 것, 듣는 것, 그리고 말하는 것에 이르기까지, 즉 눈과 귀와 입은 물론이고 소통할 때 자연스럽게 취하는 긍정적인 몸짓Positive Gesture도 포함된다. 선후배와 동료와 묵은 갈등을 풀기 위해 식사를 함께하며 이야기를 나누고 정신적으로 힘들어하는 이들의 아픔을 나누고 보듬어주는 시간을 보내는 것도 소통에 필수적이다. 이런 연유로 최상의 효율적인 소통을 꾀하기 위해 두 발은 쉴 사이 없이 움직여야 해서 신체적이고 정신적인 건강은 반드시 필요한 것이다.

네 번째는 소통의 주기이다. 주제별로 참석 대상을 선정하고 사안에 따른 주기가 포함된 연간 소통 캘린더 운영은 적기에 바른 결정을 하는 데 큰 도움이 될 것이다. 상호합의를 통해 공유된 소통 이외에 위급한 돌발적인 상황으로 인한 불가피한 소집을 제외하곤 최대한 절제돼야 한다. 조직 구성원들 각자가 책임을 다하기 위해서는 시간이 필요하기 때문이다. 내 시간이 중요한 만큼 다른 사람들의 시간도 중요한 법이다.

마지막으로 소통을 위한 대화의 구성 요소를 살펴보자. 구성은 크게 청취, 질문, 제안, 지시의 네 가지 형태를 띠고 있다. 조직의 책임자라면 조직의 역량을 높이기 위한 소통에서 이 네 가지 형태가 차지하는 비중이 시간이 흐를수록 어떻게 변화하는지를 잘 관찰해볼 필요가 있다. 경청하면서 질문을 통해 상호 궁금증을 해소하는 데 많은 시간을 보내는 것이 소통의 가장 바람직한 대화 방식이다. 지시로만 일관하는 한 방향 대화는 소통의 최대의 적이다.

경청과 질의응답을 하면서 결론을 도출하는 데 필요하다면 지시가 아닌 상대의 의중을 파악하기 위해 제안하는 것이 좋다. 이렇게 최적의 상호 합의점을 찾아가는 소통 방식이 구성원들의 사고 역량을 높이는 데 도움이 되지 않을까 한다.

지시가 줄어들면서 제안이 늘고 또 질문이 많아지고 궁극적으로 경청의 단계가 커진다면 바람직한 길로 가는 것이다. 왜 듣는 데 많은 공을 들여야 할까? 이유는 단순하다. 상대는 나하고 다르기 때문이다. 모두가 다르기 때문에 가능한 많은 이해관계자들의 의견을 수렴해야 바른 의사결정에 가까이 다가갈 수 있다.

"그렇다면 소통의 마지막 종착역이자 끝판왕은 어떤 모습일까?"

이 질문에 관한 생각을 자주 했는데 내가 찾은 답은 자율이다. 자율은 방임이 아니다. 알아서 스스로 행동하는 사람이다.

"무통제가 최상의 통제이다No Control is Best Control!"

사람은 저마다 타고난 기질이 다르고 자라온 환경이 달라서 같은 사안을 두고도 다른 생각을 할 수 있다. 전체를 총괄하며 사업을 이끌어가는 사람의 입장, 중간에서 관리하는 사람의 입장, 그리고 현장에서 실무를 담당하는 사람의 입장이 다른 것은 자연스럽고 당연한 일일 터이다. 내부의 입장도 이렇게 다른데 파트너사의 입장이야 말해서 무엇 하겠는가. 설령 이 두 입장이 합의점을 찾는다고 해도 고객의 입장은 또 다를 수 있다.

창의적인 조직문화의 소통을 말할 때 오직 조직 내부에만 관심을 두어서는 안 된다. 파트너사와 고객을 포함해서 내부의 소통을 함께 바라봐야 전체가 어떻게 연결되고 이어지고 통하는지 파악할 수 있다. 내부의 소통이 원활하고 자율적일 때 조직에 대한 자부심을 품는 것은 좋지만 그것이 '아전인수'격이 돼서는 안 된다. 우리는 괜찮은데 너희가 잘못했다는 식으로 또 다른 불통을 가져올 수 있기 때문이다. 그렇기에 소통의 첫걸음은 '경청'이다.

내 목소리를 내기 전에 상대의 목소리를 먼저 듣는 것이 중요하다. 상대와 마주앉았을 때 얼굴 전면에 있는 입을 열기보다 측면에 있는 귀를 열어 기울이는 태도야말로 경영자가 갖춰야 하는 삶의 태도이다. 소통에는 시간이 필요하다. 최대한 공감대를 확보할 수 있도록 충분히 이해하는 시간을 가져야 한다. 시간이 없다고 소통을 덜 하면 오히려 더 지연되는 일이 생긴다. 앞단을 다지는 시간이 길더라도 소통을 통해 교집합을 크게 만들어두어야 뒷단에서 헤매는 일이 안 생기는 것이다.

소통은 한 방향이 아니라 쌍방향이다. 쌍방향으로 원활한 소통이 이루어지지 않으면 조직은 경직돼 유연성이 떨어지고 다름의 다양성은 소멸의 과정을 밟게 된다. 모든 구성원이 소통의 주체가 되는 일은 조직문화를 굳건하게 다지는 생존의 절대 법칙이다. 2014년 프란치스코 교황Pope Francis이 한국을 방문했을 때 한 말로 소통의 중요성을 음미해보고자 한다.

"남들이 말하지 않은 요구, 감정, 경험, 어려움, 생각도 받아들여라. 상대방의 마음을 열지 못하면 대화가 아니라 독백이다."

핵심가치 ② 불균형에서 균형으로

◆◆◆

현장 경영을 하면서 소통 다음으로 가장 많은 관심을 가지고 중요하게 다루었던 이슈는 균형이었다. 불균형은 어느 한 부분이 취약해질 때 다른 부분까지 하향 조정되는 현상을 만들어내기도 한다. 최악의 경우 그동안의 모든 노력을 물거품으로 만들 만큼 커다란 타격을 입히기도 한다. 그만큼 불균형은 효율에 치명적인 영향을 미치는 요소이다. 빠른 조치를 하지 않고 방치하면 쏠림 현상이 심화돼 순식간에 몰락을 맞게 된다. 사업이 답보 상태로 지지부진하거나 경영 성과의 변동 폭이 상식을 벗어나는 수준으로 변하고 있다면 조직 내 불균형의 이슈들이 상존하고 있다는 신호로 받아들여야 한다.

균형 중에서 더 중요하고 덜 중요한 것을 가리기는 어렵다. 몰락의 전조인 불균형의 범주가 다양하기 때문이다. 그러나 그중에서 가장 으뜸인 것을 한 가지 뽑자면 조직 부서 간의 역량의 차이에서 비롯되는 실행 능력의 불균형일 것이다. 아무리 훌륭한 전략을 수립해도 실행이 제대로 받쳐주지 못하면 무용지물이 되고 만다. 실행의 품질은 각 조직 역량에 달려 있고 조직 역량은 각 기능 부서의 업무수행 능력의 균형, 즉 상향평준화 유무와 직결된다.

각 부서 간의 역량의 상향평준화가 중요하다면 그러기 위해 선행돼야 할 이슈는 무엇일까? 생산성에 역행하는 비대한 조직의 인원들을 업무의 난이도와 중요도를 고려해 재배치하는 일이다. 그리고 조직의 실행 능력을 키우는 데 중추가 되는 핵심은 각자에게 주어진 책임에 상응하는 권한을 부여하는 것이다. 책임과 권한을 일치시키고 지속적인 동기부여를 해서 주인의식을 고취시켜 사업가로서의 자립 의지를 장기적으로 키워나가야 한다. 조직 역량의 상향평준화에 권한과 책임의 일치가 필요조건이라면 각 조직 간의 생산적인 협력은 충분조건이다. 각자의 고유 영역을 최대한 존중하면서 다른 부서들이 제대로 작동되는지 관심을 두고 격려를 아끼지 말아야 할 것이다. 사람이 건강이 나빠져서 생명을 다하지 못하는 것도 오장육부 중 어느 한 곳이 나빠지는 것에서 시작된다. 기업 경영에서 각 부서의 기능은 인간의 오장육부와 크게 다를 바 없을 것이다.

조직 내 각 기능의 상향평준화와 관련해서 마지막으로 다루어야 할 것이 있다. 바로 이 모든 실행의 주체인 조직 구성원에게 발전하고 성장하도록 동등한 기회를 제공하는 것이다. 즉 승진과 성과에 대한 공정한 보상이다. 모두가 공감하고 팀의 결속을 다지는 체계적인 승진과 보상 시스템이 반드시 따라야 할 것이다. 소외된 부서가 있고 조직의 구성원들이 그렇게 느낀다면 이것은 균형의 파열로 불균형의 시작을 자초하는 것이나 다름없다. 균형의 궁극적인 목표는 모든 구성원이 공생을 위해 상호 발전을 꾀하면서 하나의 공동체로 결속되는 것이다.

수백 년이 지나도 무너지지 않는 건축물의 특징은 균형감이 뛰어나다는 것이다. 무거운 철근과 돌을 튼튼하게 받쳐주는 기본 골조 중 어느 한 군데라도 주저앉으면 수백 년을 버텨온 힘이 무색할 만큼 쉽게 무너지고 말 것이다. 그러나 균형을 지키는 한 천년이 지나도 무너지지 않는다. 균형은 절대 몰락하지 않는 법칙이다.

핵심가치 ③ 불평등에서 평등으로

◆◆◆

불균형은 불평등으로 이어지고 균형은 평등으로 이어진다. 리더가 이것에 무심하면 개인과 조직의 소외감을 불러일으켜 사기가 떨어지는 것은 물론이고 심한 경우 적개심까지 일으킬 수 있다. 그러나 자주 찾고 만나는 것만이 능사는 아니다. 뜸하더라도 정기적으로 만나면서 각자 겪고 있는 어려운 점과 고민을 듣는 것이 중요하다. 진정 마음에서 우러나오는 말 한마디가 때로는 더 큰 힘을 발휘한다. 믿음의 진정성은 내가 아니라 조직의 구성원들이 판단하는 것이다. 설령 보잘것없고 사소한 제안이라 하더라도 경청하면서 격려하고 동기부여를 해 존재감을 부각시키는 일은 리더의 중요한 역할이다. 상대를 감동시키는 것은 번지르르한 치레가 아니라 진심으로 동기를 부여하는 진정성이다. 그러면 조직원들은 자신을 아껴주는 리더가 정기적으로 찾아오는 날을 기다리게 될 것이다.

조직 내에는 조직책임자들의 발길이 뜸한 소외된 부서들이 존재하게 마련이다. 믿음의 동기부여는 어느 특정인들에게 국한되어서는 안 된다. 모든 구성원이 조직에 꼭 필요한 일원임을 스스로 자각할 때까지 부단한 노력을 기울여야 한다. 선의의 경쟁은 똑같은 조건에서 모두가 평등하다는 인식에서 출발한다. 믿음의 동기부여가 발산하는 선의의 경쟁은 서로 간에 많은 것을 배우고 깨우치도록 해주고 구성원들 역량을 상향평준화로 인도할 것이다.

댐이 한 번에 붕괴되지는 않는다. 눈에 보이지 않는 작은 구멍에서 시작되는 누수가 댐의 붕괴로 이어지듯 조직의 붕괴도 비슷하다. 모든 부서의 건강을 챙기는 것은 조직책임자의 몫이다. 부서의 규모를 떠나서 구성원들과 정기적인 소통을 하며 소외감을 떨쳐내고 부서 간 역할의 중요성에 대한 평등 인식이 조직 내 뿌리를 내리도록 노력과 정성을 쏟아야 한다. 각 부서와 현안 이슈를 주제로 토론하면 부서의 역량을 판단할 수 있고 조직 전체를 균형 있게 바라보는 데 도움이 된다. 모두에게 발전과 성장의 균등한 기회를 제공하고 승진과 보상을 공평하게 주는 것은 조직 전체의 사기와 단합을 이끄는 동력이 되고도 남을 것이다.

핵심가치 ④ 불일치에서 일치로

◆◆◆

직장생활을 하면서 가장 힘들 때는 누군가의 잘잘못을 떠나서 계획한 일들이 수포로 돌아가거나 시작한 일의 끝을 보지 못했을 때다. 이런 결과가 나올 수밖에 없었던 주된 이유 중 하나는 후임자에서 연결이 되지 못하고 단절이 됐을 때와 조직 내 이해관계자들과 목표 달성 관련한 과업이 서로 다른 의견으로 인해 결실을 보지 못하고 중도 하차했을 때다. 현재 진행되는 기업의 경영 활동 대부분은 미래의 성과를 창출하는 연결선 위에 놓여 있다. 즉 투입은 단기간 목표 달성만이 아니라 중장기 관점에서의 도약을 더욱 쉽게 하는 목적도 갖고 있다. 상호 일치되지 못한 의견으로 동기부여가 저하된 상태에서 성과가 나오기는 어렵다. 그렇기에 리더는 어떤 차이가 조직 내 존재하는지 면밀하게 살펴야 한다. 모든 경영 성과물의 최종 책임은 최고책임자의 몫이기 때문이다.

기대만큼의 훌륭한 결실을 보기 위해선 조직의 구성원들이 각자 본연의 업무를 충실히 이행하도록 업무에 대한 이해가 높아야 하며 충분한 동기부여가 이루어져야 한다. 동기부여가 제대로 되려면 구성원들이 각자 주인의식을 가져야 한다. 주인의식을 함양하기 위해 반드시 갖추어야 할 제도적 장치는 무엇일까? 가장 기본이 되는 것은 무엇일까?

권한과 책임을 일치시키고 합의한 책임 완수를 위해 주어진 권한 내에서 모든 의사결정을 위임하는 것이다. 상호 합의한 목표에 대해 올바른 평가를 하려면 책임에 상응하는 의사결정 권한을 부여해야 한다. 이것은 지극히 당연한 일임에도 불구하고 아마도 경영에서 실제론 가장 잘 이루어지지 않는 분야 중의 하나일 것이다.

제대로 동기부여를 받게 하려면 본연의 업무를 기준으로 한 핵심성과지표를 전면적으로 조정하고 상호협력에 바탕을 둔 선의의 경쟁을 일으키고 촉진시켜야 한다. 다음으로 평가할 때는 상대평가가 아닌 절대평가를 도입하는 것이다. 절대평가의 투명성을 유지하기 위해서는 경영 성과 목표 달성에 따른 공정한 차등화 인센티브 제도가 마련돼야 한다. 조직의 혼란을 가중시키는 가장 큰 주범 중 하나는 권한과 책임의 불일치일 것이다. 권한과 책임의 모호한 영역 설정은 각 부서 간에 불필요한 간섭을 일으키기 때문이다.

게다가 각자에게 주어진 본연의 업무에 투입되는 시간을 박탈하는 결과를 가져온다. 부서 간 업무 중복에 따른 불필요한 인력의 증가도 비효율로 이어져 매몰 비용을 가져온다.

조직의 핵심성과지표가 공동의 목표가 돼야 하는 것은 맞지만 그 비중은 누구나 공감하는 수준에서 설정돼야 한다. 모든 부서들의 성과지표가 각자 본연의 업무를 제대로 반영하고 권한과 책임이 일치된 역할을 충실히 수행할 때 조직은 새로운 높이의 성과로 보답할 것이다.

조직 내에 의사결정권자가 많으면 많을수록 업무 효율이 높아지는 것은 당연한 이치일 것이다. 스스로 알아서 행동하는 인재들의 집단을 만들기 위한 출발점은 모든 구성원이 공평한 기회를 누릴 수 있도록 권한과 책임의 일치를 통한 동기부여와 절대평가 시스템의 구축일 것이다.

지속가능경영 실현의 주체는 사람이고 인재가 하루아침에 만들어지지 않는다는 것은 누구나 알고 있다. 목표 지점에 도달하지 못하고 더디게 진행된다면 나로 인한 것인지, 각자가 스스로 노력을 하지 않는 것인지 한 번쯤은 성찰의 시간을 가져볼 필요가 있다. 지속가능경영의 주체는 '나'가 아니라 '우리'여야 한다. 그렇기에 권한 밖의 책임을 물어서도 안 되고 책임을 벗어나는 권한을 행사해서도 안 된다. 각자에게 주어진 권한이 무엇인지 모르는 것은 더 큰 문제이다.

핵심가치 ⑤ 불투명에서 투명으로

◆◆◆

조직의 팀 단합을 끌어내는 또 하나의 요소는 모든 것을 투명하게 드러내고 함께 공유하는 것이다. 투명하면 투명할수록 더 가까이 다가가게 마련이다. 시간이 흐를수록 팀 간 단합의 속도는 빨라지고 조직의 활기가 사내 곳곳에서 감지되기 시작한다.

투명과 관련해서는 크게 네 가지 범주로 생각해볼 수 있다. 첫째는 내가 속한 조직 내부의 이슈로 이미 언급한 바 있는 각 부서 간의 책임과 그에 상응하는 권한의 투명성 제고이다. 둘째는 동일한 비전을 함께하는 모든 이해관계자 간에 상호 알 권리를 제공하는 것이다. 서로 마음을 열고 어려운 상황을 공유하면서 해결책을 함께 모색해 나가야 한다. 감춘다고 감춰지지도 않을 뿐더러 이런 상황이 오래 지속되면 불신의 골이 깊어질 수밖에 없다. 셋째는 비전 달성을 위한 여정에서 올바른 의사결정을 위해 반드시 알아야 할 것들이 무엇인지 파악하고 상호 부단한 노력을 통해 제때 드러나게 하는 것이다. 마지막 넷째는 고객들에게 우리는 고객 가치 관점에서 경쟁사와 무엇이 어떻게 다른지 제대로 알리는 것이다. 즉 우리가 제공하는 모든 제품과 서비스뿐만 아니라 훌륭한 기업으로서의 소임을 다하는 이 모든 경제 활동을 제대로 부각시키고 알리는 활동을 전개하는 것이다.

이런 모든 투명성 제고와 연관된 활동들이 일회성이나 단순한 이벤트로 그치면 기대하는 효과를 꾀할 수 없다. 모든 것을 완벽하게 구현하는 것은 불가능하지만 일관성을 가지고 꾸준히 추진하면서 완성도를 높여나가야 한다.

어떤 연유에서건 조직이 불투명에 갇혀 미래를 제대로 보지 못하면 속도는 무뎌지게 되고 도달해야 할 목적지에서 점점 멀어질 수밖에 없다. 보아야 할 것을 제때 보지 못하고 공유해야 할 것들이 사장돼 의사결정이 지연되거나 올바르게 되지 못하면 조직 내 분열의 파열음은 피할 수 없게 된다. 문제는 모르는 것이 있는데도 단지 지금 잘된다는 이유로 알려고 하지 않고 마치 다 아는 것처럼 행동하는 것이다. 투명하지 않으면 제자리를 맴돌 뿐 목표를 향해 나아갈 수 없다. 투명할수록 비전 종착역의 불빛은 더욱 환하게 빛나고 속도는 빨라질 것이다. 전력 질주가 가능해지는 순간을 맞이하게 되는 것이다.

이해관계자 간에 비전 달성을 위해 상호 필요로 하는 정보들을 실시간 공유함으로써 투명성이 제고되면 신뢰는 더욱 돈독해진다. 신뢰는 자발적 참여로 이어져 속도 경영에 필요한 조직의 단합과 무한한 결속을 끌어낸다. 이처럼 투명성은 조직을 하나로 묶는 또 하나의 튼튼한 끈이다.

핵심가치 ⑥ 불규칙에서 규칙으로

◆◆◆

일관성과 꾸준함을 상실하면 축적되는 것이 없어 미래를 보는 눈에서 점점 멀어지게 된다. 좋은 습관을 기르기는 절대 쉽지 않다. 시작 초기에는 때론 참기 힘들 정도로 고통의 시간이 따르더라도 익숙해지면 속도는 빨라지고 시간과의 싸움에서 평온과 여유로움을 만끽하는 순간을 접하게 된다. 미래의 발전에 도움이 되는 규칙적인 습관의 가장 큰 소득은 꾸준함이 가져오는 새로운 깨우침으로 인해 그동안 몰랐던 당면 문제의 실체를 접하게 된다는 것이다. 단 한 번의 시도를 통해 얻게 되는 정보와 결과물이 미래를 보장하는 전부이자 대책이 될 수 없다. 그것은 빙산의 일각이다. 게다가 시장도 고객도 경쟁사도 가만히 있지 않고 변화를 거듭한다.

리더가 늘 질문을 통해 확인해야 하는 것 중 하나는 "우리는 바른 방향으로 나아가는가?"이다. 제대로 안 되면 왜 안 되는지 파고들어야 하고 잘되면 왜 잘되는지 제대로 알아야 한다. 모든 것은 상대적이라 했다. 시장의 움직임을 주시하고 고객의 욕구는 어떻게 변하는지 늘 예의주시해야 한다. 기업을 둘러싼 다양한 이해와 여러 관계가 우리를 어떻게 평가하는지를 정기적으로 확인하는 일은 경영에서 매우 중요한 일이다.

한 번으로 그치지 않고 정기적으로 꾸준히 들여다보면 큰 흐름을 읽을 수 있다. 큰 흐름을 읽는다고 해서 모든 것을 완전하게 알 수는 없지만 어느 정도 미래 예측은 가능하다. 따라서 현재 내가 당면한 실체를 제대로 파악하고 미래 준비를 하는 데 분명 도움이 될 것이다. 이렇듯 한 번의 행위로 깨우칠 수 있는 것은 아마도 존재하지 않을 것이다.

한순간의 실패와 성공은 전혀 중요하지 않다. 약속한 것들을 지키는 실천을 꾸준히 해나가다 보면 조직이 기대하는 목표에 이르게 될 것이라고 확신해야 한다. 새로운 것을 익히고 자신을 강하게 키우는 것도 규칙적인 습관에서 비롯된다. 무엇이든 처음 시도를 할 때는 많은 시간과 자원이 투입되게 마련이다.

또 규칙의 틀 안에 얽매이는 것 자체가 조금 따분할 수도 있다. 그러나 규칙적으로 반복할수록 익숙해지고 그러면 숙달되고 숙달될수록 속도가 빨라진다. 종국적인 경영의 품질은 꾸준함과 일관성에서 비롯되는 것이다. 규칙적인 습관을 통한 꾸준함이 우리의 현실을 직시하고 바른길로 안내하는 등불이자 나침판이 된다.

이것과 관련해서 큰 깨달음을 겪은 일화를 하나 소개하고자 한다. 어느 날 한국 출장을 마치고 중국으로 가는 기내에서 「역린」이라는 영화를 우연히 보게 됐다. 『중용』 23장을 인용한 명대사가 너무 가슴에 와닿아 인터넷에서 확인했다. 그러다 『중용』 26장을 접했는데 이를 읽는 순간 온몸에 전율이 느껴졌다.

『중용』 26장

至誠無息: 지극한 정성은 쉼이 없다.
지 성 무 식

不息卽久: 쉬지 않으면 오래가고
불 식 즉 구

久卽徵: 오래가면 징험이 나타난다.
구 증 징

徵卽悠遠: 징험이 나타나면 아득히 멀리 퍼지고
징 즉 유 원

悠遠卽博厚: 아득히 멀리 퍼지면 넓고 두텁게 쌓이고
유 원 즉 박 후

博厚卽高明: 넓고 두텁게 쌓이면 높아져서 밝게 빛이 난다.
박 후 즉 고 명

세운 규칙을 참고 묵묵히 수행하는 올바른 습관의 참된 의미를 이렇게 잘 표현한 말이 또 있을까. 지극 정성의 정도를 향한 올바르고 규칙적인 습관이 세상을 지배할 수 있다는 정연한 논리에 숙연해졌다. 이날 사무실에 도착하자마자 시간이 날 때마다 연습하던 서예 붓 중에서 한 번도 쓰지 않은 가장 큰 붓을 꺼내 첫 구절인 '지성무식至誠無息'을 썼다. 책상 앞 벽에 붙여두고 마주할 때마다 나는 지극 정성을 다하는지 되새기곤 했다. 자신과 고객에 다짐한 약속에 쉼이 있다면 어찌 지극 정성을 다한다고 할 수 있겠는가. 그리고 지극 정성에는 지켜야 할 행동규범, 즉 규칙이 반드시 수반돼야 한다.

핵심가치 ⑦ 불신에서 신뢰로

◆ ◆ ◆

40여 년 직장생활에서 가장 보람 있었을 때는 상사의 동기부여와 진정성이 깃든 믿음의 한마디가 가슴에 와닿았던 순간이다. 에어컨 사업부 해외 영업 팀장으로 근무했을 때다. 당시 직속 상사가 내게 주문했던 한마디는 지금도 잊히지 않는다.

"신 팀장 앞으로 모든 의사결정은 알아서 해요. 사업부는 모든 지원을 해주세요."

상사의 그 한마디는 내 안에 늘 있던 목표를 달성해야 한다는 초조함과 불안을 떨쳐내기에 충분하고도 남았다. 믿음의 한마디가 던진 선물은 두 가지였다. 첫 번째는 정신적인 건강이었다. 두 번째는 주어진 과업에 대한 주인의식이었다. 이전과 달리 조금은 시간적인 여유로움으로 인해 현재 하는 일에 대해 사색하는 시간이 많아지다 보니 지속가능경영과 관련한 내 나름의 깨우침이 하나씩 쌓여가기 시작했다. 더 이상 일과의 싸움이 아닌 나 자신과 생존의 싸움이 시작된 것이다. 믿음이 낳은 생존의 깨우침은 이후 내 삶은 물론 경영에도 긍정적인 영향을 끼쳤는데 남김의 정신적인 승리였다.

부하직원들에게 권한을 위임하기가 쉽지 않다. 그건 그들에 대한 불신이 커서라기보다는 믿고 맡겼을 때의 불안감이 더 크기 때문이다. 부하직원들의 업무에서 성과가 나지 않는다면 무능함을 탓하기 전에 정말 그들의 탓인지 제대로 돌아봐야 한다. 성과가 나지 않는 것은 믿고 맡기는 것이 제대로 이루어지지 않아서일 수도 있기 때문이다. 사람들은 믿음이 불신보다 쉽다고 생각하지만 오히려 불신하는 일이 더 쉬울 수도 있다. 불신하면 할수록 책망하고 감시하고 채찍질을 가하기가 쉽기 때문이다.

그러나 신뢰하는 일은 묵묵한 인내를 필요로 한다. 게다가 신뢰해도 되는 상대인지 자신의 판단을 믿기 어려운 순간도 있지 않던가. 신뢰는 타고나는 것도 아니고 어느 날 갑자기 생겨나는 것도 아니다. 많은 경험의 축적을 통해 조금씩 쌓여가는 과정을 거쳐야만 한다. 조직책임자에게 주어진 최종 미션은 권한 위임을 통해 투입에 대한 의사결정을 스스로 하게 함으로써 투자에 대한 두려움을 극복하고 사업가로서 자신감을 쌓게 만드는 것이다. 불필요한 통제는 자립에 대한 면역력을 떨어뜨릴 뿐이다. 영원한 신뢰를 쌓는 믿음의 말 한마디와 함께 책임에 맞는 권한 위임을 통해 자신이 맡은 일의 보고자Reporter가 아닌 주인Owner이자 CEO가 되도록 해야 하지 않을까?

지금까지 말한 7가지 핵심가치를 완벽하게 정의하고 완성한다는 것은 현실적으로 불가능한 일이다. 일에 대한 정의를 내리는 것이 아니라 사람과 관련된 이슈이기 때문이다. 다만 팀 단합을 이루어내고 조직을 하나로 결속하는 데 당면한 문제가 무엇인지를 파악하는 출발점이자 견고한 플랫폼 역할을 하리라 생각한다.

경쟁에서 우위를 선점하는 일은 조직의 역량에 달렸다. 조직의 역량은 조직이 만들어내는 건강한 성과물로 판별된다. 지난 40여 년 동안 현장 경영을 하면서 불변의 진리를 한 가지 발견했다. 그것은 바로 조직이 하나로 결속됐을 때 기대치를 뛰어넘는 성과가 창출됐다는 것이다. 결속의 힘은 믿음과 동기부여에서 시작되는 자율이고 자율의 조직문화가 경영의 극대화를 꾀하는 조직 역량의 상향평준화를 도모하는 동력이다.

조직의 성과에 대해 최종적으로 책임을 지는 사람이 리더이다. 리더의 가장 중요한 덕목은 조직을 하나로 결속시키는 역량일 것이다. 이 책에서 전술한 자율적인 조직문화를 구현하는 7가지 핵심가치인 소통, 평등, 균형, 일치, 투명, 규칙, 신뢰 등은 다양한 현장 경영 활동을 하면서 체험하고 적용한 것을 정리한 것이다. 각기 독립적인 이슈이면서도 상호보완적인 연관성을 지니고 있기에 서로 연결해서 들여다보면 조직의 역량에 대해 전반적이고 총체적인 진단이 가능할 터이다. 조직의 역량을 강화시키는 핵심가치가 무엇인지 부단히 실행하면서 완성도를 높이는 여정이야말로 지속가능한 경영의 여정이라고 말할 수 있다.

인간은 만물의 영장이다. 철학자 르네 데카르트René Descartes는

"나는 생각한다. 고로 존재한다."라고 말했다. 과거의 역사가 말해주듯 인간이 창조한 유산들은 이루 헤아릴 수 없이 많고 여전히 현재진행형이다.

'사람들의 잠재된 역량의 끝은 도대체 어디까지일까?'

현재의 나 자신도 이해하지 못한 채 누리는 수많은 창조물을 보면서 이런 생각을 해보곤 했다. 한 가지 분명한 사실은 지금까지의 모든 창조물과 현재 진행 중인 미래의 창조물을 만들어낼 수 있었던 것은 각기 서로 다른 재능과 끼가 하나로 결속되었기 때문이다. 그 결속에 나 자신도 포함된다. 나를 포함한 각자는 제각각 유일한 다름의 탄생이자 결속의 퍼즐인 셈이다.

3. 인사이트 5개를 뼛속 깊이 새겨라

기업 시민의 원래 뜻은 기업에 시민이라는 인격을 부여한 개념으로 현대 사회 시민처럼 사회 발전을 위해 공생 공존의 역할과 책임을 다하는 주체를 뜻한다. 그렇다면 기업도 사람처럼 건강한 정신과 육체를 보존할 수 있어야 한다. 역할과 책임을 다할 수 있는 최적의 상태를 유지해야 한다는 뜻이다. 즉 지속가능한 경영이 최우선 과제이어야 한다. 그런 의미에서 내 가슴을 울리며 폐부 깊은 곳까지 절절하게 사무치도록 와닿았던 말을 소개한다.

"죽지 않고 끝까지 살아남는 것이다."

어느 대기업의 CEO가 한 말이었는데 늘 가슴에 담고 한시도 잊은 적이 없었다. 이유는 단순 명료했다. 기업이 감당해야 하는 공생 공존의 역할과 책임은 끊임없이 양질의 일자리를 사회에 제공하는 것이다. 그러기 위해서는 지속가능경영을 통해 끝까지 생존하며 기업 활동을 전개해야 한다. 소멸하지 않는 생존의 보장은 주요 경쟁사 대비 늘 상대 우위의 경쟁력을 점해야 가능한 일이다. 그 상대 우위의 핵심은 경영의 주체인 사람들이고 더 나아가서는 그들이 속해 있는 조직이다. 조직의 경쟁력을 논할 때는 흔히 조직문화를 자주 거론한다. 농부는 매년 풍성한 수확을 이어가기 위해 건강한 텃밭을 일구는 데 한시도 쉴 틈 없이 최선의 노력을 한다. 기업에서 조직문화는 농부의 텃밭이나 진배없기 때문이다. 스스로 행동하는 창의적인 조직문화 구축의 최대의 적은 인간의 다름의 숭고한 가치와 존엄성에 역행하는 비효율의 존재들이다.

불통, 불평등, 불균형, 불일치, 불투명, 불규칙, 불신이라는 7가지 비효율을 타파하고 소통, 평등, 균형, 일치, 투명, 규칙, 신뢰라는 핵심가치를 조직의 기저로 삼을 때 비로소 조직은 효율성이라는 날개를 달게 될 것이다. 경영의 실체는 '사람'이고 더 나아가 집단 지성인 인재 집단이다. 저마다 주인의식을 갖고 사업가적인 안목으로 승부를 겨룬다는 결의가 설 때 조직에 새바람이 불고 부서는 생기로 넘쳐나게 될 것이다.

개인 각자의 핵심역량 제고와 관련해 그간 상사와 동료들에게 듣고 보고 배운 것을 현장 경영을 통해 실행하면서 나름 깨우친 것을 5가지 인사이트로 정리해보았다.

인사이트 ① 자신의 길을 가라

◆ ◆ ◆

평생직장 대 평생직업

100세 시대가 바로 눈앞에 다가왔다. 인구 절벽이 시작된 지는 이미 오래다. 은퇴 나이도 점점 늦춰지는 상황에서 오랫동안 적성에 맞는 일 또는 하고 싶은 일을 즐기면서 행복한 삶을 구가하려면 대학이 아닌 적성에 부합하는 전공을 선택하고 직장이 아닌 평생직업을 선택하는 것이 최선의 방도가 아닐까 한다. 직업엔 귀천이 없기 때문이다.

내가 만약 흙먼지 날리는 현장이 싫다고 책상 앞에서만 일하는 것을 고집했다면 오늘날의 나는 없었을 것이다. 누군가는 중동 현장을 험한 곳이라고 여겼지만 나는 오히려 기회가 있는 곳이라고 생각했다. 해외 시장 개척은 내 성격과 부합되는 일이었다. 아버님 뜻에 따라 공학을 전공했지만 첫 번째 건설회사와 두 번째 제조회사에서 내게 주어졌던 직무는 다행스럽게도 사무실이 아닌 밖에서 답을 찾아야 하는 것들이 많았다. 내가 좋아하고 내 성격과도 잘 맞는 평생직업을 선택한 셈이다. 사무실에 갇혀 있는 것보다 변화무쌍한 바깥세상이 내겐 훨씬 더 어울렸다. 원하는 전공을 선택하진 못했지만 적성에 맞는 일이 내게 떨어진 것이다. 적성에 맞는 일이라 즐겁게 하다 보니 업무의 효율성도 높아질 수밖에 없었다. 다른 사람과 다른 길을 선택했기에 가능한 일이었고 그 다름이 차이를 만든 것이라고 볼 수 있다.

이미 앞에서 여러 차례 언급한 바와 같이 다름의 탄생이 사회에 던지는 의미는 한 사람 한 사람이 지니는 절대 가치의 숭고함이 아닐까 한다. 모두가 세상이 필요로 하는 거룩한 존재이기 때문에 상대를 존중하고 협력하라고 세상의 부름을 받았을 것이다. 기업 안에서도 자신이 좋아하는 일을 찾아서 최대한 역량을 키우는 것이 필요하다. 자신의 길을 가는 사람처럼 빛나는 사람은 없다.

인사이트 ② 자신을 다스리는 자가 진정한 승자다

◆◆◆

건강과 일

자신을 다스린다고 한다면 당장 떠오르는 것은 건강과 일이다. 세상에 완벽한 사람은 없다. 자신이 완벽하지 않다는 것을 숙지하고 있으면 완벽하다는 착각에 빠져 있을 때보다 시야가 넓어진다. 자신을 비롯해 주변을 보는 눈이 달라지고 더욱 섬세하게 살피게 되는 것이다. 자신을 다스리지 못하면 몇 번의 작은 승리를 위해 지나친 경쟁으로 내몰리면서 혹사하게 된다. 그러다 건강을 잃으면 그때까지의 노력이 수포로 돌아간다. 얻는 것보다 잃는 것이 더 커지는 안타까운 상황이 벌어지는 것이다. 우리가 완벽한 존재가 아니기 때문에 자신을 다스리는 것을 항상 마음에 두고 정신과 몸을 함께 돌봐야 한다.

나 또한 경쟁에서 생존하기 위해선 건강이 필수라는 생각을 늘 가슴에 담고 있었다. 그러나 내가 그랬듯이 직장생활을 오래 하다 보면 직업을 떠나 생명 혹은 건강에 위험한 순간들을 한두 번 정도는 대체로 경험하지 않았을까 한다. 나도 예외는 아니었고 위험한 순간들이 있었다. 하지만 건강관리를 위한 루틴이 있었기에 과업들을 버텨냈고 이렇게 책까지 내는 행운까지 누릴 수 있었다. 육체와 정신의 건강을 유지하는 루틴의 첫 번째는 한 번 실수한 일은 절대로 두 번 다시 하지 않는다는 철칙이었다. 앞으로 마주칠 실수가 셀 수 없이 많을 텐데 이미 경험한 실수를 반복하는 것만큼이나 자신을 학대하는 것은 없기 때문이다.

40대 후반에 찾아온 갑상선 질환을 4년 가까이 겪는 중에 금연을 했는데 지금까지도 하고 있다. 술도 위를 심하게 다치고 난 후에 거의 금주 수준으로 횟수와 양을 줄여나갔다. 매도 일찍 맞는 게 낫다고 했는데 더 늦기 전 비교적 이른 나이에 큰 결단을 하게 돼서 오히려 전화위복이 됐다. 신체 건강과 관련해선 고등학교 졸업 당시 체중을 지금까지 거의 유지할 수 있었던 것은 군것질을 멀리하고 하루 세 끼 식사를 충실히 한 덕택이다. 몸이 불편할 때를 제외하곤 매일 오전과 오후 약 15분간의 맨손 체조 또한 빼놓을 수 없는 루틴이다. 정신적인 건강을 유지하기 위한 루틴으로 잠들기 전 자신과 약 30분 정도의 질의응답을 한다. 매일 성찰하면서 적당한 긴장감을 유지하는 데 이보다 더 나은 루틴은 없는 듯해서 지금까지도 하고 있다. 그리고 업무와 관련해서 미래에 해악이 되는 그 어떤 의사결정과도 절대 타협하지 않는 것이다.

옛말에 "재산을 잃으면 아무것도 안 잃은 것과 같고, 가족을 잃으면 많은 것을 잃은 것과 같고, 건강을 잃으면 모든 것을 잃는다." 라고 했다. 그나마 건강을 지킬 수 있었기에 선후배 동료들과 험난

했던 과업들을 제대로 이행할 수 있었다. 일과 건강은 불가분의 관계이다. 일이 없으면 건강할 수 없다. 한편 일을 잘 다스리지 못하면 건강을 잃을 수도 있다. 육체의 소멸은 정신적인 건강에서 시작한다. 육체적인 피로는 휴식으로 되돌릴 수 있다. 과업을 수행하는 과정에서 후에 화근이 될 수 있는 정신적인 건강을 해치는 의사결정과는 절대 타협해서는 안 된다. 올바른 길이 아니면 절대 들어서지 말아야 하는 당위성이다.

음지와 양지

몸과 마음이 건강해서 자신을 다스릴 수 있는 상태가 되면 일을 선택할 때도 음지와 양지를 구분하지 않는다. 40여 년 근무 중 14년을 중동 아프리카부터 인도와 중국까지 주로 아시아권의 떠오르는 시장에서 근무했다. 어찌 보면 다소 험한 곳이나 다름이 없었지만 이미 포화 상태인 성숙된 시장보다 흙먼지 날리고 태고의 자연이 숨 쉬는 그곳이 기회의 장소처럼 보였다. 게다가 내 적성에도 잘 맞았다. 많은 시간을 현장에 쏟아부었기에 다양한 부류의 고객들과 접촉이 가능했고 올바른 의사결정에도 큰 도움이 됐다. 평생 직업에 해외 주재 시장도 우연이긴 하나 세 번에 걸쳐 파견된 3개국 모두 내 적성과 잘 맞았던 것도 경영 성과 개선에 일조하게 된 요인이 아닐까 한다. 사실 음지 양지가 어디 있겠는가? 내가 좋아하고 즐길 수 있으면 그곳이 양지이다. 12번의 보직 이동은 내 마음에 들든 안 들든 내 뜻과는 무관했다. 하지만 새롭게 맡은 직책을 어떻게 완수할지는 상당 부분 내가 하기 나름이라 대부분을 뜻한 바대로 추진할 수 있었다.

IQ-EQ-AQ-CQ

여러 번 보직 이동과 이 나라 저 나라를 오가면서 나도 모르게 호기심도 많이 생겼다. 낯선 나라에서 홀로 지내다 보면 자칫 무기력증에 빠질 수도 있다. 그러나 나는 호기심이라는 삶의 활력소로 그 시간을 견뎌냈다. 그리고 호기심은 상상을 지피는 가장 적당한 땔감이었다. 만약 누군가 어떻게 그토록 오랫동안 직장생활이 가능했느냐고 묻는다면 호기심도 하나의 큰 원동력이 됐다고 답해주고 싶다. 가령 개인의 역량을 측정할 때 지능지수IQ를 비롯해 감성지수EQ, 역경극복지수AQ, 호기심지수CQ 등 다양한 지수를 활용한다. 그런데 지능지수를 뺀 나머지 지수들은 처음부터 태어나는 것이 아니라 만들어지는 것이 아닌가 싶다.

나는 극히 평범했던 지능지수 때문인지 모르겠으나 중학교 입학 이후 대학을 마칠 때까지 학업에 대한 이해도도 낮았고 흥미도 별로 없었다. 열심히 했다고 해서 좋은 성적을 냈을까? 지금까지 살면서 극히 평범했던 지능지수에 낙담해본 적도 없고 이것이 내 삶에 영향력을 미쳤다고 생각해본 적도 없다. 사실 개인의 삶이나 행복한 사회 건설에는 지능보다는 감성이고 감성을 뛰어넘는 역경극복 의지가 훨씬 더 절실히 요구된다.

마음속에 내재된 역경 극복의 잠재력을 분출시키는 것은 호기심일 것이다. 호기심은 끊임없이 질문을 던지고 답하는 자신과의 질의응답 습관에서 비롯되고 호기심 지수가 높으면 높을수록 역경

지수 또한 동반 상승한다. 이 두 지수는 실과 바늘의 관계와 같다. 고객의 감춰진 욕구와 관련한 어떤 특정 사안에 호기심이 발동하거나 아이디어가 떠오르면 실행에 주저함이 없어야 할 것이다. 호기심에서 시작된 태스크들은 지능지수와는 전혀 무관하다. 행동은 무엇이든 할 수 있고 극복 가능하다는 열정이 있어야 하고 열정은 질의응답 습관을 통한 호기심에서 비롯되지 않을까? 자신의 호기심 지수는 얼마나 될지 지능지수처럼 측정하는 방법은 없겠지만 각자 나름의 판단은 가능할 것이다. 호기심이 멈추면 성장을 촉발하는 질문도 멈춰지게 된다. 더 이상 발전이 없는 소멸로 가는 과정인 것이다.

인사이트 ③ 사전 준비만이 살 길이다

◆ ◆ ◆

상수와 변수

"시간이 없다. 시간이 부족하다."

일할 때 자주 듣는 말 중 하나다. 계획한 일들에 차질이 생기거나 일시에 몰려드는 당면한 이슈들을 해결하느라 시간에 쫓기는 상황에 자주 직면했다. 미래에 대한 사전 준비가 소홀했던 탓이다. 모두가 겪는 공통의 환란이라면 모르겠으나 사전 준비를 소홀히 해서 경영상 막대한 손실을 보게 했다면 조직책임자는 그 책임에서 자유로울 수가 없을 것이다. 경영에서 부가가치가 없는 일에 시간을 허비하는 것만큼이나 큰 손실은 없다. 그래서 나는 일하면서 가끔 스스로에게 이런 질문을 던지곤 했다.

"현재 육체적으로 다소 힘들어도 지금보다 훨씬 밝은 미래가 우리를 기다리고 있어 정신적으로 더 건강해지고 있는가?"

이런 질문을 통해 미래에 대한 준비를 제대로 하는지 다시 한번 돌아보고 다지는 계기로 삼았다. 미래 준비 차원에서 무엇을 준비해야 하는지 모르는 기업은 아마도 없을 것이다. 단기성과에 집착하고 장기적 관점에서 긴 시간을 필요로 하는 투자를 제때 하지 않는다면 이것이 오히려 우리 자신과 소중한 시간을 옭아매는 것이다. 생각해보면 미래 준비가 선사할 축복의 결과물을 상상하면서 즐기는 마음의 여유와 인내가 부족한 것이지 시간이 부족한 것은 아니었다.

이렇듯 미래 준비를 소홀히 하는 과정에서 파생된 단기성의 급한 업무 처리로 조직을 시간에 얽매이게 만드는 것은 남이 아니라 우리 자신이다. 경영은 시간과의 싸움이고 생존 경쟁에서의 승패는 누가 시간을 더 효율적으로 운영하는가에 달려 있다. 조직이 심적인 부담과 정신적 피로감에 늘 갇혀 있다면 분명 잘못된 것이다. 일하면서 가장 힘들고 두려웠던 시간은 예기치 않았던 환란은 물론이고 준비가 부족한 탓에 갑자기 닥치는 여러 이슈 앞에 무방비로 당할 수밖에 없는 상황이 전개되는 것이다.

갑작스러운 이슈 앞에서 속수무책으로 무너지지 않으려면 평소에 사전 준비를 하는 조직문화가 갖춰져야 한다. 그동안 겪었던 변수들을 상수로 전환시키는 프로세스와 시스템 구축을 위한 부단한 노력을 해야 한다. 경쟁에서 생존 여부는 동일한 실수를 누가 덜 하느냐 하는 문제와 긴밀한 연관성이 있다. 최소한 지난 과거에 범했던 실수를 더는 반복하지 않고 경쟁사보다 앞선 예방 시스템을 구축하는 것이 시간을 우리 편으로 만드는 일이다. 마음속에 품었던 일들이 차질 없이 추진되는 과정을 지켜보는 일은 좋은 결실을 보았을 때보다 더욱 정신적인 건강을 만끽하게 한다. 동일한 실수의 발단이 어디서부터 시작되는지 근원적인 이유를 모른다면 컨설팅을 포함한 전문가의 협조가 필요할 것이다. 알면서도 계속 반복되고 있다면 조직의 리더십 이슈일 가능성이 크다. 누구에게나 주어진 하루는 24시간이지만 사전에 준비하는 사람은 그 몇 배의 시간을 살아간다.

만드는 것인가?, 만들어지는 것인가?

미리 준비하는 사람은 꿈을 만든다. 하지만 그렇지 못한 사람은 안달하고 초조함에 소중한 시간을 허송으로 보낸다. 미리 준비하는 사람은 과정을 즐기면서 목표 달성에 다가가지만 목표 달성에 취해서 만들어지는 과정을 감내하지 못하면 소멸의 과정을 밟게 된다. 나는 자신에게 가끔 이런 질문을 던지곤 했다.

> "나의 꿈은 만드는 것인가? 만들어지는 것인가?"
> "우리의 목표 달성은 만드는 것인가? 만들어지는 것인가?"
> "글로벌 톱으로의 도약은 만드는 것인가? 만들어지는 것인가?"
> "우리의 비전 달성은 만드는 것인가? 만들어지는 것인가?"

이처럼 '만드는 것인가? 만들어지는 것인가?'라는 질문을 늘 떠올렸다. 지금도 그렇지만 앞으로도 가슴 한쪽에 오래도록 남아 기억될 것은 성공 그 자체보다 과업 달성을 위해 구성원들과 함께 혹독한 과정을 견디면서 극복했던 시간이다. 그 과정들 속엔 구성원들과 함께 흘린 진한 땀 냄새가 배어 있다. 톱으로 도약하기까지 함께 참여한 구성원들의 역경 극복의 스토리가 살아 숨쉬는 과정의 역사이다. 후대를 위해 모두가 동참하고 공감했던 남김의 계승이라는 여정을 걸었기에 세월이 지나도 잊히지 않고 회자되는 게 아닐까?

혼신을 다한 지극한 정성이 담겨 있는 일부 일 중에는 지금까지도 좋은 결실을 양산하는 과업들이 있다. 정상에 등극하는 것은 하루아침에 급조해서 만들 수 없는 것이다. 이루지 못해 안달하면서 쉽게 생각하고 노력 없이 급조해서 만드는 결과물들의 생명력은 짧고 때론 되돌릴 수 없는 독이 되기도 한다. 이렇게 이룬 것은 사상누각에 불과해서 외압이나 환란에 견디지 못하고 쉽게 사라진다. 하지만 만들어가는 여정은 사상누각이 아니다. 쉽게 무너지지 않는 성을 쌓는 과정이다. 즉 미리 준비하고 공을 들이며 함께 만들어가는 과정은 지속가능한 경영의 핵심 요체를 향한 깨우침의 여정이다. 처음엔 모든 일이 더디게 진행될지 모르나 시간이 흐를수록 쌓이는 깨우침이 조직의 역량을 새로운 높이로 인도하게 될 것이다.

인사이트 ④ 포기도 타협도 하지 마라

◆◆◆

규모의 경제

"볼륨 없는 가치는 없다."

직장생활을 하는 동안 귀가 따갑도록 듣고 목청 터지라고 외치면서 실행의 바이블로 삼고 행동에 옮겼던 혁신 사상 중 하나였다. 은퇴하는 순간까지도 머리와 가슴속에서 떠난 적이 없었고 어떤 상황에서도 포기하거나 타협하지 않았던 가치다. 볼륨을 대할 때 이것을 늘 시장의 지위로 간주했다. 시장의 진정한 지위 상승은 단순한 볼륨 증대가 아니다. 브랜드 가치와 볼륨이 반드시 수반되는 질적인 상승을 의미한다. 지위 상승에 긍정적인 변화가 없는 오랜 정체는 성장 동력의 상실로 이어져 파국의 상황까지 치닫게 될 수도 있음을 유념해야 할 것이다.

브랜드 가치가 수반된 규모를 만들어내기 위해 차별화된 가치를 모든 경영 활동에 장착시켜야만 한다. 특히 고급 제품군에서 제품 리더십을 확보하는 일은 일체 타협의 영역이 아니었다. 현재 고객이 불편하게 생각하는 페인 포인트Pain Points를 넘어 미충족 욕구Unmet Needs는 물론이고 더 나아가 감춰진 욕구Hidden Wants까지 찾아내는 노력을 해야만 한다. 가장 큰 적이자 경계해야 하는 대상은 '조사해도 뻔하고 내가 해봐서 다 안다.'라고 생각하는 이들이다.

고객의 감춰진 욕구를 지극 정성으로 탐구하고 경쟁사와 대비할 때 비교 우위의 균형적인 투입을 견지하는 공세적인 여정이 새로운 높이의 시장 지위를 가능케 할 터였다. 특별한 경우를 제외하곤 규모를 증대하기 위해 고객의 구매 욕구를 수시로 자극하는 판촉 행위는 깊이 들여다볼 필요가 있지 않을까 한다.

공세적일 것인가, 수세적일 것인가

경영 활동에서도 포기도 타협도 하지 말아야 하는 태도가 중요할 때가 있다. 직장생활 중에서 행운을 꼽으라면 훌륭한 부하직원과 동료를 만나는 것도 있지만 더 큰 행운은 훌륭한 상사를 잘 만나는 것이다. 나 또한 좋은 상사들을 만나게 된 것은 큰 행운이었고 그로 인해 꾸준한 성장을 이룰 수 있었다. 그분들에겐 한 가지 공통점이 있었는데 장기적 관점에서 과감하게 의사결정을 하고 공세적인 경영을 추구했다는 점이다.

전략 과제를 수행하면서 얻은 경험도 이와 크게 다르지 않았다. 지속가능경영의 전술 차원에서 가장 바탕을 이루는 하나를 꼽으라면 늘 공세적인 자세를 취해야 한다는 것이다. 경쟁자들이 하니 마지못해 따라서 하는 수세적인 자세, 즉 사전에 철저한 준비 과정을 거치지 않은 모든 즉흥적이고 산발적인 투자는 대부분 생명력이 없는 매몰 비용으로 전락하고 만다. 공세적 경영의 출발은 치밀한 사전 준비와 계획에서 비롯된다. 미래를 살찌우기 위한 준비로써 자신이 가진 생각에 대한 확고한 믿음이고 믿으면 지체하지 않고 실행에 옮기는 것이다.

또 한 가지 포기하거나 타협하지 말아야 할 것은 경영의 지향점이 고객을 위한 가치 창조와 인간 존중을 향한 바른길에 반드시 들어맞아야 한다는 점이다. 사전 준비가 없으면 마음의 평정을 잃게 되고 단기성과에 치중하는 수세적 의사결정들로 인해 미래지향적인 투자들이 자취를 감추는 결과를 빚게 된다. 투입은 규모의 대소를 떠나 과업을 수행하는 과정에서 팀 구성원들 간의 성공에 대한 믿음이 확산되고 투자자본수익률ROI 검토를 거치면서 자연스레 생성되는 것이다. 별도의 재원이 있어야 투입한다는 사고를 하는 경영자는 아마도 없을 것이다.

고객의 풍요로운 삶을 위해 미래 준비를 착실히 하면서 펼치는 공세적인 경영은 우리 자신을 당면한 문제들의 투입에서 자유롭게 만들고 사업에 대한 자신감을 쌓게 하는 기폭제가 되고도 남는다. 수동적이고 부정적인 사고를 오랫동안 방치해서는 안 된다. 이로 인한 수세적인 의사결정이 지속되면 경쟁 대열에서 낙오되는 회복불능의 수준을 맞게 될 수도 있다. 실행에 있어 빠른 추격자가 아닌 시장 선도자를 지향하는 일관된 공세적인 자세가 경쟁 우위를 점하게 할 것이다.

공세로 생기는 비효율은 초과 투자한 만큼만의 비효율을 가져오지만 수세적 경영으로 인해 충분한 사전 준비 없이 집행되는 투입은 과부족으로 인해 모든 것이 매몰 비용으로 전락할 수도 있다. 예산이 없어서라는 말을 쉽게 내뱉기 전에 추진하는 과업들에 참가한 팀원들의 단합을 이루어내고 철저한 사전 준비 과정을 통해 고객 검증 과정이 제대로 이루어졌는지 확인해야 한다. 철저한 사전 준비 과정은 투자가 매몰되는 것에 대한 두려움을 떨쳐내고 늘 공세적인 자세를 취하게 할 것이다.

지출의 힘 대 절약의 힘

지출 파워와 절약 파워에서도 포기와 타협의 덫을 잘 피해야 한다. 경영자는 투입의 건강성을 높이기 위해 지출과 절약 두 가지를 균형 관점에서 깊게 고민해야 한다. 지출과 절약은 각각 독립적인 이슈이다. 따라서 개별적으로 다루어야 한다. 이 둘을 무조건 엮으면 역효과가 날 수 있다. 먼저 지출부터 보자. 지출해야 할 것을 줄인다는 게 미래를 갉아먹는 절약이라면 절대 타협의 대상이 될 수 없다. 연말이 다가오거나 혹은 당해 연도의 목표 달성이 불투명할 때 흔히 계획된 비용의 투입을 삭감하곤 한다. 그러나 회사가 문을 닫는 상황이 아니라면 이미 계획된 경영 활동의 균형을 저해하는 의도적인 삭감은 절대로 해서는 안 된다.

투입의 불균형을 초래하는 절약이 낳는 매몰 비용은 때론 감당할 수 없는 수준까지 이른다. 이처럼 노력 없이 취하는 단기 실적 개선 목적의 절약은 독이 든 성배나 다름없다. 마치 당장 배고픔을 달래려고 부패한 음식을 먹는 꼴이다. 자칫 피를 토하듯 모든 것을 다 토해야 할 수도 있다. 이렇듯 의도적이고 인위적인 절약은 투자의 가치를 상실한 부패한 축적에 지나지 않을 것이다. 진정한 절약이란 건강한 축적으로 이어지는 것이다. 즉 경영 성과의 개선과 무관한 불필요한 투자나 기존에 투입된 자원 중에서 과다한 부분을 찾아내 줄이는 것이다.

균형 관점에서 불필요한 지출을 봉쇄하고 필요한 지출을 완전히 개방해야 기대하는 목표에 다가갈 수 있다. 다시 한번 말하지만 지출은 비전 달성을 위한 전략 과제를 수행하는 과정에서 투자자본수익률 분석으로 자연스럽게 생성되어야 한다. 고무줄처럼 마음대로 늘였다 줄였다 할 수 있는 대상이 아니다.

지출과 절약은 이렇듯 세심한 주의가 필요하다. 그런데 둘의 파괴력은 사뭇 다르다. 절약은 건강한 절약이라는 전제를 갖고 보자면 절약한 크기만큼만 축적이 이루어진다. 반면에 지출을 통한 축적의 규모는 정확하게 가늠하기가 쉽지 않을 정도로 파괴적일 수 있다. 올바른 투입의 위력을 깨닫게 되면 도전에 대한 두려움에서 점점 멀어지게 된다. 조직의 구성원 중에서 실패를 두려워하지 않고 재원은 충분히 확보돼 있으니 쓰고 싶은 대로 마음껏 쓰라고 주문했을 때 과연 몇 명이나 이것을 수행할 수 있을까?

투입과 관련해 얼마나 많은 구성원이 주어진 책임을 완수하기 위해 만반의 준비를 하는지 조직의 책임자라면 확인해볼 필요가 있을 것이다. 단기적인 실적 개선을 위해서가 아니라 확실한 미래를 준비하기 위해 투입을 요청하기에 주저함이 없는 구성원들은 관심을 두고 지켜봐야 한다. 그들은 오랫동안 고민했고 준비가 돼 있기 때문이다. 조직의 리더는 그들을 잘 지켜볼 필요가 있다. 그들만큼은 태클을 걸지 말라고 조언하고 싶다. 지시받아서 한 커다란 성공 체험은 설령 보잘것없는 결과물이라 해도 스스로 기획해서 이룬 경험과는 절대 비교 대상이 되지 못한다. 스스로 쌓은 투입의 위력에 대한 첫 경험은 자신에 대한 믿음을 심어주는 계기가 될 것이다.

나쁜 이익과 좋은 이익, 부패한 이익과 신선한 이익

부패한 이익과 신선한 이익을 구분하는 것도 중요하다. 기업 활동의 결과로서 나타나는 중요한 지표 중의 하나는 이익이다. 중요한 것은 이익의 규모를 떠나 이익이 어떤 과정으로 만들어졌는가 하는 것이다. 『성공하는 사람들의 7가지 습관』의 저자인 스티븐 코비 Stephen Covey는 나쁜 이익을 "고객과의 관계를 해치면서 창출된 이익은 모두 나쁜 이익으로 기업에 해악이 된다. 그건 그로 인해 생겨나는 비추천 고객 때문이다. 비추천 고객이란 회사로부터 부당한 대우를 받았다고 느끼는 고객들이다."라고 정의했다. 좋은 이익은 이와 반대의 개념이다. 즉 감동한 많은 추천 고객들의 재구매로 인해 축적되는 이익이다. 하지만 철저한 사전 준비와 계획을 통해 고객과의 관계를 개선하면서 만들어진 좋은 이익도 오랫동안 쓸 곳을 찾지 못하고 쌓여 있게 되면 부패하여 쓸모없는 이익으로 전락할 수도 있음을 간과하지 말아야 할 것이다.

고이면 썩는 것은 단지 물만이 아닐 것이다. 무엇이든 고이면 썩게 마련이다. 시장에서 경쟁은 절대적이지 않고 상대에 의해 우위가 결정된다. 따라서 경쟁은 종착역이 존재하지 않는 영속적인 혹독한 현실이다. 썩을 틈이 없다. 투자의 사용처와 적기 타이밍을 통해 건강한 이익 창출과 이익의 신선도를 유지해야 한다. 쌓인 이익이 투자 시기의 타이밍을 놓치게 되면 가치로서 생명력을 점점 잃게 되기 때문이다. 누군가는 똥도 쌓이면 냄새나고 전혀 쓸모가 없지만 뿌리면 토지를 비옥하게 만드는 거름이 된다고 했다. 고이면 썩는 것은 단지 똥이나 물에만 해당하지 않을 것이다. 돈도 인간의 두뇌도 쓰지 않으면 썩게 마련이다. 오래되면 부패하고 고이면 썩는다는 불변의 세상 이치를 가슴에 새기고 호기심을 갖고 새로운 체험을 통해 그동안 몰랐던 새로운 깨우침을 채우는 노력을 아끼지 말아야 한다. 그래야 시장에서 더욱 높은 가치를 선점할 수 있다.

선행지수: 브랜드 가치·시장지위 대 매출·손익

조직의 책임자는 다음과 같은 질문에도 대답할 수 있어야 한다.

"기업이 바른 방향으로 가고 있는가?"

투입의 결과로 나타나는 성과물의 건강함을 판단하는 올바른 기준을 설정하는 일은 조직책임자의 몫이자 중요한 역할과 책임 중 하나이다. 경영 활동의 결과로 나타나는 관리 지표 중 중요하지 않은 것은 아마도 없을 것이다. 경영하다 보면 이런 지표들의 등락을 자주 경험한다. 만약 하향 추세가 오래 지속되고 있다면 이는 기업 존망에 경고등이 켜진 것과 같다. 장기간 진행되는 하향 추세를 오랫동안 방치하면 회복 불능의 나락으로 떨어지게 될 것이다.

기업의 미래 건강을 암시하는 중요한 선행 지표가 제대로 파악되고 새로운 높이로 건강하게 나아가고 있다면 경쟁에서 도태되는 일은 없을 것이다. 브랜드 가치와 시장 점유율 그리고 매출 신장과 손익 증대 등의 모든 항목은 기업 경영의 건강을 대변하는 중요한 지표들이다. 문제는 지속가능경영을 실천함에 건강한 발전과 성장을 꾀하는 데 무엇이 선이고 후인지를 잘 들여다봐야 한다는 것이다.

선행지수의 판단 기준은 노력의 결과물 중 이후의 결과물에 긍정적인 영향을 크게 미치는 순서로 나열해보면 쉽게 이해할 수 있다. 매출의 증가가 따르지 않는 손익 개선은 어떻게 해석해야 하는지, 시장에서의 지위가 개선되지 않은 매출 증가는 어떤 의미인지, 그리고 시장 지위가 상승함에도 브랜드 가치의 장기간 답보 내지는 하락이 향후 경영 활동에 어떤 시사점을 던지는지 깊은 성찰이 필요한 것이다.

우선순위에 기초한 건강한 결과물의 양산은 선행지수를 염두에 둔 투입의 균형과 건강에 기인한다. 좌고우면하지 않고 일관성과 꾸준함으로 지켜내면서 후임자에게 누가 되지 않도록 정도의 길을 걸어야 할 것이다.

쫓는 자와 쫓기는 자

쫓는 자와 쫓기는 자의 지위 역전도 늘 염두에 두어야 한다. 지속가능한 경영의 판단 기준 중 하나는 투입의 크기가 매년 증대되고 있는가이다. 투입의 장기간 정체나 감소는 성장의 둔화로 이어지고 생존에서 점점 멀어지고 있다는 것을 방증하는 것이다. 성장 과정에서 오르내림의 굴곡이 설령 있더라도 성장의 모드를 견지하고 지탱시키는 투자자본수익률 관점에서 운영의 대원칙은 무엇일까? 사업 초기나 현재의 적자 상황을 탈피하기 위해 취해야 하는 투자자본수익률 운영 원칙과 손익분기점을 지나서 도약과 성장 과정을 거치면서 선두 그룹의 주자로 등극 후 투자자본수익률 운영 원칙은 지속가능경영 관점에서 다소 다르게 운영돼야 한다. 어떤 경우라도 적자 구조를 면치 못하는 상황에서는 첫째 관문인 손익분기점 도달까지 두 가지 기본 원칙을 고수해야 한다.

첫째는 철저한 효율성 제고이다. 적자 금액 개선이 아닌 적자율의 개선에 초점을 맞춘 효율 경영을 전개하는 것이다. 다시 한번 강조하지만 사업 초기에 겪게 되는 비효율은 지극히 당연하고 불가피한 이슈이다. 초기에는 투입 대비 성과가 더디게 진행됨에 따라 비효율로 인한 적자 금액이 크게 생기지만 시간이 지날수록 지속적인 투입에 따른 가파른 매출 증대로 적자율이 점진적으로 감소하면서 손익분기점에 다가가는 선순환 사이클을 경험하게 된다.

손익분기점 도달까지 발생하는 경영상의 손실은 손실이 아니라 미래를 담보하는 투자이다. 이것을 성장통으로 보며 건강한 적자라고 규정하고 구성원들과 공유하는 것이 좋다. 건강한 적자는 투자라는 인식과 함께 적자율이 개선되는 효율 경영에 모두가 함께 흠뻑 취해야 건강한 적자 구간인 데스밸리Death Valley의 여정을 즐길 수 있다. 사업 책임자라면 외형 성장 기반의 규모의 경제가 수반되지 않은 적자 금액 개선의 단기적인 유혹에 빠져서는 안 될 것이다. 규모의 경제가 본질인 산업에서 적자 금액 축소 관리로 손익분기점 극복은 불가능하다.

적자 축소가 아닌 규모의 경제 실현을 통한 적자율 개선의 혹독한 효율 제고 과정을 왜 반드시 밟아야만 하는 것일까? 여기엔 명확한 이유가 존재한다. 손익분기점 돌파 이후 도약의 여정에 비상飛上의 날개를 달아주기 위함이다. 손익분기점 통과까지의 구간을 적자 금액 관리에 치중한 나머지 사업의 도약과 성장기에 맞이하게 될 규모의 경제 실현에 날개를 달아주는 효율 경영을 망각해서는 안 될 것이다.

나는 힘든 고비를 맞이할 때마다 나 자신이 지금 하려고 하는 것이 단기 손익 개선인지 아니면 장기 관점에서 먼 미래를 바라보는 남김의 경영인지 자문자답하면서 극복의 의지를 다졌던 것들이 새록새록 기억난다. 마음이 약해질 때마다 이순신 장군의 '생즉필사生則必死 사즉필생死則必生'을 떠올렸다. 살고자 하면 죽을 것이나 죽고자 하면 살 것이라며 결의를 다지곤 했다. 후임자와 더 나은 미래를 위해 무엇을 남길 것인가를 고민했기에 가능했던 일이다. 단기적인 성과만 이루는 의사결정은 때론 회복이 불가능한 비효율을 부른다는 것을 명심하자.

톱에 등극하는 1차 관문이 효율 경영을 통한 규모의 경제를 체험하는 것이다. 1차 관문이 손익분기점을 통과하는 생존 과정이었다면 2차 관문은 효율 경영의 가속화를 통해 예전보다 한층 커진 규모의 경제를 실현하면서 지속가능한 경영의 토대를 만드는 일이다. 1차 관문 단계에서 구축된 브랜드의 가치와 조직의 역량이 버팀목 역할을 제대로만 한다면 매출에도 자연스럽게 탄력이 생긴다. 투입률이 점진적으로 개선되는 투자자본수익률 선순환 과정을 제대로 체험하는 순간을 맞게 되는 것이다.

이때 선순환 구조를 지속하기 위해 반드시 지켜야 하는 것이 있다. 투입의 규모를 결정할 때 투입 항목 간의 균형을 엄격히 지키고 경쟁사들과 비교해 투입의 우위를 꾸준히 지켜나가는 것이다. 효율의 극치에 끝이 존재하는 것은 아니기에 공세적인 입장을 견지하는 것이 중요하다. 생존을 넘어 도약과 성장을 거쳐 최고의 수준에 이른 후에도 초심을 잊지 말아야 한다. 그러기 위해선 단절이 아닌 계승의 정신으로 밀고 나가는 일관된 의사결정 능력과 흔들림 없는 실행력이 필요하다.

둘째는 철저한 선택과 집중 전략을 펼치는 것이다. 선택과 집중의 전략은 사업 초기 도약과 성장기 그리고 톱의 위치에 있던 시장 지위를 불문하고 지속가능경영 실현 차원에서 지속적으로 추진해야만 하는 과제이다. 다만 선택과 집중의 목적은 시장에서의 지위에 따라 다소 차이가 있을 수 있다. 후발 주자에게 선택 집중은 생존을 위한 불가피한 선택이다. 톱 수준에 오르기까지 생존의 사투를 벌여야 하는 상황에선 규모의 경제에서 훨씬 앞서 있는 선두 그룹의 모든 영역으로 전선을 급작스럽게 확대하는 것은 자살 행위나 다름이 없다. 어디를 선택할 것인지는 내가 상대적인 강점을 지니고 있고 진입 장벽이 낮으면서 미래 관점에서 중요한 곳에 자원 집중을 통해 효율 경영의 극대화를 꾀해야 한다.

선두 주자들도 나름의 허점과 취약한 곳은 있게 마련이다. 이를 면밀히 분석해서 선택과 집중으로 채택된 곳은 반드시 상대 우위의 투입과 함께 필승 전략을 수립해야 한다. 선두 그룹의 주자로 등극한 후에는 시장의 지위를 더욱 확대하는 방향에 초점을 맞추면서 이익 총금액이 늘어나면 된다는 생각으로 투자자본수익률을 운영해야 한다. 단순히 이익률의 집착으로 혹시나 시장점유율을 포기하는 어리석은 짓을 해서는 안 될 것이다. 이익률의 감소를 감내하면서 시장 지위 확대를 위한 지속적인 투자 증대를 통해 후발 주자들과의 격차를 더욱 확대하는 전략을 펼쳐야 할 것이다. 규모의 경제 측면에서 후발 주자들은 선두 그룹보다 훨씬 악조건 상황에 있음을 간과해선 안 된다. 더욱 과감한 투자를 통해 그들이 숨쉬는 공간을 조여나가는 최대 공격이야말로 최선의 방어책이 될 것이다.

초기에는 수익률이 다소 감소할 수도 있겠지만 지속적인 투자에 따른 시장점유율의 증대로 이익의 절대 금액은 늘어나게 될 것이다. 이것 또한 거쳐야 하는 과정으로 효율 경영에 결코 위배되는 것은 아니다. 마케팅에 대한 부단한 투자가 무형자산인 브랜드 가치와 이기는 문화Winning Culture로 이어지고 경쟁자들이 감히 범접할 수 없는 수준까지 성공적으로 끌어올리게 되면 종국적으로 이익률도 급격히 상승하는 효율 경영의 극치를 경험하게 될 것이다. 성공한 기업은 효율적으로 운영되고 최고의 효율성을 이룬다. 그렇다면 극도의 효율성을 성취한 기업이 더 오래 생존하려면 무엇이 필요할까? 이 질문은 나에게 기업의 지닌 가치와 기업의 본질을 숙고하는 계기가 됐다.

기업이란 결국 브랜드 가치라고 할 수 있다. 브랜드 가치는 눈에 보이지 않는 무형자산이다. 그렇기에 무형자산인 브랜드 가치와 조직의 역량이 동반 상승하지 않는 결과물(매출·손익)은 설령 규모가 커졌다 해도 미래엔 독이 될 수도 있음을 간과해서는 안 된다. 한때 그렇게 잘 나가던 기업은 어떻게 몰락의 과정을 거쳤을까? 이익률에 취해서일까? 아니면 시장 확대에 너무 치우친 나머지 손익 관리를 제대로 하지 않아서일까? 이것은 기업의 미래에 분명히 시사하는 바가 있다.

무성과 감성

마지막으로 감성의 경영이다. 기업의 브랜드 가치 제고와 관련해서 해외 지역 책임자로 파견 근무할 때마다 가장 신경썼던 것 중 하나는 판매 후 서비스의 차별화였다. 유독 많은 애착을 두고 다른 분야는 설령 1등을 못 해도 판매 후 서비스에 대한 고객 평가만은 절대 톱의 위치를 경쟁자에 내주어서는 안 된다고 다짐했다. 그 배경엔 제품이 주는 감동은 사람의 가슴에서 우러나는 행동과 말 한마디와 필적할 수 없다고 믿었기 때문이다. 우리가 제공하는 판매 후 서비스는 어떻게 다르고 또 어떻게 전달할 것인지 고민하던 끝에 급기야 서비스를 형상화(상품화)하는 방안까지 발전하게 됐다. 앞서 소개했던 인도와 중국에서 실시했던 211과 101 캠페인이다. 판매 후 서비스의 중요성은 지금도 유효하다. 시간을 쪼개서 조금만 관심을 기울이면 투자 대비 기대 이상의 효과를 꾀할 수 있으리라 확신한다.

사람이 제품을 통해 전달받는 감동의 크기와 깊이는 사람과 사람이 교감을 통해 느끼는 것과 비교의 대상이 될 수 없다. 글로벌 마켓에서 경쟁이 치열해짐에 따라 시간이 지날수록 브랜드 간의 기술 격차는 급격하게 축소되고 있다. 제품은 고객들이 쉽게 판단하기 어려울 정도로 차이가 줄어들고 있다. 어떻게 고객의 마음을 움직일 것인가? 한 가지는 확실하다. 눈에 보이지 않는 고객의 마음속으로 들어가 살아남는 기업만이 앞으로도 지속가능할 것이라는 사실이다.

인사이트 ⑤ 장기적 안목으로 리더십을 발휘하라

◆ ◆ ◆

필요조건과 충분조건

장기적 안목으로 리더십을 발휘하려면 보이는 것과 보이지 않는 것을 다 볼 줄 알아야 한다. 보이는 것이 필요조건이라면 보이지 않는 것은 충분조건이다. 필요조건은 토지, 건물, 생산설비, 그리고 사업에 필요한 모든 기능 구성에 투입되는 인력 등 유형자산이다. 필요조건이 갖춰지지 않으면 목표한 사업 자체가 성립되지 않는다.

충분조건은 필요조건에 투입된 모든 투자 및 노력이 기대하는 성과 창출로 이어지게 하는 눈에 드러나지 않는 무형자산 구축과 관련한 투입이다. 실행의 주체인 기업의 비전 달성을 위해 투입된 모든 인력이 필요한 인재로 성장할 수 있도록 경쟁 우위의 프로세스와 시스템을 체계적으로 구축하는 것이다. 이 모든 것은 보이지 않기 때문에 찾아 나서야 하는 이슈들이다. 나는 경영은 큰 것을 보는 것에서 시작해서 작은 것을 찾아나서는 여정이라는 생각을 자주 하곤 했다. 리더는 큰 것을 보는 혜안은 물론이거니와 높은 곳에서 미세한 것을 찾아내는 예리하고 섬세한 안목을 함께 지녀야 한다.

큰 것은 보지 않으려 해도 보이게 마련이다. 결국 경쟁에서 우열은 보이지 않아서 찾아 나서지 않으면 보지 못하는 것의 선점에 달려 있다. 시간이 흐를수록 보이지 않는 것을 찾아내는 조직의 역량이 보이는 것을 지배하게 된다. 필요조건에 투입된 유형의 자산들이 매몰되지 않게 하는 조직의 역량이 바로 충분조건이다. 보이는 것과 안 보이는 것의 관계도 균형과 무관하지 않다.

앞서 언급했던 자율과 통제는 기업 경영의 원리와 맞닿아 있다.

자율과 통제

지난 30여 년 동안 가장 큰 결실을 보았을 때의 공통점은 미래지향적인 의사결정과 함께 이루어낸 내부의 팀 단합이었다. 모든 부서의 업무영역을 완벽하게 이해하는 것은 불가능하기 때문에 업무 진행 과정에서 논쟁과 충돌은 사실상 불가피하다. 하지만 그럼에도 불구하고 양보를 통해 원팀으로 결속됐을 때의 성과는 늘 기대치를 충족시키곤 했다. 단합의 장소에서 조직을 하나로 묶기 위해 가장 많이 외쳤던 구호가 있었다. "우리가"를 선창하면 후렴은 "남이가"였다. 그리고 "우리는"을 선창하면 후렴은 "하나다"였다.

단합을 이끌었던 하나의 공통된 목표는 시장에서의 지위 확대였다. 이 목표를 한마디로 표현하면 전술한 '볼륨 없는 가치는 없다.'였다. 영업은 한 톨 물량의 가격이 어떠하든 소중히 여기고 포기해선 안 되고 생산 부서는 군말 없이 생산해야 했고 개발은 적기에 출시되도록 최선의 노력을 다하는 등 각자의 분야에서 서로를 믿고 소임을 다했을 때가 업무의 효율이 가장 높았고 생산적인 결과가 따랐다. 하나의 공통된 목표가 필요조건이었다면 부서 간의 무한한 신뢰와 믿음은 충분조건이었다.

지난 40여 년 직장생활을 마감하면서 경영에서 가장 으뜸가는 단어를 하나 들라고 하면 나는 단연코 '자율'을 선택하고 싶다. 엘지전자 입사 후 10여 년이 지난 시점부터 나는 자율에 서서히 심취하기 시작했는데 다름 아닌 상사가 건넨 믿음의 말 한마디와 동기부여였다. 조직의 장으로서 구성원들과 자주 나누었던 이야기도 큰 지향점 이외엔 주로 토의를 통해 함께 의사결정을 하는 것이 대부분을 차지했다.

상사로부터 알아서 하라는 말을 처음 들었을 때의 책임감은 그 이전과는 사뭇 달랐다. 자율 기반의 책임감이 빚어내는 경영 성과 또한 다른 차원이었다. 과업을 이행하는 과정에서 내가 모든 책임을 져야 한다는 말 하나로 모든 조직과 구성원들을 철저히 통제하면서 일거수일투족을 관리하는 것은 책임이 아니라 월권이자 직무유기라는 생각을 할 정도였다.

조직책임자는 구성원들이 실행하는 동안 중간 점검 과정을 통해 각자 맡은 일의 주체임을 깨닫고 스스로 행동하도록 조력자 역할을 충실히 하면 그만이다. 가장 독한 사람은 스스로 알아서 행동하는 사람이라는 생각을 한시도 잊어본 적이 없었다. 통제가 심해지고 통제에 길들게 되면 상사를 쳐다보고 그의 말에 항상 귀를 기울이게 되고 그러면 조직이 점점 수동적으로 변해간다.

구성원들에 대한 믿음의 동기부여는 각자가 스스로 통제하고 만들어가는 과정에서 자신들의 잠재 능력을 끌어내고 도전을 즐기면서 사업가로서의 역량을 다지게 하는 여정의 출발점이다. 상명하달의 통제가 빠른 듯 느껴지지만 시간이 흐를수록 속도감은 무뎌진다. 통제가 지시와 가르침을 통해 만드는 과정이라면 반면 자율은 스스로 깨우침을 통해 만들어가는 과정이다. 처음엔 지루할 정도로 느리지만 시간이 지남에 따라 속도는 빨라지게 마련이다.

세상에 그 어떤 지식도 스스로 깨우치는 것에 비할 바가 없다.

회사가 몰락하는 전조는 유능한 인재들의 유출에서 시작된다. 겉으로 드러난 외부 유출보다 더욱 심각한 것은 경직된 조직문화로 인해 늘어나는 의욕 상실, 즉 구성원들의 내부 유출이다. 자율은 그들을 유출에서 지켜내는 한 방편이자 기업이 존속하는 데 가장 중요한 자산이다.

유형자산과 무형자산

기업의 자산은 유형자산과 무형자산으로 나뉠 수 있다. 리더는 이 두 가지를 모두 중요하게 알고 있어야 한다. 경영 활동에서 이 두 가지 자산은 떼려고 해도 떼어낼 수 없는 관계이기 때문이다. 먼저 조직을 놓고 보면 사람 그 자체는 유형이나 사람의 마음과 조직문화는 무형에 해당한다. 경영 성과 중 매출(시장 점유율)과 손익은 유형에 가깝고 고객이 느끼는 브랜드에 대한 신뢰도는 무형에 가깝다. 눈에 보이는 유형자산이 관리의 대상이라면 무형은 경영의 대상이다.

두 자산이 어떤 관련이 있고 어떻게 상호작용하는지를 정기적으로 점검하는 것은 주요 일과 중의 하나여야 한다. 유형자산의 생명은 유한하지만 무형자산은 어떻게 구축하느냐에 따라 오랫동안 존속이 가능하다. 무형자산의 경영을 소홀히 하면서 유형자산 관리에 치중하게 되면 쇠락의 길을 걷게 될 것이다. 하지만 무형자산을 제대로 경영하면 유형자산의 질적인 개선은 물론 회사 전반의 경영 체질이 경쟁의 선두에서 존재감을 드러내기에 부족함이 없을 수준으로 도약할 수 있다. 유형자산의 건강 상태를 나타내는 각종 경영 지표의 개선이 더디게 진행된다면 무형자산의 기초 체력이 허약하다는 것을 방증하는 것이다.

무형자산의 가치 상승은 유형자산 관리에 투입되는 시간과 자원의 효율성 제고를 견인하면서 기업의 미래 경영 성과 개선에 결정적인 영향을 끼친다. 기업의 체질 개선을 통한 미래 건강과 직결된 선행 지표들의 건전성을 절대적인 금액 개선이 아니라 효율의 관점에서 잘 들여다볼 필요가 있다. 관리를 위한 관리가 아닌 경영 관점에서 불필요하거나 과다한 보고와 관리 항목들의 현주소도 예외는 아닐 것이다.

내상과 외상

직장생활을 하면서 많지는 않았지만 모교와 회사 내 그리고 초청 강사로 다른 분야에 종사하는 분들을 앞에 두고 강의하는 기회가 있었다. 강의 후에 '가장 힘들었던 때'는 언제였냐는 질문이 있었다. 이에 대한 나의 답변은 다음과 같았다.

"전략 과제를 추진할 때 이해관계자 간 이견이 생겨 시작만 하고 끝을 보지 못했을 때입니다."

전쟁에 비유해 설명하자면 외부 적들과의 전쟁으로 입는 상처가 육체적인 외상이라면 내부 분열로 입는 상처는 정신적인 고통을 수반하는 내상이라 할 수 있다. 외상은 간단히 수습하고 다시 전쟁터로 나가면 된다. 하지만 내상은 수술대에 올라야 할 만큼 치명적인 상황으로까지 전개될 수도 있다.

조직 내 내상은 책임과 권한의 불일치 이외에도 조직의 구성원들이 느끼는 다양한 종류가 존재한다. 바로 앞에서도 기술했던 불통, 불신, 불평등, 불균형 등과 관련한 이슈들이다. 구성원들의 발전은 조직 전체의 발전으로 승화된다. 각 구성원이 각자의 재능을 찾아갈 수 있도록 제도적인 장치를 마련하고 그곳에서 통제가 아닌 자율을 만끽하면서 잠재된 역량을 최대한 발휘할 수 있도록 해야 한다. 그러기 위해 모두가 함께 느끼고 공감하는 투명한 인사 시스템 구축이 따라야 할 것이다.

나오면서

길이 끝난 곳에서 다시 시작되고

이룰 것인가, 남길 것인가

은퇴 후 처음 맞는 새해였다. 태어나서 은퇴까지의 희로애락으로 점철된 굴곡진 인생 여정이 내게 던지는 시사점이 무엇인지를 생각해보았다. 그러자 한 문장이 떠올랐다. 한 가지 분명한 것은 은퇴가 절대 끝이 아니라는 것이었다. 2019년 1월 1일 새해를 맞이하면서 이런 글을 남겼다.

시작과 끝

시작이 시작이 아니었다.
끝 또한 끝이 아니었다.
시작은 새로운 시작을 낳으면서
반복하고 또 반복하기를

셀 수도 없이 거듭하곤 했다.

끝난 뒤엔 더 큰 이상과 꿈을 실현하기 위한
새로운 출발의 시작이
우리를 기다리고 있다.

우리네 삶에 굳이 시작을 논한다면
그것은 다름의 축복받은 탄생이 아닐까?
그리고 끝이 존재한다면
생명을 다하고 이 세상과 하직하는 순간일 것이다.

생명을 다하기 전까지 도전의 끈을 놓지 않는다면
시작이 시작이 아니요, 끝 또한 끝이 아니다.
이룰 것인가? 아니면 남길 것인가?

은퇴 후에는 쉬어야지 하는 생각도 했다. 하지만 그보다는 은퇴 이후의 삶을 어떻게 마감해야 하는지에 관한 생각이 훨씬 많았다. 마음에 두었던 분야는 컨설팅을 포함한 교육 분야였다. 그래서 체험했던 사건들을 짬 나는 대로 기록으로 남기는 일을 게을리하지 않았다. 덕분에 지금의 집필을 하는 데 주저함이 없었다. 임원 승진 후 조직책임자로서 20여 년 동안 실패와 성공을 떠나 다양한 경험을 해온 시간 덕분에 집필의 부담을 훨씬 덜 수 있었던 것 같다. 조금은 더 깊이 있은 성찰을 할 기회를 얻은 셈이다.

생활가전 제품의 해외 영업 총괄 당시 마케팅 대학을 사내 오픈한 것도 이런 결심을 하는 데 큰 도움이 됐다. 중국 근무 시절 찾았던 베이징대학교와 칭화대학교 건너편에 있는 중국의 실리콘밸리로 불리는 중관춘을 짬을 내서 가보았다. 30~40평 내외의 열린 공간에 엉덩이를 겨우 걸칠 만한 작은 의자에 빼곡하게 앉아서 창업 열기에 푹 빠져 있는 젊은이들을 보았다. 이들이 중국의 미래이다. 이들의 품고 있는 열기가 높을수록 중국의 장래는 밝아질 것이다. 뜨거운 공부 열기를 느끼면서 나 또한 미래 세대를 위한 분야에서 무언가 할 역할이 있다고 생각했다. 그것이 무엇이든 은퇴 후에 쉬지 않고 일을 이어가는 것은 큰 축복일 것이다. 조직의 부름을 받는 임기를 모두 끝낸 이후에 비로소 내 삶의 새로운 시작이 기다리고 있었다.

퇴임 전까지 직장생활을 하는 동안에는 시간이 나를 선택했다. 하지만 향후 생을 마감할 때까지 남은 시간의 선택권은 나에게 주어진 셈이다. 앞으로 남은 시간은 적지만 내가 뜻한 대로 할 수 있는 무엇과도 바꿀 수 없는 소중한 선물이다.

책을 쓰는 동안 비슷한 시기에 은퇴한 직장의 후배들과 함께 저출산 스터디 그룹을 출범시켰다. 출범의 배경은 첫째, 저출산으로 인한 인구 절벽이 낳는 고령화 사회로의 전환은 전술한 비효율(7불不) 중에서 불균형에 해당하는 사안으로 그동안 정부가 여러 노력을 들였음에도 경제협력개발기구 국가 중 가장 낮은 저출산으로 치닫는 이유가 궁금했다. 직장생활을 하면서 많은 문제에 부딪

혔다. 그때마다 문제가 생기는 건 늘 해결책이 존재하기 때문이라는 믿음으로 대부분 극복했다. 지금 대한민국 젊은 세대들은 3포, 4포를 넘어 N포세대로 불리며 급기야는 '헬조선'이라는 신조어까지 등장한 마당이다. 불균형의 최종 종착역이 몰락이라면 모두가 함께 풀어야 할 가장 중대한 공통 이슈일 것이다. 종합적인 대책이 마련되지 않으면 다음 세대들이 떠맡게 될 짐은 재앙의 수준이 될 것이다.

경영하면서 불균형이 가져오는 부작용을 체험했기에 정말 대책이 없는지 확인 차 팀을 꾸리게 됐다. 자신들을 스스로 'N포세대'라 칭하는 이들은 아마도 자신들이 현재 칠흑처럼 어두운 동굴 속에 갇혀 있고 평생 이 굴레에서 절대 빠져나오지 못하리라 생각할지도 모른다. 저출산을 막을 수 있는 필요조건은 풍부한 양질의 일자리 제공일 것이다. 청년 실업률이 줄어들지 않는 상황에서 누구나 생각할 수 있는 일회성 지원은 단기 처방으로 근본 대책이라 할 수 없다.

청년들의 미래를 향한 첫발은 안정된 직업에서 시작될 것이다. 그러나 안정된 직장을 가진 결혼을 앞둔 젊은이 중에서도 결혼을 생각하지 않은 비중이 크다는 점에 주목할 필요가 있다. 왜일까? 그들 눈에는 해결하고 극복해야 할 것들이 너무나 많아서일 것이다. 그래서 앞이 안 보이는 착시현상에 시달리는 것은 아닐까. 직장 문제가 해결되고 안 보이는 것을 보이게 하는 플랫폼을 구축하면 출산율은 지금보다는 분명 나아질 것이라고 믿는다. 희망의 불빛 플랫폼을 구축하는 일은 기업 경영을 하면서 습득한 문제 해결

프로세스를 도입하면 가능하리라고 생각하고 모교와의 협력 방안을 마련하기 위해 학교를 방문했다. 인구 문제에 대해 오랜 기간 연구하고 활동해오신 교수님과 만나 그분의 조언 아래 팀원들과 6개월 동안 활동을 지속한 끝에 현상 분석을 통해 시사점을 도출하고 각 시사점에 해당하는 태스크 설정까지 작업을 끝낼 수 있었다. 현상 분석을 통해 발견한 이슈는 다음과 같다.

- 저출산 관련 항목들의 적정성(통계 자료에 약 200여 개의 항목)
- 조사 결과에 따른 각 항목의 우선순위 및 저출산에 미치는 영향도
- 항목별 투입 예산의 적정성에 대한 백업 분석 자료 유무
- 예산 투입에 따른 출산율 변화에 대한 철저한 모니터링 및 추가 대책안

젊은이들이 결혼을 정말로 싫어서 하지 않는 것은 아마도 아닐 것이다. 행복의 조건은 생존이고 생존을 위해선 번식을 해야 한다는 글귀를 접했던 적이 있다. 100세 시대는 이미 흔한 얘기가 됐고 지금 결혼을 앞둔 세대는 필연코 겪게 될 것이다. 세상이 어떻게 변할지 모르지만 노년의 외로움을 이겨내고 행복을 지키는 데 가족은 그 무엇과도 비교할 수 없는 소중한 자산이다. 각자 바쁜 가운데 짬을 내서 저출산 대책 초안 작업을 마칠 때까지 함께한 직장 후배님들 그리고 많은 조언을 아끼지 않은 모교의 교수님께 이 지

면을 빌어 감사의 말씀을 드린다. 우리의 여정은 아직 끝나지 않았고 이제 시작에 불과하다는 말도.

6개월간 거의 매주 모임을 통해 향후 추진 방안에 대한 초안 작성을 마친 후 해단을 하고 이제는 홀로 남았다. 시작했으니 끝을 보아야 한다는 생각엔 변함이 없다. 현재 생각하는 향후의 여정은 팀이 정리한 대책들의 실효성을 점검하고 구체적인 추진 방안을 논의하기 위해 저출산 관련 이해관계자들이 참석하는 토론의 장을 구성하는 것이다. 그것이 동아리 모임이든 포럼이든 뜻을 함께하는 분들이 모인다면 출산율을 높이기 위한 구체적인 방법론의 완성도를 향한 시금석이 될 수 있지 않을까 한다.

살면서 호기심이 발동해 황당한 생각을 자주 하곤 했다. 그런데 이런 습관이 늘 긴장감을 유지하면서 도전의 끈을 이어가는 데 많은 도움이 됐다. 경영 활동을 돌이켜보면 수많은 새로운 시도를 하는 과정에서 여러 문제와 부딪치고 해결하는 과정의 연속이었다. 저출산 고령화 사회 진입 봉쇄 플랫폼 구축에도 지금까지 그랬던 것처럼 분명 내 역할이 있지 않을까 하는 생각을 하면서 뜻있는 분들이 함께하는 열띤 흥분의 토론이 펼쳐지는 장마당이 현실로 다가왔으면 하는 기대를 해본다. 국가의 존망이 달린 저출산은 지속가능한 사회 구현을 위해 모두가 머리를 맞대고 해결해야 할 중대한 이슈이다. 한 사람이 꾸는 꿈은 망상일지 모르지만 모두가 함께 꾸는 꿈은 사회를 변화시키는 거대한 힘이다. 모두가 함께하는 꿈은 늘 이루어졌다.

내가 은퇴하던 해에 평년보다 많은 분이 퇴임했다. 그분들 중에서 여섯 명이 함께 뜻을 모아 그동안 현장 경영을 통해 쌓은 실물 경제 경험을 살려 창업을 준비하는 미래 꿈나무들을 지원하는 회사를 만들자는 계획을 세웠다. 그게 엔젤식스플러스Angel 6 Plus이다. 약 1년여의 준비를 통해 은퇴한 그해 말 법인 등록을 마쳤다. 은퇴 후에도 건강이 받쳐주고 일에 대한 열정이 식지 않아서 그간의 경험과 강점을 살려서 무엇이라도 할 수 있다는 것이 얼마나 다행인지 모른다.

고향을 지키면서 텃밭을 일구는 노인 분들이 어디 은퇴가 있던가? 그분들에게 쉼은 어쩌면 처음부터 존재하지 않았는지도 모른다. 건강이 허락하는 한은 천직으로 생각하고 텃밭을 일구는 생산적인 일을 이어가고 있다. 나 자신도 그분들과 달라야 할 이유가 없다. 그동안 내가 체험했던 것들을 천직으로 생각하고 건강이 받쳐주는 한은 내 관련 분야에 텃밭을 일구는 일을 지속해야 하는 것도 지극히 당연한 남은 삶의 여정일 것이다.

은퇴 후 꼭 실천하고자 마음에 두었던 것은 또 있다. 저출산 연구와 창업 지원 회사처럼 젊은 미래 세대들을 위한 경영 전반에 관한 토론의 장을 구축해서 운영하는 것이었다. 새로운 도전이자 사회에 조금이나마 도움이 되는 일을 하면서 삶의 마지막 열정을 불태울 수 있는 여정이 되리라 확신했다. 대한민국의 기둥이자 미래를 짊어질 지금의 세대들이 스스로를 N포 세대라 칭하고 불리기를 원하는 한은 대한민국의 미래는 절망적이다. 저출산, 창업 지원

회사 설립, 그리고 지금 계획하는 경영 동아리 모임을 생각한 것도 그동안 부모님 세대들의 희생으로 누린 행복에 대한 보은으로, 나도 무엇이라도 사회를 위해 봉사하고 싶었기 때문이다.

그동안 내가 체험한 것을 과대평가할 생각은 없지만 그렇다고 과소평가의 대상이 되기를 원하지도 않는다.

"지속가능한 경영을 이끄는 핵심이 무엇일까?"

내 삶에서 깨우친 인사이트를 바탕으로 앞으로 해나갈 세부적인 연구, 강의, 저술 활동, 동아리 모임이 미래의 대한민국 건설에 작은 보탬이 됐으면 하는 바람이다. 그동안 몸담았던 엘지 그룹의 경영 이념과 정도를 걷는 경영 철학을 실천하는 과정에서 깨우친 것이 설령 하찮은 것이라 할지라도 어느 누군가에게는 참고가 되고 도움이 되지 않겠는가. 유사한 생각을 하는 분들과 만나 상호협력을 모색하면 더욱더 보람되고 의미 있는 결과를 만들어가는 여정이 될 것이다. 태어나서 은퇴까지 보직을 옮길 때마다 나 자신에게 씌어 있는 삶의 궤적을 따라 움직인다는 느낌을 받곤 했다. 그 길은 반드시 겪어야만 했고 가야만 했다. 그리고 앞으로 내가 가고자 하는 이 길 또한 다를 바 없을 것이다.

모두가 함께 행복해야만 하는 사회 건설

앞에서도 여러 차례 언급한 바와 같이 '다름의 탄생'이 사회에 던지는 의미는 한 사람 한 사람이 지니는 절대 가치의 숭고함이 아닐까 한다. 모두가 세상이 필요로 하는 거룩한 존재이기 때문에 상대를 반드시 존중하고 협력하라고 세상의 부름을 받았을 것이다. 내부 결속의 단합이 커질수록 행복은 점점 새로운 높이로 도약하게 될 것이다.

기업 경영을 통해 체험한 것도 내부의 결속이 클 때 기대 이상의 훨씬 큰 성과를 거둔다는 사실이다. 내부 분열은 내상으로 심한 경우 수술대에 올라야 하고 회복이 불가한 상황에 직면할 수도 있다. 개인주의와 집단 이기주의를 조장하게 되면서 당장 눈앞에 펼쳐진 현실에만 급급한 나머지 미래를 보는 눈이 멀어 혼란이 가중되고 경쟁자들의 먹잇감으로 전락하고 마는 것이다.

과거 역사에서도 보듯이 내부 분열이 우리에게 던진 큰 시사점 중의 하나는 외부의 세력들에게 간섭과 침공의 빌미를 제공한다는 것이다. 전쟁이 끝나고 나면 이기든 지든 쌍방 모두에게 막대한 손실을 안긴다. 승자 없는 패자들의 고통만 뒤따르는 것이다. 하지만 침공을 당한 쪽이 희생과 고통 측면에서 훨씬 더 큰 대가를 치르게 마련이다. 앞으로 이 땅에서 엄청난 고통과 희생을 치르는 내부 분열만은 두 번 다시 일어나서는 안 된다. 국가의 주인인 모든 국민이 단합해서 반드시 막아야 할 일이다.

다름의 탄생들이 분열하지 않고 하나로 뭉치게 되면 상상을 초월하는 가공할 정도의 파괴력을 지니게 된다. 하나로 단합하는 그 출발점은 나는 완벽하지 않지만 또한 유일한 다름으로 이 사회에 없어서는 안 되는 꼭 필요한 인재라는 인식이다. 내가 혼자 할 수 있는 일도 없지만 나 없이 되는 일도 없다는 생각으로 뭉치고 단결해야 모두가 행복한 건강한 사회로 다가갈 수 있을 것이다.

후세에 반드시 남겨주어야 할 소중한 자산은 이 땅에서 분열로 인한 역사의 단절과 이별을 고하는 일이다. 우리 각자가 삶의 여정을 통해 체득한 깨우침을 남기며 후대로 이어지는 역사에 견고한 초석을 놓아야 할 것이다. 자신만이 지닌 고유한 다름을 십분 활용하여 마음이 닿는 분야를 찾아 스스로 만들어낸 무형자산을 남기는 사람들이 많을수록 우리의 장래는 밝을 것이기 때문이다.

현재 대학 진학을 앞둔 수험생들도 있을 것이고 사회 진출을 앞둔 졸업 예정자들 혹은 취업을 준비하는 사람들도 있을 것이다. 앞이 가로막혀 막막하다고 느낄 때일수록 나는 남과 어떻게 다른지 열심히 찾아내고 그 다름이 바로 나의 가치라는 것을 알았으면 좋겠다. 진중하게 자신을 성찰하는 시간을 통해 무엇이 나의 강점이고 어디에 흥미가 많은지 정리한 후 이것을 기준으로 대학이 아닌 전공을 택하고 직장이 아닌 직업을 선택하길 권한다. 이미 졸업해서 사회생활을 시작했다면 자신이 속해 있는 기업이나 단체가 자신과 잘 맞는지, 현재 일하는 부서가 적성에 맞는지를 곰곰이 생각해보자. 자신이 좋아하면서 역량을 극대화할 수 있는 분야에서 일할 때 조직의 성과와 개인의 성취감이라는 두 마리 토끼를 잡을 수 있기 때문이다.

100세 시대가 눈앞에 다가와 있다. 오랫동안 건강한 삶을 누리려면 일에서 해방되기보다 자신이 하고 싶은 일을 친구처럼 곁에 두고 부지런히 활동해야 한다. 정신 건강을 위해서도 신체 건강을 위해서도 내가 좋아하는 일을 즐겁게 하는 것만큼 좋은 보약은 없다. 공자님도 "네가 좋아하는 일을 직업으로 삼으면 평생 일할 필요가 없다."라고 하지 않았던가.

아기들의 울음소리가 그치지 않는 나라, 젊은이들의 창업 열정이 식지 않는 나라, 그리고 양질의 일자리를 창출해줄 미래 기업가들이 끊임없이 창출되는 나라로 만들기 위해 각자 타고난 다름의 경쟁력을 잘 활용해 자신이 가장 잘할 수 있는 분야에서 남김의 리더십을 발휘하면 어떨까. 우리의 선조들이 지극 정성의 마음으로 후세를 생각했듯 우리 또한 미래 세대를 위해 좋은 것을 남겨주어야 할 것이다. 이렇게 남김의 여정에 동참하는 사람들이 진정한 시대의 리더라고 믿는다. 리더는 태어나지 않는다. 리더는 만들어진다.

남김을 향한 담대한 삶의 여정이 새로운 이룸을 만들어내고 지극 정성이 빚어내는 미완성의 작은 이룸의 조각들이 쌓여 모두가 꿈꾸는 '다 같이 행복한 건강한 사회 건설'이라는 큰 이룸으로 승화되기를 바란다. 나 혼자만의 행복이 아니라 우리의 행복을 바라고 꿈꾸며 힘껏 실천할 때 세상의 평화와 내면의 평화를 누릴 수 있지 않을까. 그렇게 우리를 찾아오는 행복을 만끽할 수 있는 세상을 만들어갈 수 있기를 간절히 기원한다.

에필로그

빅 원을 위한 남김의 담대한 여정

사람은 저마다 인생에서 두 개의 산을 오른다고 한다. 첫 번째 산은 세상에서 요구하는 명예와 성공을 얻기 위해 오르는 산이다. 두 번째 산은 자신의 내면에서 부르는 소리에 응답하기 위해 오르는 산이다. 나 또한 첫 번째 산에 올라 내가 맡은 소임을 다했다. 정상에 올라 멀리 내다본 적도 있고 안개 자욱한 골짜기로 떨어질 뻔한 적도 있었다. 그 산을 오르는 동안 조직의 책임자로 또 한 가정의 가장으로 내가 할 수 있는 모든 책임과 의무를 다했다. 그리고 퇴임과 함께 그 산을 내려왔다.

이제는 내 인생의 두 번째 산을 오르는 시간이다. 내 발걸음이 어디로 향할지, 그 산에서 무엇을 보게 될지 아직은 미정이다. 미래를 알 수 없다는 사실은 때로 불안하게 하지만 바로 그 점 때문에 인생이 신비롭게 다가온다.

책머리에 언급했듯이 모든 탄생이 왜 축복인지는 지구상에서 유일한 나만의 다름 때문이라 여겼다. 나만의 다름 그 자체는 경쟁력으로 내가 꼭 필요한 존재이듯이 모든 사람도 마찬가지로 상호 존중돼야 한다. 하나로 단합되고 뭉쳐야 하는 이유가 여기에 있다. 같으면 뭉쳐야 할 이유가 없다. 우리 각자 자신을 과대평가해서도 또한 과소평가해서도 안 되는 이유이기도 하다.

모든 사람에도 기업에도 국가에도 목표란 늘 존재한다. 목표란 이루고자 하는 지향점이다. 목표를 달성하면 이루었다고 하고 이룸의 사전적 의미는 뜻한 대로 되게 하는 것이다. 생존하기 위해선 번식과 성장이 전제돼야 한다. 직장생활을 하는 동안 주변에서 사람들과 기업 그리고 국가들의 흥망성쇠를 보고 듣고 또 때론 가까이에서 지켜보았다. 자신이 어디에 소속돼 있든 어떤 직책에 있든 지위 고하를 막론하고 주어진 목표 달성의 굴레에서 벗어났던 사람은 아마도 없을 것이다. 단기적으로 빨리 끝내고 이루어야지 하는 초조함이 미래와 담을 쌓는 단절을 불러오지 않았을까. 계승이 아닌 역사의 단절을 쌓는 이룸은 이루었다 해도 이룸이 아닐 것이다. 이룸이 사상누각이 되지 않으려면 각각의 이룸 간 남김의 과정을 통한 연관성과 상호작용이 반드시 따라야 할 것이다. 그래야 해를 거듭할수록 미완성이긴 하지만 새로운 높이의 이룸으로 승화될 것이다.

지금까지 지나온 시간은 직급과 직책의 고하를 떠나서 그동안 수행했던 모든 직책에서 늘 후임자이자 전임자이기도 했다. 전임자와 후임자 간 남김의 계승자로서 소임을 다하기 위해 주어진 권한 내에서 모든 역량을 동원해야 하는 시간의 연속이었다. 특히 임원으로 승진한 이후는 처음으로 접하는 직책들로 인해 전임자 유산에 대한 건설적인 비판과 후임자에게 남겨야 할 무형자산 관련 올바른 판단과 적기 추진을 위해 효율적인 시간관리가 절실했다. 이처럼 자신의 역할과 본분을 다하기 위해 일과 시간이라는 둘 간 최적의 하모니를 위해 분주하게 보냈다.

그렇기에 남김의 여정은 과거와의 단절이 아니라 전임자가 남긴 좋은 유산을 계승 발전시키고 후일을 도모하는 계승의 여정이어야 한다. 어느 한 사람의 독단적인 여정이 아닌 조직의 전 구성원들이 함께 참여하는 공생의 여정이다. 새로운 높이의 생산적인 이룸을 지속가능케 하는 남김의 경영이 빚어내는 핵심역량과 가치는 어떤 특성이 있을까? 눈에 보이지 않고 실체가 없어서 경쟁자에겐 공격의 대상이 되지 않는다. 어느 정도의 수준까지 도달하면 소홀히 하지 않는 한 절대로 쉽게 무너지지 않는다. 실체는 없지만 마치 생명력을 가진 것처럼 빠른 속도로 바이러스처럼 퍼져나간다.

그러나 단기적이고 즉흥적인 이룸은 진실성에 반하는 도덕적 해이를 일으켜 정도의 길을 향한 조직 구성원들의 도전에 대한 면역력을 떨어뜨리고 조직이 설정한 비전 달성에서 점점 멀어지는 결과를 가져온다. 반면에 정도를 걷는 조직의 비전 달성은 큰 이룸을 가져온다. 당장의 성과에 눈이 멀어 이루려고만 하면 계승의 남김이 없을 것이지만 남기려고 하면 아름다운 계승의 이룸이 함께할 것이다. 남김의 여정은 숭고한 헌신을 요구하는 여정이요, 진정 우리가 추구해야 하는 빅 윈이다. 누군가 앞서갔던 그 여정에 나 또한 함께 할 수 있다는 것이 나의 영광이요, 기쁨이다.

이 책은 경영 현장에서 체득한 통찰과 남김의 가치 실현을 위해 7불 타파와 5가지 인사이트가 현장 경영 활동을 하는 과정에서 어떻게 실천되고 어떤 결과로 이어졌는지에 관한 내용을 담았다. 어디를 가서 무엇을 하든 늘 과업의 목표가 있게 마련이다. 나 또한 연말이 다가오면 성과 분석에 분주한 시간을 보내곤 했다. 목표로 삼은 숫자를 달성하느냐의 유무를 떠나 노력의 결과물인 성과물을 바라보는 나 자신이 어떤 정신 상태인가가 더 중요한 문제였다. 목표에 도달하지 못했더라도 단기 실적을 개선하는 데 그치는 온갖 유혹을 떨쳐내고 남김을 향한 선택을 했다. 그러자 목표에 미달했다는 아쉬움보다 미래를 준비하는 데 많은 시간을 보냈기에 정신적인 풍요로움이 더 컸다. 내가 그동안 상사로부터 듣고 배우며 현장 경영에서 거울로 삼았던 깨우침과 성찰이 현재 당면한 문제 해결에 조금이라도 도움이 되기를 바란다.

더 빅 원

초판 1쇄 발행 2021년 12월 23일
초판 2쇄 발행 2022년 1월 5일

지은이 신문범
펴낸이 안현주

기획 류재운 **편집** 안선영 **마케팅** 안현영
외부 기획 스토리베리 인현진
디자인 표지 최승협 본문 장덕종

펴낸 곳 클라우드나인 **출판등록** 2013년 12월 12일(제2013-101호)
주소 우) 03993 서울시 마포구 월드컵북로 4길 82(동교동) 신흥빌딩 3층
전화 02-332-8939 **팩스** 02-6008-8938
이메일 c9book@naver.com

값 17,000원
ISBN 979-11-91334-42-5 03320

* 클라우드나인에서는 독자 여러분의 원고를 기다리고 있습니다.
출간을 원하시는 분은 원고를 bookmuseum@naver.com으로 보내주세요.

* 클라우드나인은 구름 중 가장 높은 구름인 9번 구름을 뜻합니다. 새들이 깃털로 하늘을 나는 것처럼 인간은 깃펜으로 쓴 글자에 의해 천상에 오를 것입니다.